文化芸術基本法の成立と文化政策

真の文化芸術立国に向けて

河村 建夫
伊藤信太郎 編著

文化とまちづくり叢書

水曜社

文化芸術基本法の成立と文化政策

——真の文化芸術立国に向けて——

はじめに

　わが国の文化芸術の振興を図るための根拠となる「文化芸術振興基本法」が制定されてから16年が経過した本年、基本法の初めての改正がなされ、新たな文化芸術基本法が成立した。

　音楽議員連盟は、2013年5月に「劇場、音楽堂等の活性化に関する法律」制定を契機に、その活動方針として「文化予算を国の予算の0.5％に」、「文化省の創設」及び「著作権課題の解決」を掲げ、名称を「文化芸術振興議員連盟」に変更し、新たなスタートを切った。それ以降、文化省創設にかかわる3年連続のシンポジウムを始め、さまざまな研究会を開催してきた。

　これらの研究、提言活動が本格化するのは2016年1月からであり、2017年3月までの間に文化関連予算、2020年東京オリンピック・パラリンピック文化プログラム、文化庁の京都移転、文化省創設など多角的な研究が行われ、基本法見直しの勉強会も7回にわたって行われた。

　文化芸術振興基本法改正が検討される具体的なきっかけとなったのは「食文化」の明文化であった。しかし、このきっかけは氷山の一角と言えるものであり、少子高齢化とグローバル化、情報通信技術の進展など、2001年の法制定と前後してわが国の社会で起こって来ている大きな変化が文化芸術のあり様にも大きな影響を与え、今回の基本法改正の機運に繋がったことは指摘しておきたい。例えば、知的財産推進とクールジャパン戦略、観光立国、劇場法や全国でのフェスティバル活況、東京五輪招致などがその象徴的なものと言えるであろう。

　文化財、文化芸術資源は人々の営為、伝統の継承、そして創造、普及、発展の歴史的蓄積であり、活用と利用、そして新たな創造の大循環が見据えられなければならない。そのことが社会全体の豊かな発展につながると考えている。

　本書が、文化芸術振興基本法の2001年成立の意義を改めて確認し、その後の社会、経済、政治への波及と政策の動向、そしてこのような社会、経済及び

政治の変化を受けた真の文化芸術立国に向け、改正「基本法」がどのような役割を果たしたのか、そして改正基本法の目指すところはどのようなものなのかについて理解を深めるために、文化芸術関係者のみならず、国民の皆様の一助になることを願いたい。

平成30年2月吉日

　　　　　　　　　　　　　　文化芸術振興議員連盟会長

　　　　　　　　　　　　　　　　　衆議院議員　河村 建夫

文化芸術基本法の成立と文化政策
――真の文化芸術立国に向けて――

目　次

はじめに（河村建夫）　　4

序論　真の文化芸術立国に向けて（伊藤信太郎）　　14

第1部　新しい文化芸術基本法の成立と文化政策の展望
（文化芸術基本法制研究会）

1. 文化芸術基本法の成立　　24
2. 基本法改正の背景と趣旨、その主な内容　　28
3. 基本法成立後の政府の取組　　34
4. 基本法成立後の今後の文化政策の展望　　37
   - 4-1 文化庁の機能強化等　　37
   - 4-2 文化庁の京都移転　　42
   - 4-3 文化芸術推進基本計画（第1期）の検討　　43
   - 4-4 文化芸術推進基本計画（第1期）の方向性　　45

第2部　真の文化芸術立国実現に向けて～文化芸術振興基本法改正と文化省創設～
（文化芸術推進フォーラム）

はじめに　　50

1. 2001年の文化芸術振興基本法成立の意義とその後の影響　　52
   - 背景（戦前・戦後）　　52
   - 1-1 文化を扱う行政機関と法律
     ―基本理念で国、地方公共団体の責務が明らかに　　53
     - 1-1-1 文化行政の広がりと予算の増加　　53
     - 1-1-2 第3次基本方針での助成制度の改善　　54

1-2 地方公共団体における文化振興
　　　　―地域の特性に応じた条例設置と施策の推進　　　　　　　　56
　　1-3 関連法の成立　　　　　　　　　　　　　　　　　　　　　　57
　　　　1-3-1 文化関連法の制定　　　　　　　　　　　　　　　　　57
　　　　1-3-2 他の基本法への影響　　　　　　　　　　　　　　　　60

2. 今求められる文化行政―我が国や国際社会の変化に対応して　　　　　61
　　2-1 地域における文化芸術の振興―芸術祭等を事例として　　　　　61
　　　　2-1-1 地域社会の変化　　　　　　　　　　　　　　　　　　61
　　　　2-1-2 文化芸術振興基本法制定後の地方における文化芸術の振興　62
　　　　2-1-3 地方創生における文化芸術の在り方　　　　　　　　　　65
　　2-2 国際社会における我が国の文化芸術の展開　　　　　　　　　　66
　　　　2-2-1 クールジャパン戦略　　　　　　　　　　　　　　　　66
　　　　2-2-2 クールジャパン戦略の主な取組　　　　　　　　　　　68
　　　　2-2-3 ユネスコ無形文化遺産　　　　　　　　　　　　　　　69
　　　　2-2-4 国際社会における文化芸術振興の在り方　　　　　　　71
　　2-3 文化芸術そのものの振興の重要性　　　　　　　　　　　　　　72
　　　　2-3-1 著作権課題の解決　　　　　　　　　　　　　　　　　72
　　　　2-3-2 劇場法の目的と理念の実現　　　　　　　　　　　　　74
　　　　2-3-3 文化予算の拡充と、助成方法の充実　　　　　　　　　74

3. 改正基本法の成立とさらなる文化行政の機能強化から文化省の創設へ　76
　　3-1 基本法改正に期待するもの　　　　　　　　　　　　　　　　　76
　　　　3-1-1 新たに盛り込まれた条項の意義―広がる対象　　　　　76
　　　　3-1-2 新たに盛り込まれた条項の意義―深まる振興策　　　　77
　　　　3-1-3 強力に総合的な施策を推進するために
　　　　　　　―基本方針から「文化芸術推進基本計画」へ　　　　　78
　　3-2 新たな文化芸術基本法に基づく展開の軸―見えてきた文化省の姿　79
　　　　3-2-1 基本法制定以降に進んだ我が国社会の変化と文化行政へ
　　　　　　　の期待に応える文化省　　　　　　　　　　　　　　　79
　　　　3-2-2 新たな基本法を契機に、中心となる文化芸術活動への助
　　　　　　　成の意義を再認識し、専門機関を　　　　　　　　　　80
　　　　3-2-3 北海道から沖縄まで全国の特長ある文化芸術の振興のた
　　　　　　　めに　　　　　　　　　　　　　　　　　　　　　　　80
　　　　3-2-4 文化芸術を生かす戦略的な政策展開を進めるために　　81
　　　　3-2-5 東京五輪に向け文化予算増額、強力なリーダーシップを
　　　　　　　もった文化大臣の配置、そして文化省を　　　　　　　82

第3部 改正文化芸術基本法の逐条解説
（文化芸術振興基本法の一部を改正する法律の解説）

1. 総論 … 86
- 1-問1 改正基本法の背景、趣旨はどのようなものか。 … 86
- 1-問2 改正基本法の概要はどのようなものか。 … 86
- 1-問3 どうして法律の題名を変更したのか。 … 87
- 1-問4 題名等から「振興」を削除することにより、文化芸術活動を行う者の自主性が軽んじられ、行政が文化芸術活動に対して不当に干渉することになるおそれはないのか。 … 88
- 1-問5 改正基本法により法律の範囲を広げるということであれば、一部改正ではなく全部改正とする必要があるのではないか。 … 89
- 1-問6 基本法と他の文化関係の法律との関係はどうなっているのか。 … 89
- 1-問7 基本法における「文化芸術」とは何か。「芸術文化」との違いは何か。 … 90
- 1-問8 基本法において「文化芸術」の定義を行わない理由は何か。 … 90

2. 各論 … 91

【前文】
- 2-問1 前文が付された趣旨は何か。 … 91
- 2-問2 「文化芸術により生み出される様々な価値を生かして」とは、具体的にはどういうことか。 … 91
- 2-問3 改正基本法において、前文に「文化芸術の礎たる表現の自由の重要性を深く認識し」を加えた趣旨は何か。 … 91

【第1章 総則】
（第1条（目的））
- 2-問4 「文化芸術の振興についての基本理念」を「文化芸術に関する施策についての基本理念」に改める趣旨は何か。 … 92
- 2-問5 目的に「計画的に」を追加した趣旨は何か。 … 92

（第2条（基本理念））
- 2-問6 第2条の趣旨は何か。 … 92
- 2-問7 第2項で「地位の向上が図られ」とあるが、その趣旨は何か。 … 93
- 2-問8 第3項で「文化芸術を創造し、享受することが人々の生まれながらの権利であることにかんがみ」とあるが、具体的にどういうことか。 … 93
- 2-問9 第4項で、世界の文化芸術の発展について、「我が国及び世界において」と並列の規定に改めた趣旨は何か。 … 93
- 2-問10 第8項を新設した趣旨は何か。 … 93

2-問11	第10項を新設した趣旨は何か。	94
2-問12	観光、まちづくり、国際交流、福祉、教育、産業等文化芸術に関連する分野の施策として、具体的にどのようなものを想定しているか。	94
2-問13	観光やまちづくり等の文化関係施策を範囲に取り込むことにより、文化財の保護や芸術振興等従来の文化芸術振興のための施策が後退するのではないか。	94
2-問14	「産業」とは何を想定しているか。	95

（第3条（国の責務）、第4条（地方公共団体の責務））

2-問15	第3条、第4条の趣旨は何か。	95

（第5条（国民の関心及び理解））

2-問16	第5条の趣旨及び内容は何か。	95

（第5条の2（文化芸術団体の役割））

2-問17	本条を新設した趣旨は何か。	95
2-問18	文化芸術団体とは具体的にどのようなものをいうのか。	96

（第5条の3（関係者相互の連携及び協働））

2-問19	本条を新設した趣旨は何か。	97
2-問20	民間事業者とは具体的にどのようなものをいうのか。	97

（第6条（法制上の措置等））

2-問21	第6条の趣旨及び内容は何か。「税制上の措置」を加える理由は何か。	97
2-問22	「税制上の措置」として具体的にどのような措置があるのか。	98

【第2章　文化芸術推進基本計画等】

（第7条（文化芸術推進基本計画））

2-問23	「基本方針」を「基本計画」に改める趣旨は何か。	98
2-問24	第4項を新設した趣旨は何か。	98
2-問25	「基本計画」の計画期間は何年間なのか。	98

（第7条の2（地方文化芸術推進基本計画））

2-問26	本条を新設した趣旨は何か。	99

【第3章　文化芸術に関する基本的施策】

（第8条（芸術の振興）・第9条（メディア芸術の振興）・第10条（伝統芸能の継承及び発展）・第11条（芸能の振興））

2-問27	第8条～第12条において文化芸術の各分野において例示をあげる理由は何か。	100
2-問28	第8条と第9条との関係はどうなっているのか。	100
2-問29	第10条と第11条との関係はどうなっているのか。	100
2-問30	「物品の保存」や「知識及び技能の継承」は、具体的にはどういうことか。	101

2-問31	文化芸術を支える漆等の原材料が失われつつあることについてどう考えるか。	101
2-問32	伝統芸能の例示に組踊を加えた趣旨は何か。	102

（第12条（生活文化の振興並びに国民娯楽及び出版物等の普及））

2-問33	生活文化の例示に「食文化」を加え、「普及」から「振興」へ変更した趣旨は何か。	103
2-問34	食文化や組踊以外のものも例示として追加すべきではないか。	103

（第13条（文化財等の保存及び活用））

2-問35	第13条には、相撲、剣道等の武道は含まれるのか。	103

（第14条（地域における文化芸術の振興等））

2-問36	本条の改正の趣旨は何か。	104
2-問37	「芸術祭」を加えたことについて、第8条や第9条、第15条の「芸術祭」とはどう違うのか。	104
2-問38	各地域に根付く祭りについて、住民の努力だけでは継承が困難となってきている。本法に明確に位置づけ、国として支援すべきではないか。	105

（第15条（国際交流等の推進））

2-問39	第15条第1項の改正の趣旨は何か。	105
2-問40	「著作権制度の整備」は、具体的にどういうことか。第20条とはどう違うのか。	106
2-問41	「文化芸術に関する国際機関等の業務に従事する人材の養成及び派遣」を追加した趣旨は何か。	106

（第16条（芸術家等の養成及び確保））

2-問42	本条の改正の趣旨は何か。「作品の流通の促進」「創造的活動等の環境の整備」は、具体的にどういうことか。	107
2-問43	「教育訓練等の人材育成」に関連して、文化財等を修復する技術者の養成確保が困難となっていると聞くが、見解は何か。	107

（第17条（文化芸術に係る教育研究機関等の整備等））

2-問44	第17条の内容は何か。	108

（第18条（国語についての理解））

2-問45	第18条として「国語」についての規定を設ける理由は何か。	108

（第19条（日本語教育の充実））

2-問46	第19条として「日本語教育」についての規定を設ける理由は何か。	108
2-問47	「日本語教育を行う機関における教育の水準の向上」のために、どのような施策を想定しているのか。	108

（第20条（著作権等の保護及び利用））

2-問48	第20条として「著作権等」についての規定を設ける理由は何か。	110

2-問49　本条の改正の趣旨は何か。「著作物の適正な流通を確保するための環境の整備」は、具体的にどういうことか。　110
　　　（第21条（国民の鑑賞等の機会の充実））
2-問50　第21条として「国民の鑑賞等の機会」についての規定を設ける理由は何か。　111
　　　（第22条（高齢者、障害者等の文化芸術活動の充実））
2-問51　本条の改正の趣旨は何か。　111
　　　（第23条（青少年の文化芸術活動の充実））
2-問52　第23条として「青少年の文化芸術活動」について定めた理由は何か。　111
　　　（第24条（学校教育における文化芸術活動の充実））
2-問53　第24条として「学校教育における文化芸術活動」について定めた理由は何か。　112
　　　（第25条（劇場、音楽堂等の充実））
2-問54　第25条として「劇場、音楽堂等」についての規定を定めた理由は何か。　112
　　　（第26条（美術館、博物館、図書館等の充実））
2-問55　第26条として「美術館、博物館、図書館等」についての規定を定めた理由は何か。　112
　　　（第27条（地域における文化芸術活動の場の充実））
2-問56　第27条として「地域における文化芸術活動」についての規定を定めた理由は何か。　112
　　　（第28条（公共の建物等の建築に当たっての配慮等））
2-問57　第28条第1項として「公共の建物等の建築に当たっての配慮」についての規定を定めた理由は何か。　113
2-問58　本条の改正の趣旨は何か。　113
　　　（第29条（情報通信技術の活用の推進））
2-問59　第29条として「情報通信技術の活用の推進」についての規定を定めた理由は何か。　114
　　　（第29条の2（調査研究等））
2-問60　本条を新設した趣旨は何か。　114
　　　（第30条（地方公共団体及び民間の団体等への情報提供等））
2-問61　第30条として「地方公共団体及び民間の団体等への情報提供」についての規定を定めた理由は何か。　114
　　　（第31条（民間の支援活動の活性化等））
2-問62　第31条として「民間の支援活動の活性化」についての規定を定めた理由は何か。　115

- 2-問63 本条の改正の趣旨は何か。 115
  (第32条（関係機関等の連携等）)
- 2-問64 第32条として「関係機関等の連携」についての規定を定めた理由は何か。 115
- 2-問65 本条の改正の趣旨は何か。 115
  (第33条（顕彰）)
- 2-問66 第33条として「顕彰」についての規定を定めた理由は何か。 116
  (第34条（政策形成への民意の反映等）)
- 2-問67 第34条として「政策形成への民意の反映等」についての規定を定めた理由は何か。 116
  (第35条（地方公共団体の施策）)
- 2-問68 第35条として「地方公共団体の施策」についての規定を定めた理由は何か。 116

  【第4章 文化芸術の推進に係る体制の整備】
  (第36条（文化芸術推進会議）)
- 2-問69 本条を新設した趣旨は何か。 116
- 2-問70 文化芸術推進会議の構成機関に、民間団体は含まれないのか。 117
  (第37条（都道府県及び市町村の文化芸術推進会議等）)
- 2-問71 本条を新設した趣旨は何か。 117
- 2-問72 地方が文化芸術推進会議を置くことができることについて、設置にあたり国はどのような支援をするのか。何等かの支援を行うべきではないか。 118

  【附則】
- 2-問73 附則第2条の趣旨は何か。 118
- 2-問74 諸外国の文化担当省や文化担当大臣の設置状況はどうなっているのか。 118

  【その他】
- 2-問75 2020年に向かって、文化プログラムを充実する趣旨は何か。 119

第4部 文化芸術基本法関係参考資料

- 1 文化芸術基本法リーフレット 122
- 2 文化芸術基本法（平成13年法律第148号）条文 135
- 3 文化芸術振興基本法の一部を改正する法律（平成29年法律第73号）概要 146

4	文化芸術振興基本法の一部を改正する法律概要（英訳）	147
5	文化芸術振興基本法の一部を改正する法律要綱	148
6	文化芸術振興基本法の一部を改正する法律案	153
7	文化芸術振興基本法の一部を改正する法律新旧対照表	160
8	文化芸術振興基本法の一部を改正する法律案起草の件	192
9	衆議院文部科学委員会議事録（平成29年5月26日）	194
10	衆議院本会議議事録（平成29年5月30日）	201
11	参議院文教科学委員会議事録（平成29年6月16日）	202
12	参議院本会議議事録（平成29年6月16日）	209
13	文化芸術振興基本法の一部を改正する法律の施行について（通知）	211
14	文化芸術に関する施策の総合的かつ計画的な推進を図るための基本的な在り方について（「文化芸術推進基本計画（第1期）」の策定に向けて）文部科学大臣諮問	219
15	文化芸術推進基本計画（第1期）の検討状況	223
16	文化芸術推進基本計画（第1期）のパブリックコメント	227
17	文化芸術推進会議の設置について（平成29年11月10日関係省庁申合せ）	232
18	文化芸術立国の実現を加速する文化政策―「新・文化庁」を目指す機能強化と2020年以降への遺産（レガシー）創出に向けた緊急提言―（平成28年11月17日文化審議会答申）	234
19	「新・文化庁の組織体制の整備と本格移転に向けて」のポイント（文化庁移転協議会　平成29年7月25日）	257
20	最近の政府の重要方針における文化関係の主な記述について（平成29年度）	268
21	文化行政の機能強化のための組織体制と文化予算の拡充に関する提言（平成29年11月　文化芸術振興議員連盟文化行政の機能強化に関する勉強会）	279
22	文化芸術振興議員連盟　会員名簿	286
23	文化芸術振興議員連盟　会の目的と活動方針（役員名簿を含む）	288
24	文化芸術推進フォーラムとは	291
25	「五輪の年には文化省」の宣言文・ステートメンツ（文化芸術 vol.8 2017）	292
26	文化芸術振興基本法の見直しに関する勉強会　各回の概要（文化芸術 vol.8 2017）	294
27	文化芸術振興議員連盟×文化芸術推進フォーラムのあゆみ	296

序論　真の文化芸術立国に向けて

伊藤　信太郎

　今回私が何故「文化芸術振興基本法」を改正し「文化芸術基本法」を制定しようとしたのかを述べたい。

文化とは？　芸術とは？

　それは日本の真の文化芸術立国を推進したいという願望からである。真の文化芸術立国とは何か？　それはすべての国民が文化芸術のもつ喜びに満ち溢れ、それを享受し、その創造に主体的に携わりながら、自らの魂の燃える想いを燃焼させて幸せに生きることができる国のことではないだろうか。

　「人はパンのみにて生くるものに非ず」という格言がある。これはある宗教からでてきた言葉であるが一宗教を超えて、「人は物質的な満足のためだけを目的として生きるものではなく、精神的なよりどころが必要である」という普遍的な哲学的概念である。

　文化とは何か？　物質や具体的現象を超えたそれそのものではない意味や価値を生み出すものが文化であると考える。人間と人間以外の生き物を分けている最大のものは形而上の価値を認識するかどうかである。愛も正義も人間が創り出した概念である。それに価値を付与したのも人間である。そもそも価値は物理現象ではない。物理現象を捉え、その上に意味を記号化して構築したのは人間である。それを総称したものが文化ともいえる。

　そもそも文化という言葉はラテン語のculturaに由来するものであるが、この言葉は［耕作］を意味する。従って農業と文化は密接な係りがある。農業によって作物ができ、その日消費しない食料を蓄積保存することができるようになる。このことによって日々の食料獲得のみに追われない時間や心や社会階層

が生まれる。また農作業は集団行動を必要とするため共通の何かが必要となる。この二つが文化を生み出す十分条件と必要条件になったと考えられる。

イギリスの人類学者E・タイラー（1832-1917）は「文化あるいは文明とは、そのひろい民族誌学上の意味で理解されているところでは、社会の成員としての人間によって獲得された知識、信条、芸術、法、道徳、慣習や、他のいろいろな能力や習性を含む複雑な総体である。」と定義している。

芸術とは何か？　これにも諸説がある。この言葉の語源はギリシャ語のテクネー（技術）とその訳語のラテン語のアルス（人工のもの）からきている。定義としては「表現者あるいは表現物と、鑑賞者が相互に作用し合うことなどで、精神的・感覚的な変動を得ようとする活動」とするものもあるが、「作品の創造と鑑賞によって精神の充実体験を追求する文化活動」という表現の仕方もある。ここで大事なことは、作品を創ることだけでなく、鑑賞者との相互作用こそ芸術活動の本源的部分があるのだということだということだと思う。私は映画を創ってきたが、映画においてもフィルムそのものが芸術なのではなく、スクリーンと観客の間に生まれる精神作用にこそ映画芸術の本質があるのだと思う。従って百人の観客がいれば一つのフィルムでも百本の作品があるともいえる。

一般的に芸術というと、文芸、美術、音楽、演劇、映画などを連想するが、私自身はもっとプロアクティブに人生全体を包括するものとして芸術を捉えている。すなわち、人生そのものが芸術であるという考え方である。国家も同様である。国家は人類が創り出した最大の文化芸術である。「人と人」も「人と国家」も相互作用する。人は精神の充実体験を追求する。これには必ずしも100％の満足が得られるとは限らない。むしろ得られない場合の方が多い。そこで欲求不満が起きる。それが臨界値に達すれば、人生に絶望し社会は壊れる。かくして人生も国家も脆く壊れやすい。

共創による、文化芸術空間の創出

人生はドラマである。国家にもドラマがある。人生で自分の思ったとおりことが進まないと、その責任は自分にはなくて他者にあるという人がいる。また国の運営がままならないと、悪者がいてそのせいでうまくいかないと考える人がいる。この悪者さえいなくなれば、人生も国家もすべてうまくいき自分もす

べての国民も幸せになれると考える人がいる。私はそうは思わない。人生のドラマも国家のドラマもそう単純ではない。

　悪役がいなくても成り立つドラマトゥルギーとは何か？　とかく人は物事がうまくいかないのは誰かが、何かが悪いせいだと考えようとする。その方が簡単にドラマを構成できるからだ。ハリウッド仕立ての映画のような勧善懲悪のストーリー。よくあるパターンはスーパーヒーローが悪人を仕留めて万事解決、そして美男美女が結ばれる。しかし現実はこのような大衆娯楽映画のようにはいかない。ものごとがうまくいかない原因は、実は当事者に内在しており、外部化して切除はできない場合の方が断然多い。

　私の夢は国民全員が共著して創りだす幸せな国家のスペクタクルドラマだ。そして悪役を造らなくても成り立つドラマである。しかしこれはなかなか儚い夢であろう。ほとんど実現不可能な夢かもしれない。しかし私はこの夢を追求し続けたい。

　民主主義の陥穽はポピュリズムである。高度で複雑な事項を、未来への展開可能性も含めて判断をすることは容易ではない。そこで何となく良さそうだ、この人についていけば自分も国家も何とかなるかもしれない、という風にまさに風のようにポピュリズムは舞い上がる。そしてその風はあっという間に吹き止む。あとに残るのは失望だけである。そして自分は彼あるいは彼女に騙されたのだと思う。そう思おうとする。でも自分だけは騙せない。歴史を眺めてみるとこのことが繰り返されている風に思えてならない。

　芸術は記号である。記号とは何か？　人間の五感で認知できるものでそれ以外の何かを意味するものは記号である。それは隠喩も含めてである。芸術はこの隠喩に依拠するものが多いように思われる。芸術家はまさにその記号化の作業をして作品を創る。鑑賞者は脱記号化をして何かを感じる。記号化の在り方と脱記号化の在り方が大きく違う時にいわゆる鑑賞者にとってこの作品はわからない、何も感じられないという現象が起こる。

　芸術に必要なものはパトス（感性・情念）なのか？　ロゴス（理性・論理）なのか？　その両方なのか？　私は両方であると思う。そもそも人間のすべての行動はこの両方によって左右されている。場面によって、個人によって、その順番とバランスが違う。芸術家にとってどちらが先にくるかというと、それはパトスであると思う。人はそれが正しいと思うから作品を創るのではなく、創ら

ざるを得ない情動にかられて創るのだと思う。よく芸術家は何かにインスパイアされて作品を創り始めるという。まさにその通りである。それは恋にも似ている。人は正しいと思うから恋をするのではなく、自分でもどうしようもない情動にかられて恋に陥る。

　芸術家が作品を創り始めたあと、それを一定の形式に落とし込むにはロゴスが必要である。音楽に音理があるのはその証左である。言葉にも文法がある。この論理を根本的に変えるのがまさに革命的芸術である。芸術は時代と共に変化し、時には革命をもたらす。あるいは実際の革命が、芸術に革命をもたらす。いささかラジカルな思想かもしれないが、芸術は現実のあり方に対するアンチテーゼの側面がある。今あるものの見方に対し何らかの疑問をもち、それを隠喩も含めて具象化したものが作品になっているものが多い。

新たな文化芸術政策の必要性

　何十年か前に、イタリアの小さな町フロズィノーネでクリスマス・イブを過ごしたことがあった。町の中心にある丘の上の教会で深夜のミサがあり、そのあと教会前の広場で焚火が焚かれ、それを囲んで町の人達が皆で讃美歌を合唱していた。そこにい合わせた私は、何故か深い感動を覚え涙が出た。まちびとたちは芸術家ではないのだけれど、私はそこに芸術的感動を覚えた。キリスト教かどうかは別として、真の文化芸術国家とはこういうことではないかと思う。すなわち、国民がどれだけ文化芸術的空間を協働で創り出し共有できるかどうかではないかと思う。

　もちろん芸術は人によって創り方、感じ方が違い、全国民がそれを共有することは不可能であろう。他方、人は自分の気持ちを他者に伝えたいといういわば本能的欲求をもっている。これが心的エネルギーの源泉であるリビドーだと思う。だからこそ人類は代表的記号である言語を創りだしたともいえる。日本には日本語がある。人にとってその母言語が感性の特性を規定するクライテリアの上位にあることは、私が研究した感性情報学の研究によっても、ある程度明らかになっている。であるから母言語が失われれば、感性も変わるということが推論できる。今インターネットによってグローバルに情報が流通し、そのコミュニケーションの多くが英語を使ってなされている。日本人の中でも、日本語を書かずにローマ字入力をする人が、特に若い人の間では多くなってきて

いる。これが日本人の感性を変化させていることは否めない。今世界には口承も含め約7,000の言語があるといわれている。これが遠くない将来、数百あるいは数十言語程度に集約されてしまうといわれている。インターネットに載らない、載れない言語は、絶滅するといわれる。このことが人類の文化芸術に、どのように影響をもたらすかを想像するのは空恐ろしい。多元的価値、多様な文化の共存というが、多様な言語を失うということは、多様な文化を失うということに繋がる。特にもし表意文字言語が失われるということになれば、一つの思考の形式、そしてそれに連なる感性が失われるということになりかねない。日本文化の多様性や両義性も、日本語が世界でも珍しい表意文字、表音文字併用言語であることに関係している。日本の文化を守り育てる意味でも、日本語教育はとても大事である。

時代の変化、科学技術の進歩によって、文化芸術をめぐる状況は大きく変わってきた。伝統文化・固有文化・地域文化を守らなければならない反面、科学技術の進歩やグローバルな時代にあった新たな文化芸術政策の必要性も増大した。

そこで国はこのような状況の中で、何をしなければならないかである。もとより芸術においては、表現の自由は根源的に重要である。国が芸術の中身に関して過度に干渉することがあってはならない。国ができることは、国民が文化芸術を謳歌できる環境を醸成することである。文化芸術基本法は、それを具体的に計画的に総合的に推進していこうという立法意志をもって、制定に漕ぎ着けたものと理解している。

文化芸術基本法の精神

文化芸術基本法の第1章第1条においては、「文化芸術に関する施策に関し、基本理念を定め、並びに国及び地方公共団体の責務等を明らかにするとともに、文化芸術に関する施策の基本となる事項を定めることにより、文化芸術に関する活動を行う者の自主的な活動の促進を旨として、文化芸術に関する施策の総合的かつ計画的な推進を図り、もって心豊かな国民生活及び活力ある社会の実現に寄与することを目的とする。」としている。

第2章第7条においては「政府は文化芸術に関する施策の総合的かつ計画的な推進を図るため、文化芸術に関する基本的な計画（文化芸術推進基本計画）を

定めなければならない。」として旧法の方向性を示す「方針」から具体性をもって推進する「計画」に変更した。

またそれぞれの地域がその特性や歴史にちなんで文化芸術を振興できるようにしたいという思いから、第7条の2において「都道府県及び市町村の教育委員会を管理し、及び執行することとされた地方公共団体にあっては、文化芸術推進基本計画を参酌して、その地方の実情に即した文化芸術の推進に関する計画（地方文化芸術推進基本計画）を定めるよう努めるものとする。」とした。

文化芸術活動は人間の他の諸活動と独立して別個に存在しているわけではない。いわば人間のあらゆる活動は必ず文化芸術の要素を内包している。従って文化政策は文化庁単独で完結できるものではない。

朝起きて食事をする。そこには食文化が関係している。農林水産業も関係している。服を着る。これも文化である。服飾産業も関係している。街を歩けば街並みも文化である。これも都市工学や建設業とも関係している。働き方も文化と関係している。子育てや教育も文化と密接な関係がある。医療・福祉の分野では芸術療法というものもある。国際交流や観光にも文化芸術は欠かせない。このように文化芸術と産業、教育、外交、地方自治、医療、福祉等は密接な関係がある。人間の生き方、社会のありよう自体が文化である。一つの国のありようを構成している最も重要な要素が文化であるともいえる。このように文化芸術は、それを職業としている人だけでなく、音楽鑑賞や観劇をすることだけでなく、国民生活の全てに深く係っている。

今回の基本法で第4章文化芸術の推進に係る体制の整備の第36条において「政府は、文化芸術に関する施策の総合的、一体的かつ効果的な推進を図るため、文化芸術推進会議を設け、文部科学省及び内閣府、総務省、外務省、厚生労働省、農林水産省、経済産業省、国土交通省その他の関係行政機関相互の連絡調整を行うものとする。」としているのはその考え方を反映したものである。つまり国の施策のあらゆる面において文化芸術推進ということを念頭にして進めていこうという考え方である。

文化芸術施策の諸問題

文化芸術が物質や物理現象そのものではなく、その上に人間が構築した形而上の価値であることは前述したとおりである。しかしながら物質や物理現象な

く、文化芸術が存在することもできない。芸術家も霞を食って生きていけるわけではなくパンも必要である。これは文化芸術施策を進める上での大きな命題である。

　絵を描くにも絵具とキャンバスが必要であり、音楽を演奏するのにも楽器が必要である。実演芸術をするには実演者だけでなく裏方から、舞台、照明、大道具、小道具、衣装、メイクそして観客が必要である。映画を創るにも、スタッフ、キャスト、機材、ロケ、スタジオ等々、ありとあらゆるものが必要である。また映画を上映するには映画館が必要である。これらには巨額の費用がかかる。これらの費用は、他の工業製品と違って、必ずしも買い手によってのみ賄われる訳ではない。また街並みを文化芸術的にするには、効率一辺倒の建設よりはるかに費用がかさむ。問題はこの文化芸術に係る費用を、誰がどのような割合で負担することが、現在の日本にとって適切であるかということである。

　文化芸術の振興施策には大きく分けてハードとソフトがある。ハードでは、文化芸術を支える基盤の整備のうち劇場、美術館、博物館等がある。また作品、文化財の保護、保存、修復等々がある。ソフトでは芸術家等の人材育成、文化芸術創造活動への支援、文化芸術の発信と文化交流への支援等がある。日本の文化庁予算は2016年度において1,040億円であり、フランスの文化・通信省の9,376億円（内文化政策4,448億円）韓国の文化観光体育及び文化財庁の3,515億円（内文化政策2,551億円）に比較してあまりにも貧弱である。芸術家等の人材育成には2017年度で僅か85億円弱しかない。これでは若い才能のあるアーティストが海外に流出してしまうのも必然的な帰結である。実演芸術とりわけオペラやバレエをまともに公演できる劇場の不足も深刻である。文化財の保存、修理、修復も予算不足に悩んでいる。十分な予算がないため文化財を保存、修復できない。ときには海外に流出してしまうこともある。アーティストを育てるにも、発表の場を確保するにも、優れた芸術活動を維持し、文化財を保存し修理するにも、すべてを未来に繋いでいくにも、やはりお金が必要である。今の予算ではそれらのどれも満足には成し得ない。

　文化芸術にかかる費用に関しては、フランスのように国策として国がその枢要な部分を拠出しているところもあるが、アメリカのように民間資金に頼っているところもある。日本では国等の公的な予算も、民間からの資金もどちらも十分とはいえない。私はこの危機的状況を何とか打開したいと考えている。今

回文化芸術基本法の改正に努力したのもその思いからである。文化芸術を振興するには、文化芸術予算の大幅増額と税制上の配慮、そして文化芸術に対する国民意識の変化が必要である。

　文化政策の実施体制もある。文化庁設置の時から時代が変わり、文化芸術基本法も制定され、文化行政の対象範囲が大きく広がった。観光、まちづくり、国際交流、福祉、教育、産業など関連分野も広がりを見せた。それぞれの分野で、それらを所掌するには高度の専門性が必要とされている。現在の文化庁に、その広く深いタスクを十分にカバーするだけの体制があるとは必ずしも思えない。今回の文化庁の京都移転を一つの契機に、意識改革も含め、文化行政の機能強化が進むことを望みたい。究極的には、【文化省】を実現することを強く希望する。

　著作権問題にも焦眉の課題がある。科学技術が進歩したおかげで、誰でも簡単に安価に映像音声のデジタルコピーが造れるようになった。また通信技術の進歩によって、オンデマンドでコンテンツを安価に時には無償で手にいれることができるようになった。このことは、一見お手軽に国民が文化芸術に触れる機会を得られるようになったといえる面もあるが、反面クリエーターにとっては苦心惨憺して創った作品が、無許可で対価を払われることなく使われるということを意味している。しかも造られた複製は、国境を越えてグローバルに流通するようになった。著作権法は国によって異なるが、グローバルに流通すると、コンテンツの違法な使用の完全な捕捉はほぼ不可能である。著作権法でいう同一性の保持など、インターネットの世界では実際には有名無実になっている。ネットの世界では、ユーザーが自由自在に作品を切り刻んで、好きな形で視聴したり利用したりしている。このことは科学技術が「諸刃の剣」であることの証左である。制度が事実上破綻している私的録音録画補償金制度を巡っても多くの議論がなされてきたが、いまだに利害関係者の間でコンセンサスを得られていない。

　映画監督の著作権を巡っても活発な議論がなされてきた。映画は個人芸術か集団芸術かという議論もあり、いろいろな権利が複雑に絡み合い、利害関係者が錯綜するこの問題は長年の懸案である。私が映画プロデューサー・監督の経験者であることもあり、これは大変興味をもっているテーマである。この問題には私自身複雑な思いがある。フランスでは認められている映画監督の著作権

を日本で認めるという結論には現在まで至っていない。映画の著作権の複雑性は著作権の所在が不明確な作品〈オーファンフィルム〉の問題をも引き起こしている。

　他方、映像音声作成加工技術は画期的進歩を遂げ、コンピュータグラフィック等を駆使した斬新な映像が廉価に比較的容易に創れるようになった。編集、保存、頒布、発表の仕方も大きく変化した。結果、データと作品の境があいまいになってきている。また視聴のあり方もスマートフォンやタブレットが多く使われるなど大きく変わってきた。

　文化芸術のジャンルの中に庭園芸術を明示すべきではないかという発議もあったが、庭は季節によりまた時間経過により変化する。時間芸術として見るという考え方もあるが、そのどの部分を文化芸術として認識するかという問題がある。今回はコンセンサスを得るには至らなかったため記載しなかった。

　食文化も重要である。ユネスコで「和食」が無形文化遺産に登録されたが、日本に海外から入ってきた西洋料理をはじめとする外来料理があり、それが日本で日本流に変化し進化したものも含めるという観点から、「食文化」という言葉を用いることとなった。

　このように文化芸術というものは、太古の昔から一つの国のみで生まれ、全く変化しないものはほとんどない。国と国、違った地域、異なるジャンルの間で交流があり、相互に影響しながら変遷を続けてきた。また科学技術の進歩時代の流れ、産業構造の転換、社会状況の変化が、文化芸術に大きな変化をもたらしてきたことはいうまでもない。

　未来において日本の文化芸術はどのような方向に展開するのだろう？　私は文学、音楽、美術、演劇、舞踊等はその中身やスタイルがそのまま継続するものもあれば変化するものもあると思う。その一方で雅楽、能楽、文楽、歌舞伎、組踊など伝統芸能が継続し、他方でコンピュータ等のテクノロジーを駆使したメディア芸術がその最先端の進化を遂げるのではないかと思う。そして22世紀には伝統と最先端が融合した未だ存在しない〈新たなパラダイム〉の文化芸術が誕生するのではないかと思っている。その時、83年前に成立した「文化芸術基本法」が、22世紀の素晴らしい文化芸術状況を生み出した一助になったと後世の人に思っていただければ幸いである。

2018年2月吉日

第1部

新しい文化芸術基本法の成立と文化政策の展望

1. 文化芸術基本法の成立

　2017年（平成29年）の通常国会（第193回国会）の実質的な最終日である6月16日の午後5時過ぎに[1]、「文化芸術振興基本法の一部を改正する法律案」が、参議院本会議の場において、全会一致で可決され、成立した。衆議院では、既に5月30日の本会議において、同じく全会一致で可決されていたため、参議院においても日を置かず問題なく成立するだろうと思われていたが、その後、いわゆる加計問題等で国会が紛糾する中で、本法律案を審議する参議院文教科学委員会の開催の目処が立たず、一時は廃案になるかもしれないと思われていた中での成立であったため、関係者の喜びもひとしおのものであった。

　本法律案は、内閣提出の法律案（閣法）ではなく、いわゆる議員立法（本法律案については衆議院からの提出であるので衆法）であるが、その発議も通常の議員立法のように両院どちらかの議長に提出するという形式と異なり、5月26日の衆議院文部科学委員会において、与野党の同委員会に所属する委員6名[2]が本法律案に関する起草案を発議するというもので、発議者の代表（河村建夫委員）が起草案について説明した後、委員の発言（質疑）を経た上で、全会一致で委員会提出法律案と決定し、衆議院本会議に提出するというプロセスが取られた（いわゆる委員発議の委員会提出法律案）[3]。

1　第193国会の会期は6月18日までの150日間（延長なし）であったが、6月16日は金曜日であり、6月17日及び6月18日は週末に当たり国会は開催されなかった。
2　衆議院文部科学委員会に所属する河村建夫委員（自）、伊藤信太郎委員（自）、平野博文委員（民）、富田茂之委員（公）、伊東信久委員（維）、吉川元委員（社）の6名の委員。
3　委員会が法律案を提出する際には、まず当該委員会の委員が法律案の起草案提出の動議を提出し、成案として委員会提出法律案とするよう求めるか、委員長が自ら説明する（本法律案の場合は前者）。提案理由説明は、動議の提出者又は委員長が説明する。その後、質疑が省略されて採決が行われる

このように成立に向けてスムーズなプロセスを取ることができたのも、委員会での審議に先立ち、2016年1月から約1年半にわたり、与野党のほぼ全ての党を含む超党派の文化芸術振興議員連盟[4]において、7回にわたる勉強会及び総会が開催されたことが大きかったと言えるだろう。すなわち、文化芸術振興議員連盟においては、法律案の内容について、河村建夫会長、伊藤信太郎事務局長の下で各党派の意見を丁寧に汲み取ることにより、議員連盟として合意に達し、また、第193国会において確実に成立すべく、議員連盟において国会への提出形式についても議論し概ね了承するという極めて慎重かつ入念な事前調整が図られたのである。

　とはいえ、いずれにしても国会の最終盤において改正基本法案が奇跡的に成立にこぎ着けたのは、党派を超えて、国会において文化芸術の重要性についての認識が共有されていたことと、そして何と言っても、新しい文化芸術基本法による文化芸術立国の実現が、現在そして将来にわたり少子高齢化やグローバル化など様々な課題を抱えている我が国の社会や経済にとって必要不可欠であるとの認識、危機感が共有されていたことではないだろうか。また、地方創生の観点から文化庁の京都移転[5]が進められる中で、文化庁の機能強化の必要性についての認識の高まりも大きかったものと思われる。

　そういう意味では、今回の新しい文化芸術基本法の成立は、今後策定される文化芸術推進基本計画[6]等を通じて、文化政策が単なる文化芸術振興という一

　　場合と、質疑（衆議院では「発言」という）が行われる場合がある。採決の結果、委員会として法律案を提出することが可決されると、その後は当該委員会の委員長が提案者となり、委員長が本会議において趣旨を説明し採決される。本会議で可決されると、他の議院に提出される。
4　基本法成立時の議連の役員は次のとおり。（会長）河村建夫衆議院議員（自）、（副会長）塩谷立衆議院議員（自）、枝野幸男衆議院議員（民）、斉藤鉄夫衆議院議員（公）、市田忠義衆議院議員（共）、（常任幹事）二之湯武史参議院議員（自）、中山恭子参議院議員（こ）、松浪健太衆議院議員（維）、伊東信久衆議院議員（維）、（事務局長）伊藤信太郎衆議院議員、（事務局次長）古川元久衆議院議員（民）、浮島智子衆議院議員（公）
　　（自＝自由民主党、民＝民進党、公＝公明党、共＝共産党、維＝日本維新の会、社＝社会民主党、こ＝日本のこころを大切にする党）
5　文化庁の京都移転については、2016年3月の「政府関係期間移転基本方針」等において、外交関係や国会対応の業務、政策の企画立案業務（関係府省庁との調整等）の事務についても現在と同等以上の機能が発揮できることを前提とした上で、文化庁に期待される新たな政策ニーズ等への対応を含め、文化庁の機能強化を図りつつ、全面的に移転するものとされたところである。
6　文化芸術基本法第7条に基づく基本計画。改正法により従来の「文化芸術の振興に関する基本的な方針」に代わって新たに策定することとされた。現在、文化審議会において第1期基本計画につ

分野の政策にとどまらず、教育政策や科学技術政策などと同様に、社会政策や経済政策等と関連しつつ、より大きな国の総合政策の文脈の中で位置付けられるという点、また文化政策の重要性について広く文化芸術関係者以外にも認識が共有された点で、我が国の文化政策史上、極めて重要なマイルストーンの一つであったと言えるであろう。

【文化芸術振興議員連盟における検討経緯】
H28.01.27　文化芸術振興議員連盟文化芸術振興基本法の見直しに関する勉強会（第1回）
　　　　　・和食文化関係者からのヒアリング
H28.10.19　文化芸術振興議員連盟文化芸術振興基本法の見直しに関する勉強会（第2回）
　　　　　・基本法に「和食文化」の追記を目指す動きについて
　　　　　・我が国における国際文化交流の祭典の実施の推進に関する法律案について
　　　　　・基本法改正に関する文化芸術推進フォーラムの提案
H28.11.09　文化芸術振興議員連盟文化芸術振興基本法の見直しに関する勉強会（第3回）
　　　　　・文化芸術振興基本法の一部を改正する法律案骨子案について（衆議院法制局より説明）
H28.11.30　文化芸術振興議員連盟文化芸術振興基本法の見直しに関する勉強会（第4回）・総会
（勉強会）・前回の議論を踏まえた基本法改正骨子（案）について（衆議院法制局より説明）
　　　　　・文化芸術推進フォーラムより提言（第2回）
（総　会）・文化芸術振興基本法の見直しについて、今後の取扱い
H29.02.01　文化芸術振興議員連盟文化芸術振興基本法の見直しに関する勉強

いて審議中。2018年3月答申予定。教育政策については、教育基本法第17条に基づく教育振興基本計画が、科学技術政策については、科学技術基本法第9条に基づく科学技術基本計画が5年ごとに政府全体で閣議決定されている。一方、スポーツ政策については、スポーツ基本法第9条に基づくスポーツ基本計画が5年ごとに決定されているが、こちらは文部科学大臣の決定である。

　　　　　会（第5回）・総会
（勉強会）・前回の議論を踏まえた基本法改正案骨子（案）について（衆議院法制局より説明）
（総　会）・文化芸術振興基本法の見直しについて、今後の取扱い
H29.02.08 文化芸術振興議員連盟文化芸術振興基本法の見直しに関する勉強会（第6回）・総会
（勉強会）・基本法改正案要綱素案について（衆議院法制局より説明）
（総　会）・文化芸術振興基本法の見直しについて、今後の取扱い
H29.02.22 文化芸術振興議員連盟文化芸術振興基本法の見直しに関する勉強会（第7回）・総会
（勉強会）・基本法改正案要綱案・新旧条文案について（衆議院法制局より説明）
（総　会）・文化芸術振興基本法の見直しについて、今後の取扱い
H29.04.06 文化芸術振興議員連盟第5回定例総会
（総　会）・文化芸術振興基本法の改正案について
　　　　　・2017年度の文化芸術振興議員連盟活動計画について
　　　　　・文化芸術推進フォーラムからの要望について

【国会における経緯】
H29.05.26 衆議院文部科学委員会において起草案発議、発言（質疑）、採決
　　　　　（委員会提出法律案として決定）
H29.05.30 衆議院本会議において全会一致で可決
H29.06.16 参議院文教科学委員会において質疑、全会一致で可決
H29.06.16 参議院本会議において全会一致で可決・成立

2. 基本法改正の背景と趣旨、その主な内容

　文化芸術振興基本法は、我が国の文化芸術全般にわたる基本的な法律として、2001年に制定されたものであり、今回の改正は制定以来16年ぶり、かつ初めての改正である。16年前の制定時にも、今回の改正と同様に、当時の超党派の音楽議員連盟、現在の文化芸術振興議員連盟が大きな役割を果たして全会一致での成立にこぎ着けたものである。政府では、文化芸術振興基本法に基づき、文化庁を中心に、概ね5年ごとに4次にわたる「文化芸術の振興に関する基本方針」を策定し、文化芸術の振興を図ってきたところである[7]。

　このような中、昨年1月以来の文化芸術振興議員連盟の勉強会においては、①制定以来16年経過し、少子高齢化やグローバル化の進展など社会の状況が著しく変化する中で、観光、まちづくり、国際交流、福祉、教育、産業等関連分野との連携を視野に入れた総合的な文化政策の展開が一層求められていること、②文化芸術の祭典でもある2020年の東京オリンピック・パラリンピック競技大会は、文化芸術の新たな価値を世界へ発信・創出する好機であることを背景に、今回の改正について検討されたところである。

　具体的には、改正基本法では、①文化財の保護や芸術文化の振興などこれまでの文化政策をさらに充実しつつ、観光やまちづくり、国際交流、福祉、教育、産業等の関連分野における施策を基本法の範囲に取り込むとともに、②文化芸術により生み出される様々な価値、例えば公共的・社会的・経済的価値などを文化芸術の継承、発展及び創造に活用・循環させることをその趣旨としており、法律の名称も「文化芸術基本法」に改められたところである。

7　現在の第4次基本方針は、2015年に策定されたが、2020年に開催される東京オリンピック・パラリンピックも視野に入れ、2015～2020年度の6年間の基本方針とされたところである。

法律の名称変更は一般的に法律の改正事項としては比較的大きな意義を持つものであり、「振興」を名称から取ることについては、制定当時「文化芸術」は「振興」することを旨とするべきという考え方から「文化芸術振興基本法」とされた経緯もあり[8]、議員連盟でも様々な意見があった。しかしながら、今回の改正により、文化芸術基本法は関係施策を法律の射程とし法律の範囲が文化芸術そのものの振興に止まらないことになり、文化芸術の振興以外の各分野の行政目的の基づく施策であっても文化に関連する各分野の施策は文化芸術に関する施策の推進となることから、題名から「振興」を削り、文化芸術基本法とすることについて最終的に合意に達したものである。上記の考え方をわかりやすく図示すれば以下のようになる。（図1参照）

　一方で、もちろん文化芸術を「振興」するという考え方は今後もなくなるものではなく、文化芸術の推進に包含されるものであり、また文化芸術基本法に名称変更した後であっても、基本法の中には文化芸術の「振興」に関する規定は数多く残っていることから、「振興」という考え方に今後も留意し、大切にしていかなければならないことは言うまでもない。このことは今回の衆議院の国会審議の中でも確認されているところである[9]。

　また、文化芸術は表現の自由の下で人々の創造性を育み、表現力を高め、心のつながりや相互に理解・尊重し合う土壌を提供するとともに、国民共通のよ

8　山谷えり子議員（衆議院文部科学委員会（平成13年11月21日））
　　（略）この法案を提出するに当たりまして、現在の文化芸術活動、日本における現状認識について問題であるというふうに考えたわけでございます。文化芸術の現状を見ますと、芸術家等の自主的な活動を促進するための基盤の整備や環境の形成は十分な状態にあるとは言えず、これらへの格段の取り組みが必要だというふうに考えたわけでございますけれども、このことを踏まえまして、本法律案は、文化芸術の振興を図るための基本的な法律として、振興基本法というふうに考えました。

9　平野（博文）委員（衆議院文部科学委員会（平成29年5月26日））
　　御質問は、観光、まちづくりなどと関連しない文化芸術そのものの振興が今まで以上に縮小されるのではないか、こういう御指摘でございますが、今回の改正の趣旨は、観光やまちづくり、国際交流、福祉、教育、産業その他の関連分野も巻き込んでやろうということで、この法案の中に取り込んでいこう、こういう趣旨でございます。
　　したがいまして、今までの文化芸術そのものの振興にとどまらない、幅広にやっていくんだ、こういう趣旨でございますので、今先生から御指摘ありました、従来の部分、いわゆる観光やまちづくり等に関連しないところについては、そういう文化芸術の振興については縮小されるんじゃないか、こういう懸念に対しては、全くそういうことではなくて、より幅広にやっていこう、こういうことでございますから、体制、予算等々含めて、この改正をすることによって、私は、より充実していくものと確信をいたしておるところであります。

図1 文化芸術基本法の名称変更の考え方

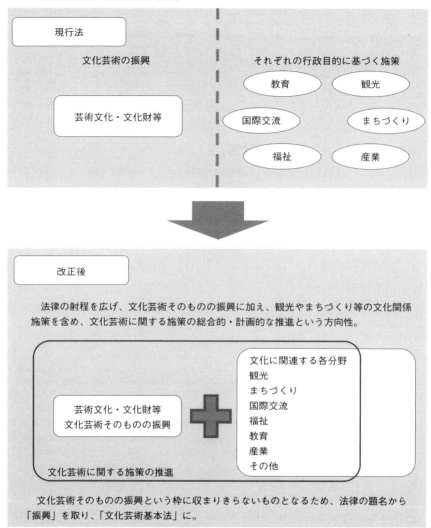

りどころでもあり、我が国が心豊かな活力ある社会を形成する上で極めて重要な意義を持つものである。

　改正基本法では、超党派での文化芸術振興議員連盟での議論を踏まえ、文化芸術を行う者の自主性や創造性を十分に尊重する趣旨を表すため、前文に「文化芸術の礎たる表現の自由の重要性を深く認識し」という文言が加えられたと

ころである[10]。また、改正基本法では、文化芸術の固有の意義と価値を尊重しつつ、新たに、政府における「文化芸術推進基本計画」の策定、地方公共団体における「地方文化芸術推進基本計画」の策定についての努力義務、関係省庁で構成する「文化芸術推進会議」の開催をはじめ、文化芸術教育の重要性、学校等と文化芸術団体・地域・家庭との連携、年齢、障害の有無、経済的な状況に左右されない環境整備なども規定されることとなった。

基本的な施策としては、芸術・メディア芸術・伝統芸能・芸能の振興に関する「物品の保存」、「展示」、「知識及び技能の継承」、「芸術祭の開催」などへの支援を追加するとともに、例示として伝統芸能の「組踊」を加えている。さらに、生活文化については、華道、茶道、書道に加えて、食文化を例示として加えた上で、生活文化の普及に止まらず、生活文化の振興とし、積極的な施策の展開を促している[11]。この他、各地域の文化芸術の振興を通じた地域振興、芸術祭への支援、外国語対応や国際機関人材の養成・派遣、国内外における教育訓練等の人材育成への支援、国内外の動向を踏まえた著作権制度に関する総合的な展開、文化芸術施策振興のための調査研究や情報収集などに関しても新たに規定されることとなったところである。

このような基本法改正がねらう主な効果としては、①題名の変更や基本理念の追加による文化芸術の新たな価値を創出し、社会全体で文化を尊重し大切に

---

10 この点については、衆議院文部科学委員会（平成29年5月26日）の質疑においても、提案者から以下のような答弁がなされている。

河村（建夫）委員　（略）　文化芸術活動における表現の自由は極めて重要である、この法案をつくるための超党派の議連でも御指摘をいただいたところでございます。

現行法におきましても、前文、目的、基本理念において、文化芸術活動を行う者の自主性や創造性の尊重については繰り返し規定をしておるわけでありますが、表現の自由を直接明記はしていないものの、文化芸術活動における表現の自由の保障という考え方は十分にあらわされてきた、このように考えております。

今回の改正案においては、超党派の文化芸術振興議員連盟において、振興基本法の範囲を拡大する中で、改めて、文化芸術活動を行う者の自主性や創造性、これを十分尊重する趣旨をあらわすために、文化芸術の礎たる表現の自由の重要性を深く認識する旨の記述を加える必要がある、この議論、御指摘をいただきました。これを踏まえて、前文にそのような一文を入れて、改正を加えることにした、こういうことでございます。

11 ただし、例示の扱いについては、制定時の国会における質疑において以下のようなやり取りがあり、慎重な取扱いが必要である。

山谷えり子議員（衆議院文部科学委員会（平成13年11月21日））

（略）　そのような例示を挙げることによって、それで挙げられていないものに差が生じるとか優先順位が違ってくるとか、そのようなことはございません。

する機運の醸成、②文化芸術推進基本計画の策定や文化芸術推進会議の設置により、関係府省庁を含む政府全体による文化芸術施策の総合的・計画的な推進、③文化芸術の基本的施策の拡充により、文化芸術の予算の充実、観光やまちづくり等関連施策との連携による多様な文化芸術の更なる振興、④将来の文化省への発展を見据え、文化芸術施策を総合的に推進する文化庁の機能の拡充があげられる。これらは同時に、国の文化政策の新たな展開を整理していくための観点と成りうるものと考えられる。今後の文化政策を観察していく上では、これら四つの観点を同時並行的に注視していく必要があるだろう。

　なお、ここで留意してほしいのは、これらはあくまで改正基本法により新たに文化政策に付加された効果であり、従前の文化芸術振興基本法において、制定時から文化庁が実施する文化政策の中核を占めていた文化財保護や文化芸術の振興は、もちろん今後とも文化政策において重要な位置付けを占めるものであるということである。そこは誤解がないようにあえて強調しておきたい。

図2 文化芸術振興基本法の一部を改正する法律の主な効果

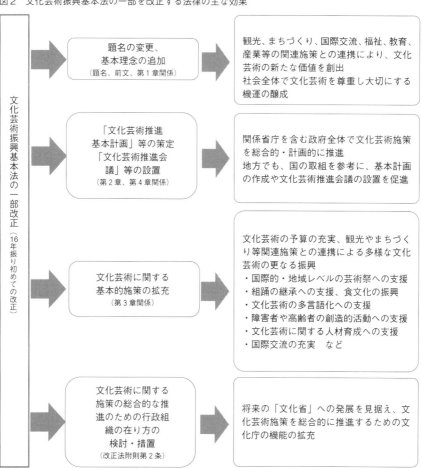

3. 基本法成立後の政府の取組

「文化芸術振興基本法の一部を改正する法律」は、国会における成立から一週間後の2017年6月23日に、平成29年法律第73号として公布、施行された。

文化庁では、成立と同時に法律の施行に関する施行通知を、都道府県、指定都市の知事部局と教育委員会のみならず、全国の大学等の高等教育機関や文部科学省関係の独立行政法人、文化芸術関係団体等に広く発出し、改正法の内容について周知を図った。

特に、施行通知においては、国とともに文化芸術推進の大きな担い手として期待される地方公共団体に対しては、①今回の改正により、地方文化芸術推進基本計画について法律上明記されたこと、文化芸術に関する基本的施策等が拡充されたことから、各地方公共団体においては、第4条に規定する地方公共団体の責務及び第35条の規定を踏まえ、自主的かつ主体的に、その地域の特性に応じた文化芸術に関する施策をより積極的に推進するよう努められたいこと、②これらを進めるに際し、各地方公共団体においては、第37条に定められた審議会その他の合議制の機関を活かしながら、観光、まちづくり、国際交流、福祉、教育、産業等に関する部局等との連携を図るなど、自主的かつ主体的に、文化財を活かした観光、まちづくりの推進及び福祉、教育等の機関と連携した年齢や障害の有無等に関わらない文化芸術活動の場の充実等その地域の特性に応じた文化芸術に関する施策を総合的に推進するよう努められたいことの2点について、留意事項として付されているところである。今後、地方公共団体においては、新しい文化芸術基本法に沿った文化政策が企画立案され、推進されていくことが期待される。

また、新しい文化芸術基本法の内容を広く関係者に周知することも極めて重

表1　諸外国の国家予算に占める文化政策の予算額の割合（2016年度、単位：％）

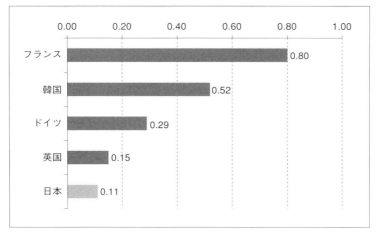

出典：各国の公開資料をもとにニッセイ基礎研究所が作成
注：イタリアの文化政策の予算額は国際アーツカウンシル・文化機関連盟の「World CP」をもとに作成したが、そのデータと整合性のある国家予算の数値を見つけられなかったため、この図表には掲載していない。

要である。このため、文化庁のホームページにおいて、改正基本法の背景、趣旨、改正の概要について掲載するとともに、改正後の文化芸術基本法の条文や新旧対照表などの関係資料を参照できるようにしたところである。また、文化芸術基本法についてのリーフレットを作成し、各種会議において配布するとともに、ホームページにおいてダウンロードできるようにしてあるところである[12]。また、一部改正の概要については、英訳も英語版ホームページで公開しているところである。

　一方、2017年6月の「経済財政運営と改革の基本方針2017」（いわゆる骨太の方針）では、文化経済立国として、「文化経済戦略（仮称）」を策定し稼ぐ文化への展開を推進するとともに、政策の総合的推進など新たな政策ニーズ対応のための文化庁の機能強化等を図ること、2020年までを文化政策推進重点期間として位置付け、文化による国家ブランド戦略の構築と文化産業の経済規模（文化GDP）の拡大に向け取組を推進することとされている。具体的には、同時期に策定された「未来投資戦略2017」（いわゆる成長戦略）において、「文化経済戦

12　http://www.bunka.go.jp/seisaku/bunka_gyosei/shokan_horei/kihon/geijutsu_shinko/index.html

略[13]」については2017年中に策定することとされたところである。また、文化GDPについては、現在の8.8兆円（2015年）から、2025年までに18兆円（GDP比3％程度）に拡大することを目指すこととされている。

　予算面について言えば、文化庁予算の推移は2001（平成13）年の文化芸術振興基本法制定後に大幅に増額されたが、その後は微増または横ばいの状態が続いている。また文化芸術団体に対する直接助成や映画製作に対する助成は、基本法制定後に増加したが、その後は減少を続け、今では基本法成立前の状態まで戻っている。また、諸外国に比べて、政府予算に占める文化予算の割合が不十分である。（表1参照）

　このような状況の中、今回の新しい文化芸術基本法の改正の趣旨を踏まえて文化芸術立国の実現を図るためには、文化プログラムの大胆な推進をはじめ文化政策を格段に充実し、それを実現する文化予算の拡充が必要不可欠であることは言うまでもないだろう[14]。

13　「文化経済戦略」は、国家戦略として、国・地方自治体・企業・個人が文化への戦略的投資を拡大するとともに、文化を起点に他分野と連携した創造的活動を通じて新たな価値を創出することや、新たな価値が文化に再投資され持続的な発展に繋がる好循環の構築を目指しており、内閣官房と文化庁が共同で策定したものであり、その内容は後述する文化芸術基本法に基づき策定される文化芸術推進基本計画に包含されることになる。

14　2017年末に決定された平成30年度政府予算案においては、これまでほぼ横ばい状態だった文化庁予算について、1043億円から1077億円、金額にして35億円、率にして3.3％と、近年にはない増となった。これは直近20年間では、文化芸術振興基本法が成立した翌年2002年度の76億円以来の伸びである。特に、文化資源を生かした社会的・経済的価値の創出について、78億円増の132億円となった。

4. 基本法成立後の今後の文化政策の展望

4-1 文化庁の機能強化等

　文化芸術基本法は文化政策の根本法ともいうべき法律であり、今後の文化政策や文化行政の機能強化についても新しい文化芸術基本法に基づき考えられるべきものであることは言うまでもない。

　東京オリンピック・パラリンピックを3年後に控え、基本法改正の趣旨を踏まえた新たな文化政策の推進はもちろんのこと、文化プログラムの推進、文化GDPの拡大など、観光やまちづくり、国際交流などの文化関連施策も含め、省庁の枠を超えた文化行政の機能強化は従来に増してその必要性が高まっている。特に、改正基本法附則第2条による文化庁の機能拡充の検討に当たっては、文化関連施策を含めた文化政策全体を総合的に推進し、関係省庁が実施する文化関連施策を総合的に調整するための機能を、文化庁の所掌事務として明確に付与する必要があるだろう。

　また、文化庁が実施した「文化庁の機能強化に向けた海外事例調査」[15]によれば、諸外国においても、イギリス、フランス、イタリア、韓国などで文化を担当することが明確に表れた国の機関と主務大臣が置かれているところであり（表2参照）、「五輪の年には文化省」という方向性も見据え、関係省庁や全国の地方自治体・産業界・文化芸術団体等と文化庁との積極的な人事交流や連携を進めるとともに、文化庁への事務の移管やこれらに伴う定員の配置等を検討するなど、文化政策を総合的に推進するための効果的な体制を整備する必要がある。特に、イギリス（文化・メディア・スポーツ省）と韓国（文化体育観光部）は、

15　2017年3月文化庁委託調査研究（株式会社ニッセイ基礎研究所）http://www.bunka.go.jp/tokei_hakusho_shuppan/tokeichosa/pdf/h29_kinokyoka_hokokusho.pdf

文化政策に加えて、文化政策と同様に民間が強く主として間接行政である点で政策的に親和性の高い観光政策、政府広報政策機能を包含しており、また両者とも閣内大臣を有する点で、将来の「文化省」の形をイメージする上で参考に成り得るだろう。

　一方で、2017年7月の文化庁移転協議会報告では、現在の文化庁について、これまで文化財の保護や芸術の振興、国語や著作権制度等の文化の基盤整備に寄与してきたものの、今日においては、対象分野の広がりや政策手法の多様化などの時代の変革に対応できていないという課題に直面しており、①規制や助成などの執行業務が多くを占め、機動的な政策立案が困難であること、②文化芸術概念の拡張への対応と、資源としての活用策が不十分であること、③政策の基盤となる調査研究や効果分析が不十分であることの3点に課題を集約している。

　これを受けて、同報告書では、改正基本法に立脚し、文化庁が文化行政を総合的に推進するため、新・文化庁への組織改革は、「縦割」を超えた開放的・機動的な文化政策集団の形成に向けて、①時代区分を超えた組織編制、分野別の縦割型から目的に対応した組織編制とすることによって、政策課題への柔軟かつ機動的な取組に対応することが必要であるとともに、文化財をはじめ文化芸術資源の活用を促進する、②関係府省庁、地方公共団体、民間、大学、文化芸術団体などに広く開かれた総参画体制をとることにより、新たな領域への積極的な対応を強化することが必要であるとしている。

　その上で、新・文化庁が今後強化すべき機能として、以下のような事項をあげている。

【文化政策の対象拡大】
・科学技術と融合した文化創造や若者文化の萌芽支援など新文化創造
・食文化をはじめとする生活文化など複合領域の文化芸術振興
・近現代の文化遺産や美術への対応
・文化芸術資源を活用した地方創生、地方公共団体文化政策との連携

【文化芸術活動の基盤充実】
・文化芸術教育・体験の充実を通じた世界トップレベルからボランティアま

で多様な文化芸術人材の育成
・障害者、高齢者、外国人はじめ個のニーズに応じた文化芸術アクセスの拡大
・日本語教育の質の向上
・技術の発達など今日的ニーズを踏まえた著作権制度の整備
・文化芸術に係る多様な財源の確保と民間協働の促進

【文化政策形成機能の強化】
・様々な関連分野と有機的に連携した文化政策の総合的な推進
・国内外への日本文化の戦略的発信
・国内外の情報、各種データの収集・分析など文化政策調査研究

　新しい文化芸術基本法に基づく政策を牽引するため、これまでの文化政策をはじめ関係省庁が実施する文化関連施策を充実することはもちろんのこと、文化庁の機能強化を通じて、新たな国の文化芸術推進基本計画がスタートする節目の年[16]でもある2018年度中には「新・文化庁」を実現するとともに、「新・文化庁」が中心となって関係省庁連携による文化政策を強力に牽引することが求められる。このようなことから、現在、改正基本法を受けて文化芸術に関する施策を強力に推進するため、2018年の通常国会を目途に文部科学省設置法の改正法案を提出するとともに、2018年度内に組織改革を行い、文化庁の機能の拡充を図ることが検討されている。「新・文化庁」においては、文化芸術によって公共的・社会的又は経済的な様々な価値が創出され、それが更なる文化芸術の継承、発展及び創造に活用されるような施策の展開が求められている。このため、「新・文化庁」は、文化芸術立国を目指し、文化芸術の固有の意義と価値を尊重しつつ、今日の政策ニーズに対応し、関連分野における施策との有機的な連携が取れる組織体制を構築する必要がある。文化庁では、2018年秋以降、文化部、文化財部の2部制廃止等により時代区分を超えた柔軟で機動的な対応を図るほか、文化資源活用課を新たに設置するなど、官（各府省）・民・学・芸の協働により文化政策を総合的に推進する体制の構築を目指してい

16　2018年は昭和43年（1968年）に文化庁が設置されてからちょうど50周年にあたる節目の年である。

表2 文化庁と諸外国の文化担当省の比較・分析

国名		日本	英国	フランス
文化担当省名称		文化庁	文化・メディア・スポーツ省	文化・通信省
文化担当省の位置づけ		中央省庁1府13省の一つである文部科学省の外局	英国の内閣を構成する大臣（閣内相）が所管する25の大臣省の一つ	フランスの内閣を構成する大臣が所管する17省の一つ
所掌分野		文化の振興及び国際文化交流の振興を図るとともに、宗教に関する行政事務を適切に行うことを任務とする。（文部科学省設置法第十八条）	文化、メディア、スポーツのほか、観光や遺産、公営競技、賭博、アルコールやエンターテイメントのライセンスなど、幅広い政策分野を所管する。	文化遺産保護、文化芸術創作、文化芸術教育、地方での文化振興、文化産業、新技術による文化普及・発信、外国でのフランス文化活動の振興・普及を所掌する。
主な政策分野	①文化担当省が所管する文化政策	●芸術文化 ●文化財 ●著作権 ●国際文化交流・国際貢献 ●国語施策・日本語教育 ●宗教法人と宗教行政 ●美術館・歴史博物館	●芸術と文化 ●博物館と美術館 ●図書館サービス ●歴史的建造物や記念碑の保存	●文化遺産保護・文化芸術創作・文化芸術教育 ●地方での文化振興 ●文化産業 ●新技術による文化普及・発信 ●外国でのフランス文化活動の振興・普及を所掌
	②文化政策以外の政策分野	―	●メディア政策（創造産業を含む） ●スポーツ政策 ●その他（観光、賭博の規制、国家的行事やセレモニー、国営宝くじ基金、2012 オリンピック・パラリンピック・レガシー等）	●通信政策（新聞・ラジオ・テレビ等のメディア、インターネットを介する視聴覚通信技術等を対象）
文化担当省の予算額		1,040億円 （2016年度一般会計予算）	1兆289億円*1 （2015年度、総管理歳出から算出）	9,376億円*3 （2016年度）
	①文化担当省が所管する文化政策の予算額	1,040億円	1,737億円*2 （省庁別歳出限度額から算出）	4,448億円
	②文化政策以外の予算額	―	8,552億円 （総管理歳出から算出）	4,928億円
	文化政策の予算の割合	100.0%	16.9% （総管理歳出から算出）	47.4%
	①文化政策の予算額の国家予算に占める割合	0.11% （2016年度一般会計予算：約96.7兆円）	0.15% （総管理歳出から算出）	0.8%
職員数		233名 （2016年度）	556名 （2015年度）	29,675名*4 （2016年度）
文化担当省と文化芸術団体や文化施設との関係		文化芸術団体や文化施設に対する支援は、芸術文化振興基金の助成金もあるが、文化庁が直接支給する補助金が中心となっている。	文化・メディア・スポーツ省が所管する博物館や美術館への財政的支援は同省から直接行われているが、それ以外の文化芸術団体や文化施設への支援はアーツカウンシル・イングランド等の政府外公共機関を通じて行われており、それが大半を占めている。	文化・通信省が所管する文化芸術団体や文化施設への財政的支援は同省から直接行われているが、それ以外の文化芸術団体や文化施設への支援は文化・通信省の地方文化事業局や外郭団体等を通じて行われており、それが大半を占めている。
	外郭団体等の数	3団体（独）国立美術館、（独）国立文化財機構、（独）日本芸術文化振興会	43団体（エグゼクティブ・エージェンシー、政府外公共機関、公的企業等）	76団体（行政的公施設法人：56団体、商工業的公施設法人：19団体、科学・文化・専門公施設法人：1団体）
	国立文化施設の数	17施設	15施設（政府外公共機関の博物館・美術館数）	52施設*8
文化政策の評価			業績評価指標に対応する公式統計の整備や、文化政策の評価に関わる調査研究を行っている。	首相府の中にある「公共活動近代化省庁間総局（DIATP）」が総合的な政策評価を行い、文化・通信省内の「文化事業総監部（IGAC）」が事業別の評価を行っている。
文化担当省以外の主な省庁の関連政策		●文部科学省：芸術教育、博物館の振興、公民館の振興等 ●外務省：広報文化外交等 ●経済産業省：クールジャパン／クリエイティブ産業、コンテンツ産業等 ●農林水産省：和食の保護・継承の推進等	●外務省：国際文化交流の促進、ブリティッシュ・カウンシルを所管 ●教育省：芸術教育の普及 ●ビジネス・エネルギー・産業戦略省：創造産業の振興	●国家教育省：芸術教育の普及 ●外務省：国際文化交流の促進、アンスティチュ・フランセを所管 ●その他に10以上の省庁が文化施設を所管している
文化担当省以外の主な省庁が所管する文化関連機関等		●（独）国際交流基金	●ブリティッシュ・カウンシル	●アンスティチュ・フランセ

*1：文化担当省の予算額には英国放送協会（BBC）の運営予算が含まれている。*2：英国では、文化・メディア・スポーツ省以外に国営宝くじ基金の財源が文化振興の重要な役割を担っている。*3：文化担当省の予算額には公共放送の運営予算が含まれている。*4：地域圏文化事業部局や関係機関等の職員を合算して算出した。*5：文化観光体育部の「長官」は日本の大臣に相当する。*6：文化観光体育部と文化庁の事業部局を合算して算出した。*7：文化観光体育部と文化庁の職員数を合算して算出した。*8：教育機関や研究機関は除く「コンペタンス・ナショナル」と「公施設法人」の団体数を合算して算出した。*9：文化観光体育部に関する記述で、文化庁に関する記述は含まれていない。*10：文化観光体育部と文化庁に関わる団体や施設の数を合算して算出した。

ドイツ	イタリア	韓国
連邦文化・メディア庁	文化財・文化活動・観光省	文化観光体育部及び文化財庁
ドイツの最高連邦機関の首相府に置かれている庁の一つ	イタリアの内閣を構成する大臣が所管する13省の一つ	韓国の行政機関、部省庁 17部 5処 16庁の部と庁[*5]
文化の振興、文化及びメディアのプレゼンスの強化、文化及びメディア分野の法的条件の整備と改善、ナチスの恐怖政治を記憶するための記念施設の維持・振興、東ドイツ時代の不法を記憶するための記念施設や研究施設の振興を所掌する。	文化保護、文化芸術の振興と保護、文化芸術遺産及び景観の保存、観光を所掌する。	文化観光体育部は文化、芸術、映像、広告、出版、刊行物、体育、宗教、伝統文化の保存・継承、国政広報や政府発表に関する事務を所掌し、また、文化財庁においては、文化遺産や文化財に関する事務を所掌する。
● 文化芸術の振興 ● 文化普及と教育 ● 文化財保護 ● 文化創造経済 ● 国家的文化事業に関わる事業 ● 「検証と記憶」に関わる事業 ● 欧州諸国との文化交流事業	● 文化保護 ● 文化芸術の振興と保護 ● 文化芸術遺産及び景観の保存	文化観光体育部 ● 文化芸術 ● 文化コンテンツ産業 ● 宗教 文化財庁 ● 文化財
● メディア政策（映画への助成を含む）	● 観光政策	文化観光体育部 ● 体育政策 ● 観光政策 ● 国政広報や政府発表 ● 冬季オリンピック
1,644億円 （2016年度）	—	3,515億円[*6] （2016年度）
1,190億円	約2,153億円 （2014年度）	2,551億円[*6]
454億円	—	964億円[*6]
72.4%	—	72.6%[*6]
0.29%	—	0.52%[*6]
255名	—	1,549名[*7]
連邦文化・メディア省が所管する国立文化施設への財政的支援は同省から直接行われているが、それ以外の文化芸術団体や文化施設への支援は連邦文化財団を通じて行われている。	—	文化体育観光部が所管する国立芸術団体や文化施設への財政的支援は同部から直接行われているが、それ以外の文化芸術団体や文化施設への支援は文化体育観光部が所管する韓国アーツカウンシル等を通じて行われている。[*9]
5団体 連邦文化財団、プロイセン文化財団、ワイマール古典財団等	16団体	56団体[*10]（体育や観光等の外郭団体を含む）
6施設	—	20施設[*10]（国立芸術団体を含む）
「ドイツにおける文化」調査委員会が政策評価を目的とする統計整備を提言したが、その統計整備に関しては、現在、検討段階である。	—	（財）芸術経営支援センターが助成対象事業の評価や各分野の実態調査等を行い、韓国文化観光研究院が文化政策のための調査研究を行っている。[*9]
● 外務省：ゲーテ・インスティトゥートや対外関係協会を所管 ● 連邦経済・エネルギー省：文化経済の推進、観光振興、ドイツ観光局を所管	● 外務・国際協力省：国際文化交流、イタリア文化会館を所管	● 未来創造科学部：次世代融合型コンテンツ産業育成やスマートコンテンツ産業育成等 ● 文化隆盛委員会：「文化のある日」を推進
● ゲーテ・インスティトゥート ● 対外関係協会 ● ドイツ観光局	● イタリア文化会館	● 韓国文化院（文化体育観光部が所管しているが、海外では大使館内に設置されている）

出典：平成28年度文化庁委託調査「文化庁の機能強化に向けた海外事例調査」（2017年3月、ニッセイ基礎研究所）より抜粋
注：英国の「文化・メディア・スポーツ省」は、英国全体の文化担当省であるが、一部の外郭団体や文化施設はイングランド地方のみを対象としているため、文化予算や組織体制については、必ずしも英国全体を示しているわけではない。

4. 基本法成立後の今後の文化政策の展望

る。またそれを支える体制も、次長が2人になり、課長級の参事官が1増(他に9課1参事官)、全体で定員が20名以上増えるなど、大幅に機能強化される予定である。

さらに、文化芸術関係の独立行政法人については、例えば、全国での実演芸術活動を充実するとともに、文化財の保存活用、美術の展示、劇場等における公演、映画祭等の活動などに対する助成や文化芸術団体に対する活動助成を継続性・実効性あるものとするためには、独立行政法人日本芸術文化振興会の基金部を各分野・各地域の実情に精通した助成専門機関(日本版「アーツ・カウンシル」[17])として独立させるなど、機能と人員の強化が重要であると考えられる。また、国立劇場とフィルムセンターについても独立した専門機関としていくことを視野に入れつつ、継続的な専門性のある機能と人員の強化が重要であると考えられる。これらの独立行政法人の強化は、「新・文化庁」発足後の重要な課題となるだろう。

4-2 文化庁の京都移転

政府のまち・ひと・しごと創生本部では、東京一極集中を是正する観点から、政府関係機関の地方移転について地方公共団体からの提案を踏まえた検討を行ったところであり、その結果、2016年に「政府関係機関移転基本方針」[18]を決定した。この基本方針においては、文化庁について、外交関係や国会対応の業務、政策の企画立案業務(関係省庁との調整等)についても現在と同等以上の機能が発揮できることを前提とした上で、地方創生や文化財の活用など、文化庁

---

17 日本芸術文化振興会では、文化芸術活動の助成に関する計画・実行・検証・改善のPDCAサイクルを確立することを目的として、音楽、舞踊、演劇、伝統芸能・大衆芸能の4分野について、専門家であるプログラムディレクター(PD)とプログラムオフィサー(PO)を配置し、助言・審査・事後評価・調査研究等の充実を進めている。これは2011年度から試行的に実施され、2016年度に本格的に導入された。

18 同基本方針では、文化庁の移転について、「外交関係や国会対応の業務、政策の企画立案業務(関係省庁との調整等)の事務についても現在と同等以上の機能が発揮できることを前提とした上で、地方創生や文化財の活用など、文化庁に期待される新たな政策ニーズ等への対応を含め、文化庁の機能強化を図りつつ、全面的に移転する。このため、抜本的な組織見直し・東京での事務体制の構築や移転時期、移転費用・移転後の経常的経費への対応などを検討するための「文化庁移転協議会(仮称)」を文部科学省と内閣官房、関係省庁の協力の下、政府内に設置する。ICTの活用等による実証実験を行いつつ、8月末を目途に移転に係る組織体制等の概要をとりまとめ、年内をめどに具体的な内容を決定し、数年の内に京都に移転する。」とされたところである。

に期待される新たなニーズ等への対応を含め、文化庁の機能強化を図りつつ、数年の内に京都に移転することとされたところである。さらに、関係省庁及び京都府・京都市を構成員とする「文化庁移転協議会」において具体的な検討を進めるとともに、テレビ会議システムを活用して実証実験が行われた。また、2017年4月には、先行移転として文化庁地域文化創生本部が京都市に設置され、新たな文化政策の企画立案に向け、地元の知見・ノウハウ等を生かした連携・協力の円滑な推進、様々な背景を持つ職員構成の中、地域・産業界の目線に立って文化政策を考える環境の醸成などの取組を開始している。今後は、ICTの積極的活用など、全国を対象とした事務・事業を効率的に運営していく工夫、国民・移転先以外の地域からの理解・共感を得るため、移転に対する更なる周知・理解促進が課題となっている。

　一方、本格移転に向けては、2017年7月に出された移転協議会報告において、文化庁・本庁を京都に置き、本庁に文化庁長官、次長を置くことや、本庁においては、国会対応、外交関係、関係府省庁との連絡調整等に係る政策の企画立案業務及び東京で行うことが必要な団体対応等の執行業務を除くすべての業務を行うこととされた。また、「現京都府警察本部本館」[19]が移転先とされ、今後設計に向けた準備を行い、速やかに庁舎整備の設計に着手し、遅くとも2021年度中の本格移転を目指すものとされたところである。

4-3 文化芸術推進基本計画（第1期）の検討

　新しい文化芸術基本法第7条においては、従前の基本方針に代えて、新たに「文化芸術推進基本計画」が位置づけられたところであるが、文化芸術推進基本計画は従来の基本方針とは、①関係府省庁の施策を盛り込む点（文化芸術の振興に関する施策→文化芸術に関する施策）、②文化芸術に関する施策のより計画的な推進が求められている点（総合的→総合的かつ計画的）で異なっている。また、基本法第7条では、文部科学大臣が、文化審議会の意見を聴いて、関係府省庁の施策も含んだ基本計画の案を作成し、第36条に規定する「文化芸術推進会議」における連絡調整を経て、政府が策定（閣議決定）することとされているとともに、第7条の2では、国の基本計画を参酌して、地方公共団体が定める地方

19　同建物は、京都で行われた昭和天皇の「即位の礼」に合わせて建設された京都の近代化遺産であり、文化的価値も高い。

文化芸術推進基本計画についても、努力義務として新たに規定されている。

　このため、文化芸術基本法の成立直後、2017年6月には、文部科学大臣から文化審議会に対して、文化芸術に関する施策の総合的かつ計画的な推進を図るための基本的な在り方について（「文化芸術推進基本計画（第1期）の策定に向けて」）の諮問がなされたところであり、①文化芸術施策の推進に当たっての望ましい体系の在り方について、②新たに追加された「文化芸術に関する基本的な施策」の推進について、③2020年及び2020年以降を見据えた遺産（レガシー）の創出について、これまでの基本方針や答申等も踏まえて審議することされたところである。

　文化審議会の下にある文化政策部会においては、基本計画ワーキンググループを中心に、①今後の文化芸術政策の目指すべき姿について、②今後5年間の文化芸術政策の基本的な方向性について、③今後5年間に取り組むべき文化芸術に関する基本的な施策について、④文化芸術推進のための効果的な政策の立案、実施、評価・検証、新たな政策への反映というサイクルを確立する観点から、基本計画の進捗状況を適切に確認するための望ましい文化芸術政策の評価・検証改善の方策について、の4点を具体的な検討課題としてあげられたところである。また、文化政策部会においては、文化芸術団体の要望も踏まえた基本計画を策定するため、既存の文化財分科会、国語分科会、著作権分科会のほかに、個別ワーキンググループを設置し、各分野で盛り込むべき施策等についてボトムアップで検討されるとともに、文化芸術団体からのヒアリングも行われるなど、20回以上にも及ぶ審議が短期間に集中的に行われたところである。

　さらに、2017年10月13日には、関係府省庁から関連事業についてヒアリングを実施するとともに、11月10日には、林文部科学大臣も出席し、文化庁長官を議長とする関係府省庁局長級職員による第1回の「文化芸術推進会議」[20]も開催し、政府内における緊密な連絡調整を図ったところである。そして11月13日には文化審議会総会に現在の審議状況について報告がなされたところである。また11月24日に文化審議会文化政策部会において、文化芸術関係団体等からのヒアリングが行われたところである。

---

[20] 前述した基本法第36条に基づく会議。同法第7条第4項においては、文化芸術推進基本計画案の関係行政機関の施策に係る事項について、同会議においてあらかじめ連絡調整を図るものとされている。

4-4 文化芸術推進基本計画(第1期)の方向性

　11月13日にまとめられた審議状況報告では、文化芸術の本質的価値に加え、文化芸術が有する社会的・経済的価値を明確化するとともに、文化芸術により生み出される様々な価値を、文化芸術の更なる継承・発展・創造に活用し好循環させ、文化芸術立国を実現することを目指している。具体的には、文化芸術は、それ自体が固有の意義と価値を有し、心豊かな活力ある社会の形成にとって極めて重要な意義を持ち続けるという文化芸術基本法の精神を前提とし、文化芸術推進基本計画について、10年～20年といった中長期的な視点から、「今後の文化芸術政策の目指すべき姿」として四つの目標を掲げている。

　一つ目は、創造的で活力ある社会
　二つ目は、心豊かで多様性のある社会

である。いずれも文化芸術基本法の前文で「心豊かな活力ある社会」とあるのを受けており、文化芸術の社会的・経済的価値を重視していく姿を示しています。

　三つ目は、文化芸術の創造・発展・継承と教育
　四つ目は、地域の文化芸術を推進するプラットフォーム

である。いずれも文化芸術のそのものの振興を進めていこうというものであり、文化芸術の社会的・経済的価値のみならず、文化芸術の本質的価値を一層、トップレベルでも裾野でも、地域でも伸ばしていこうといく姿を示している。

　その上で、2018年度から2022年度までの「今後5年間の文化芸術政策の基本的な方向性」として六つの戦略を掲げている。

　一つ目は、文化芸術に対する効果的な投資とイノベーションの実現
　二つ目は、国際文化交流・協力の推進と文化芸術を通じた相互理解、国家ブランディングへの貢献
　三つ目は、多様な価値観の形成と包摂的環境の推進による社会的価値の醸成

である。いずれも、従来の文化庁のみの施策ではできないものであり、内閣府や外務省・国際交流基金、厚労省、農水省、経産省、国交省など関係各府省庁の施策とも相まって、戦略1及び戦略2は主として文化芸術の経済的価値を醸成していこうというものであり、戦略3は主として文化芸術の社会的価値を醸成していこうというものである。

　四つ目は、文化芸術の創造・発展・継承と豊かな文化芸術教育の充実

五つ目は、多様で高い能力を有する専門的人材の確保・育成
　六つ目は、地域の文化芸術を推進するプラットフォームの形成
である。これらは文化芸術の社会的・経済的価値を醸成するためには、やはり文化芸術そのものの価値、本質的価値を高めていくことが必要であることから、戦略5の文化芸術を支える人材や戦略6の地域の文化芸術の枠組みとともに、戦略として掲げられたものである。

　また、文化芸術推進基本計画の着実な推進を図るため評価・検証サイクルを確立することとし、文化GDP等の精選した指標に基づき年度ごとに評価・検証するとともに、中間年の2020年には中間評価を実施し、第2期基本計画の策定の検討に反映することとしている。ただし、評価・検証をする際には、文化芸術の各分野の特性に十分留意して、いわゆる成果主義を強調するのではなく、定量的のみならず定性的評価を含む質的評価を重視することとされている[21]。また、現時点で指標に必要なデータ等がない場合には、第1期計画期間中の指標の開発を検討することとし、そのための国内外の情報や各種データの収集・分析等文化芸術政策に係るエビデンスを蓄積することとされている。2017年末に出された中間報告では、やはり文化芸術の創造・発展・継承と教育は根幹であることから戦略4を戦略1とされたなど若干の変更はあるものの、審議状況報告を基本的に踏襲しつつ、170の今後5年間に講ずべき文化芸術に関する基本的な施策を加え、策定されたところである。

　なお、文化芸術基本法では、第7条の2において、地方公共団体が国の文化芸術推進基本計画を参酌（参考に）して、地方文化芸術推進基本計画を策定する努力義務が課されている。各地方公共団体においては、自主的かつ主体的に、文化財を生かした観光、まちづくりの推進、福祉や教育等の機関と連携した年齢や障害の有無等に関わらない文化芸術活動の場の充実など、その地域の特性に応じた文化芸術施策の推進に努めることが求められているが、このことは国の基本計画と全く同じような内容で、地方の計画を策定することを求めるものではないことは言うまでもなく、地域の実情に応じた計画が求められる[22]。

　国の基本計画策定の今後の日程としては、中間報告についてパブリックコメントを行った上で、2017年度中には答申が出される予定であり、その後、基本計画の閣議決定が2017年度内に行われる予定である。

（文化芸術基本法制研究会　井上卓己（2018年1月））

21　この点に関して、衆議院文部科学委員会（平成29年5月26日）では以下のような質疑が行われた。

〇畑野（君枝）委員　本起草案では、現行の文化芸術の振興に関する基本方針を文化芸術推進基本計画へと改めております。

文化芸術の振興そのものは、何か成果を上げなければ行わないとか、成果を上げていないものは行わないというものではなくて、文化芸術の創造、享受は、本法律にあるように国民の文化的権利なのでありまして、当然、今以上に進めていく課題だと思いますが、いかがでしょうか。

〇伊藤（信太郎）委員　畑野委員にお答えいたします。

現時点で基本計画において想定されることは、例えば、地域の文化的環境に対して満足する国民の割合が上がっているとか、そういう計画の達成状況を、わかりやすく、国民に理解できるような形のものを持つことによって説明責任を果たすということが目的でありまして、もちろん、文化芸術の振興は、文化芸術活動を行う者の自主性、創造性、それを尊重するということが大前提でありますので、御指摘のような、いわゆる成果主義を強調することによって文化芸術活動を行うことが萎縮するようなことがあってはならないと考えておりますし、それは法律の趣旨ではございません。

むしろ、基本計画の策定により、文化芸術が今まで以上に力強くといいますか推進する、そのことが重要であると考えております。

22　この点に関して、衆議院文部科学委員会（平成29年5月26日）では以下のような質疑が行われた。

〇畑野（君枝）委員　あわせて、地方自治体にも、地方文化芸術推進基本計画として、地方の計画を策定する努力義務を新たに規定しております。国の計画を参酌して策定するということになっていますが、国の計画のとおりに地方自治体も計画を策定せよと受けとめられかねないのではないかと思いますが、その懸念についていかがでしょうか。

〇伊東（信久）委員

（略）本条では、地方公共団体に対して、国の計画を参酌、すなわち参考にしつつも、その地方の実情に即した計画を定めるよう努めることを求めておりまして、国の計画どおりの計画を策定するようなことを求めているものではないということをお答えいたします。

第2部

真の文化芸術立国実現に向けて
~文化芸術振興基本法改正と文化省創設~

はじめに

　わが国の文化芸術の振興を図るための根拠となる「文化芸術振興基本法」が制定されて16年が経過した。この法律とともに生まれた「文化芸術推進フォーラム」は、法の理念の社会への浸透と文化芸術政策の充実に向けての提言活動を重ねてきた。

　飛躍の契機となったのが、2012年9月第180回国会における、国政史上初の文化政策に関する国会請願「文化芸術政策を充実し、国の基本政策に」の採択である。以降、文化芸術推進フォーラムは「文化省の創設」をそのテーマに掲げる。

　一方、2013年5月に音楽議員連盟は、「劇場、音楽堂等の活性化に関する法律（通称：劇場法）」制定を契機に、その活動方針として「文化予算を国の予算の0.5％に」、「文化省の創設」及び「著作権課題の解決」を掲げ、名称を「文化芸術振興議員連盟」に変更し、新たなスタートを切った。それ以降、文化省創設にかかわる3年連続のシンポジウムを始め、さまざまな研究会を開催してきた。

　これらの研究、提言活動が本格化するのは2016年1月からであり、2017年3月までの間に文化関連予算、2020年東京オリンピック・パラリンピック競技大会文化プログラム、文化庁の京都移転、文化省創設など多角的な研究が行われ、文化芸術振興基本法見直しの勉強会も7回にわたって行われた。

　さて今回、文化芸術推進フォーラムは文化芸術振興基本法改正検討の背景とその内容、今後への期待についてまとめることにした。それは提言「文化芸術の価値を中心に据えた豊かな社会をめざし、2020年東京オリンピック・パラリンピックにより、スポーツ、文化芸術を誇りとする国へ『五輪の年には文化

省』」と相まって、文化芸術推進フォーラムの考え方への理解を深めてもらうためである。

　文化芸術振興基本法改正が検討される具体的なきっかけとなったのは「食文化」の明文化であった。しかし、このきっかけは氷山の一角と言えるもので、少子高齢化と地域社会の衰退、経済停滞とグローバル化、デジタル・ネットワーク化など、2001年の法制定と前後してわが国の社会で起こって来ている大きな変化が文化芸術の有りようにも影響を与え、国の政治にも新たな動きをもたらしたことも見逃すことは出来ない。知的財産推進とクールジャパン戦略、観光立国、劇場法や全国でのフェスティバル活況、東京五輪招致などが象徴的である。

　国家戦略として進められた知的財産推進によるコンテンツ利用促進の流れは、クリエーターの権利充実を置き去りにした。芸術創造のための文化予算が伸びないだけでなく、観光立国による文化財活用の促進とその対応のための文化財修復、多言語化などの魅力向上策についても予算が不足している。文化財、文化芸術資源は人々の営為、伝統の継承、そして創造、普及、発展の歴史的蓄積であり、活用と利用だけでなく、新たな創造の大循環が見据えられなければならない。そのことが社会全体の豊かな発展につながると考えている。

　本報告書は、文化芸術振興基本法の2001年成立の意義を改めて確認し、その後の社会、経済、政治への波及と政策の動向、そしてこのような社会、経済及び政治の変化を受けた真の文化芸術立国に向け、改正「基本法」がどのような役割を果たし、その実現に不可欠な「文化省」の姿をイメージするためにまとめた、文化芸術推進フォーラムの一つの考察である。

1. 2001年の文化芸術振興基本法成立の意義とその後の影響

背景（戦前・戦後）

　国と文化の関係をみると、明治維新と第二次世界大戦が大きな転機となる。明治維新後は欧化政策により西洋の音楽・美術が奨励され、廃仏毀釈から、寺院や仏像などの文化財が数多く失われた。文化財については、その後の反省から古社寺や史跡名勝天然物などを保存する法律ができ、1949年の法隆寺金堂壁画の焼失事件から、戦前の保存法の保護対象を「文化財」という概念のもと包括し、統一的な保護をはかる「文化財保護法」が成立した。このとき、演劇、音楽、工芸技術のうち歴史上、芸術上価値の高いものを「無形文化財」、土地に埋蔵されているものを「埋蔵文化財」として新たに保護対象とした。無形文化財の芸能分野では現在、雅楽、能楽、文楽、歌舞伎、組踊、伝統的な音楽、舞踊、演芸が指定され、保護・支援されている。

　一方、第二次世界大戦前には文化統制、弾圧政策がとられ、国体に反する思想を伝播する文学や演劇が厳しく弾圧された歴史から、戦後、文化に関する国等の施策については「文化行政」という用語が使われるようになった。戦後の法整備では、日本国憲法と教育基本法、社会教育法が制定され、「音楽、演劇、美術その他芸術の発表会の開催及びその奨励に関すること」が市町村教育委員会の事務となった。図書館、博物館が社会教育の専門機関として位置づけられる一方、実演芸術を上演する施設については根拠法がないため、地方公共団体は施設を設置する際に、地域の文化振興を掲げ、地方自治法の「住民の福祉を増進する目的をもってその利用に供するための施設（公の施設）」として位置づ

け、それぞれに定める設置条例を根拠に整備してきた。そのため、設置目的や運営のなされかたがまちまちで、必ずしも実演芸術の上演場所としての専門機能をもたない集会施設が、数多く建設された。

1-1 文化を扱う行政機関と法律──基本理念で国、地方公共団体の責務が明らかに

　政府内で文化を扱う機関の位置づけをみると、文化局が文部省社会教育局の所管から1966年に独立し、1968年に文化財保護委員会と統合して、文部省の外局として文化庁が発足した。前述の歴史的な経緯もあり、文化については、文化財保護以外は根拠法が置かれなかったが、戦後の「文化による復興を」という社会的な願いの高まりから、芸術祭で演劇、音楽、舞踊などの公演がスタートし、1959年には芸術団体への社会教育団体補助金の交付がはじまった。1985年には、音楽議員連盟より芸術文化振興のための「基金」創設が提起され、1990年、国立劇場法が日本芸術文化振興会法に改正され、公的な助成機関「芸術文化振興基金」が設置された。

　こうした予算措置中心の流れに対し、2001年に文化芸術振興基本法が制定されたことで、文化芸術の振興施策が総合的に示される法的基盤が初めて整った。国、地方公共団体が文化芸術の振興に関する施策を策定、及び実施する責務を有することが示されたほか、芸術、メディア芸術、芸能の振興や、芸術家等の養成及び確保、劇場、音楽堂等の充実などが明記された。また、文部科学大臣が「文化芸術の振興に係る基本的な方針」(基本方針)をおよそ5年を目処に定めることとなり、文化審議会への諮問により、2002年12月に初めての基本方針が策定され、第2次(2007年2月)、第3次(2011年2月)、第4次(2015年5月)と時勢を鑑みた重点施策と文化芸術の振興施策が打ち出されるようになった。

1-1-1 文化行政の広がりと予算の増加

　文化芸術振興基本法の成立後、文化庁予算は対前年度8.3%増となった。文化庁予算は、大きく「芸術文化の振興」と「文化財保護の充実」にわかれる。「芸術文化の振興」については、2001年の基本法制定により、「文化芸術創造プラン(新世紀アーツプラン)」が創設され、芸術創造活動等の推進のための予算が大きく伸びた。オペラ、バレエ、映画等の優れた芸術の創造のための重点支援、新進芸術家の養成、こどもの文化芸術体験活動の推進を三つの柱とした施

策が開始された。

　2002年度から2009年度まで続いていた「文化芸術創造プラン」は、図1の「芸術創造活動等の推進」にあたり、2010年度からは「文化芸術創造活動への重点支援 (5.2%)」となり、「新進芸術家等の養成・子どもの文化体験充実 (6.7%)」と項目が分かれたため、大きく減少している。芸術文化の振興それぞれの支援策への予算配分の割合は変化しつつも、全体予算のなかでは20%強を占めている。一方、文化庁予算は近年横ばいとなっており、国家予算に占める割合は下がってきている（図2）。

　また、助成については、法制定前は芸術団体が主対象となっていたが、第9条にメディア芸術の振興、第25条に劇場、音楽堂等の充実が掲げられたことから、映画、劇場等への支援が位置づけられた。そして、2004年以降、全体の予算が伸び悩む中、芸術団体への直接的な助成は減少傾向にあり、2012年の劇場、音楽堂等の活性化に関する法律制定後は、劇場等への助成割合が増えている。（p75参照）

1-1-2　第3次基本方針での助成制度の改善

　2011年の第3次基本方針では、重点戦略として、「文化芸術活動に対する効果的な支援」が掲げられた。従前の支援が、実質的に赤字の一部を補填する仕組みのため、自己収入の増加等のインセンティブが働かない問題が指摘されていた。また、鑑賞機会等の地域間格差、地方公共団体における文化芸術予算の削減等の現状から、より適切かつ効果的な支援が求められた。そのため、文化芸術活動に係る計画、実行、検証、改善（PDCA）サイクルを確立することで、国としての支援策を有効に機能させること、民間や個人による支援と文化芸術各分野におけるNPO法人等の「新しい公共」の活動を促進することが謳われた。

　重点的に取り組むべき施策として、独立行政法人日本芸術文化振興会における専門家による審査、事後評価、調査研究等の機能を大幅に強化し、英国のアーツカウンシル機能に相当する新たな仕組みを導入するための調査研究を行い、試行的に取り組んでいくことが明記された。これによって、2011年から音楽、舞踊、2012年から演劇、伝統芸能・大衆芸能の分野ごとにプログラムディレクター（PD）とプログラムオフィサー（PO）が配置され、助成の審査、事後評価、調査研究の体制がつくられた。

図1 文化庁予算の内訳推移

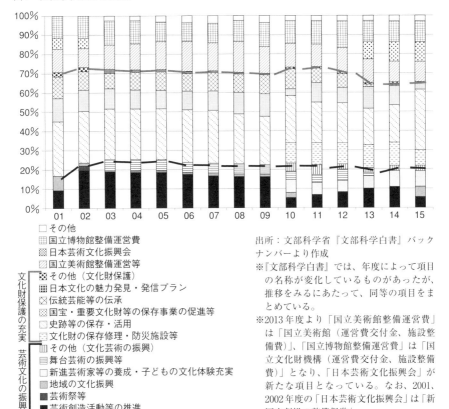

出所：文部科学省『文部科学白書』バックナンバーより作成

※『文部科学白書』では、年度によって項目の名称が変化しているものがあったが、推移をみるにあたって、同等の項目をまとめている。

※2013年度より「国立美術館整備運営費」は「国立美術館（運営費交付金、施設整備費）」、「国立博物館整備運営費」は「国立文化財機構（運営費交付金、施設整備費）」となり、「日本芸術文化振興会」が新たな項目となっている。なお、2001、2002年度の「日本芸術文化振興会」は「新国立劇場の整備促進」である。

図2 文化庁予算と国家予算割合

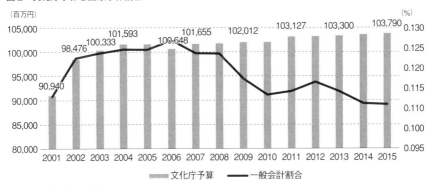

出所：政府統計より作成

1-2 地方公共団体における文化振興—地域の特性に応じた条例設置と施策の推進

　行政事務は、国の定める法律のもと行なわれるが、地方公共団体においては、条例によって、法律の領域外のことを規定したり、法律の領域内でもさらに細かく規定したりすることで、地域の特性に応じた施策の展開が可能となる。文化振興に関する条例の制定や、指針の策定にあたって、各地方の行政内での議論を深め、議会承認を得ることで、中長期を見据えた安定的な施策の実施につながる。

　各地方公共団体において、文化行政はどのような位置づけとなっているのか。『地方における文化行政の状況について（平成26年度）』（文化庁／2016年）によると、都道府県では、知事部局が「文化振興全般」、「芸術文化」、「国際文化交流」を担当し、観光やスポーツ、環境、国際なども各地の特性に応じてあわせて所管され、「文化財保護」と一部の「芸術文化」、「国際文化交流」は教育委員会の担当となっている。一方、政令指定都市のうち半数の10市（札幌市、新潟市、静岡市、浜松市、京都市、堺市、広島市、北九州市、福岡市、熊本市）、中核市では5市（金沢市、高松市、久留米市、長崎市、那覇市）において、文化財保護も含め、すべて首長部局で所管されており、こうした市は首長部局自ら総合的な文化施策に取り組むことが可能な体制になっていると推察される。

図3　文化振興のための条例の制定状況

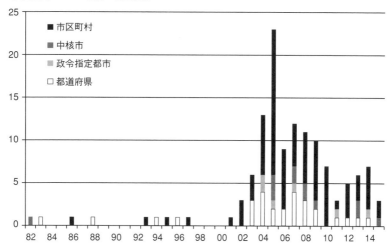

出所：文化庁『地方における文化行政の状況』（2016年）より作成

文化振興に関する条例が設置されている都道府県は47都道府県中28、全体の60％に留まる。東京都が1983年度、5年後に熊本県、90年代に北海道、富山県、以降は2000年に入ってからできている。政令指定都市では20市中6市（30％）、中核市は48市中12市（25％）であり、中核市のうち秋田市が1982年度と地方公共団体で最も早いほかは、すべて2000年に入ってから制定されている。市区町村では82の条例があるが、同一市が複数の条例を設置しているケースも含まれる。1986年度に江戸川区（東京都）、1993年度に様似町（北海道）、1995年度に矢吹町（福島県）、1997年度に太宰府市（福岡県）で設置されている。2001年の文化芸術振興基本法制定後、条例の検討が進み、2004年度、2005年度に多数制定された傾向がみられる。

1-3　関連法の成立

　従来、「文化は政治や行政になじまない」として、文化芸術への政府の関与は積極的に考えられてこなかったが、文化芸術振興基本法は、文化芸術に対する国や政府の関与と役割を明記した。「文化の創造母体は国民であるとしても、だからといって中央政府を含む公的機関が無為無策でよいということにはならない（文化の時代研究グループ『文化の時代研究グループ報告書』（1980年7月）49頁より）」、という現代国家における行政と文化のかかわり方の基本を、基本法によって明らかにしたのである。

　文化芸術振興基本法は、文化芸術の基盤整備を国の責務とし、「文化に関連する事項を法律で規定する」ことへの忌避感を取り払った。そのため、文化芸術振興基本法の制定以降、文化に関連するいくつかの法律が制定されている。

　また、議員連盟が主導して制定に至った文化芸術振興基本法は、その後の基本法の制定の在り方にも大きな影響を与えた。他の分野においても、超党派の議員が連携し議員立法で基本法を制定する、といういわゆる「政治主導」による立法が、多数行われるようになった。

1-3-1　文化関連法の制定

（知的財産基本法）

　「知的財産基本法」は、2002年12月に成立し、翌年3月に施行された基本法である。「新たな知的財産の創造及びその効果的な活用による付加価値の創出

を基軸とする活力ある経済社会を実現するため、知的財産の創造、保護及び活用に関し、基本理念及びその実現を図るために基本となる事項を定め」るとともに、「知的財産の創造、保護及び活用に関する施策を集中的かつ計画的に推進することを目的」としている。

日本の知的財産政策に大きな影響を与える「知的財産推進計画」の根拠となる基本法であるが、特許や商標といった産業財産だけでなく、「著作物その他の人間の創造活動により生み出される物」を対象とし、国民経済の健全な発展及び豊かな文化の創造を目的としている。

知的財産の創造、活用、人材の確保といった基盤整備に関する公的機関や教育機関、事業者の責務を明らかにするとともに、知的財産戦略本部を内閣に設置し、内閣総理大臣をその本部長とすることで、各省庁に分散していた知的財産に関する政策の一元的な推進を図っている。

毎年公表される「知的財産推進計画」には、政府の取組むべき知的財産関連施策が時期・担当省庁を含めて明記され、各省庁の具体的な施策に大きな影響を与えている。

(コンテンツの創造、保護及び活用の促進に関する法律)

「コンテンツの創造、保護及び活用の促進に関する法律」は、2004年5月に議員立法で成立し、同月に施行された法律である。

知的財産立国の観点から映画、音楽、演劇、文芸、写真、漫画、アニメーション、コンピュータゲーム等のコンテンツの創造、保護、活用の促進に関する施策を総合的かつ効果的に推進し、国民生活の向上及び国民経済の健全な発展に寄与することを目的としている。

コンテンツの創造、保護、活用の促進に関する施策の推進は、「コンテンツの恵沢を享受し、文化的活動を行う機会の拡大等が図られ、もって国民生活の向上に寄与し、あわせて多様な文化の創造に資することを基本として行われなければならない」とされており、文化芸術振興基本法の基本理念への配慮義務も規定されている。

人材の育成、先端技術の研究開発、知的財産権の適正な保護、円滑な流通の促進といった基本的施策に加え、資金調達、権利侵害対策、海外展開の促進といった、より具体的な施策の推進にも言及している。

コンテンツの創造、保護及び活用の促進に関する施策の推進の司令塔として、知的財産戦略本部を規定しており、関係行政機関の報告義務や、それらの検討を踏まえた知的財産推進計画への反映義務も明記されている。

（劇場、音楽堂等の活性化に関する法律）
「劇場、音楽堂等の活性化に関する法律（通称：劇場法）」は、2012年6月に議員立法で成立し、同月に施行された法律である。文化芸術振興基本法制定10年という節目にあわせ、音楽議員連盟（現在は文化芸術振興議員連盟）が成立を主導した。

文化施設において劇場・音楽堂としての機能が十分に発揮されていない、地方では多彩な実演芸術に触れる機会が少ない、等の現状や課題を踏まえ、劇場・音楽堂等の活性化を図ることにより、実演芸術の水準の向上を通じて実演芸術の振興を図り、もって心豊かな国民生活及び活力ある地域社会の実現等に寄与することを目的としている。

文化芸術振興を広く規定した文化芸術振興基本法が一般法だとすれば、この劇場法は、そのうち実演芸術の振興を規定した特別法と位置づけられる。「実演芸術」をはじめて定義した法律であり、国や地方公共団体だけでなく、実演芸術団体の役割や連携を明確にした点に特徴がある。

劇場、音楽堂等を単なる施設ではなく、「その創意と知見をもって実演芸術の公演を企画し、又は行うこと等により、これを一般公衆に鑑賞させることを目的とするもの」と定義し、人的体制の整備の重要性を明示している。基本的施策として質の高い実演芸術振興、国際交流の推進、地域の実演芸術振興、制作・技術者を含めた人材の育成と確保、教育普及等が掲げられている。

この劇場法に基づいて、2013年に「劇場、音楽堂等の事業の活性化のための取組に関する指針」が告示された。この指針は劇場、音楽堂等の設置者に対し、長期的視点から運営方針を明確に定めたうえで、事業の実施について適切な評価基準を設定し、その評価を反映させることを求めている。具体的な施策としては、専門人材の養成、普及啓発や指定管理者制度の運用などの様々な項目について、劇場法の趣旨に沿った実施義務（努力義務）を示している。

(その他関連法制定の気運の高まり)

　文化芸術振興基本法の制定後、上記の他にも「文字・活字文化振興法」、「観光立国推進基本法」、「お茶の振興に関する法律」、「花きの振興に関する法律」、「古典の日に関する法律」など、文化に関連する法律が制定された。

　また近年では、文化芸術振興基本法の改正に向けた議論と並行して、劇場法に続く文化芸術振興基本法の関連法制定の気運も高まっている。具体的には、国際文化交流の祭典に係る施策の推進を目的とした、「国際文化交流の祭典の実施の推進に関する法律案」や、「障害者による文化芸術活動の推進に関する法律案」が議員主導で提案されている。

1-3-2　他の基本法への影響

　超党派の音楽議員連盟が主導して成立した文化芸術振興基本法は、基本法制定の在り方やその内容にも大きな影響を与えた。文化芸術振興基本法の制定以後、各分野で超党派の手によって基本法が数多く誕生し、その中には、文化芸術振興基本法を参考に作成されている法律もある。

　例えば、スポーツ振興法を全面改正し、2011年6月に成立したスポーツ基本法は、超党派のスポーツ議員連盟が成立を主導した法律であるが、文化芸術振興基本法に類似した構造を有している。

2. 今求められる文化行政
―我が国や国際社会の変化に対応して

2-1 地域における文化芸術の振興―芸術祭等を事例として

2-1-1 地域社会の変化

　2014年9月、総理大臣記者会見において、東京一極集中を是正し、地方の人口減少に歯止めをかけることで、日本全体の活力を上げることを目的とする「地方創生」の政策と方針が発表された。

　同年、それに先駆けて、日本生産性本部が設置した有識者会議「日本創成会議」の人口減少問題検討分科会（座長・増田寛也元総務相）が、「2040年までに消滅する恐れがある896市町村」（消滅可能性都市）を発表している。通称「増田レポート」と呼ばれるこの報告は、女性人口の減少に伴って出生数が減り、人口が1万人を切ると、地方公共団体経営そのものが成り立たなくなるという前提のもと、2010年の国勢調査に基づく試算で2040年に20～39歳の女性人口が半減する地方公共団体を「消滅可能性都市」と査定したもので、その数は全国約1800市町村の約半数に相当する。「消滅可能性都市」は、2014年ユーキャン新語・流行語大賞の候補にも選ばれるなど、大きな反響を呼んだ。

　さらに同年7月には、全国知事会が「少子化非常事態宣言」を発表。「次代を担う子ども達が将来に希望を持てなくなってしまった国には、もはや発展は望めない。直ちに、若い世代が希望を叶え、安心して結婚し子育てのできる環境整備に向けて、国・地方はもとより、地域社会や企業などが世代を超えて協力し、子育てをともに支え合う社会を築き上げていく手立てを早急に講じなければならない」と警鐘を鳴らしている。

　こういった背景を受けた形で、2014年12月、第2次安倍改造内閣の目玉として「まち・ひと・しごと創生法」が施行され、内閣に「まち・ひと・しごと

創生本部」が設置された。

　地方創生には、少子高齢化と過疎化への対策が喫緊の課題であるという認識がその根底にあるが、過疎化については、「過疎地域対策緊急措置法」(1970年度〜1979年度) を皮切りに、「過疎地域振興特別措置法」(1980年度〜1989年度)、「過疎地域活性化特別措置法」(1990年度〜1999年度)、「過疎地域自立促進特別措置法」(2000年度〜) という、4次にわたる時限法が議員立法によって制定されてきた。しかし、いずれも具体的な解決に結びついてこなかったという経緯がある。

　2014年以降、地域創生の名のもとに掲げられた諸政策がどの程度の成果を上げているかについてはもう少し判断に時間を要するだろうが、折からの「地域ブランディング」や「まちづくり」といったニーズへの高まりと結びついたことで、ある種のキーワードとしては人口に膾炙したといえるだろう。

2-1-2　文化芸術振興基本法制定後の地方における文化芸術の振興

　少子高齢化や過疎化による地方の衰退は、地方公共団体経営に打撃を与えるばかりでなく、地域文化の衰退にも直結する。過疎化が問題視され始めた1970年代以降、地域おこし、地域振興といった文脈から文化芸術の重要性が語られる機会も多くなってきた。

　2001年の「文化芸術振興基本法」の制定以降、全国の地方公共団体で「文化振興条例」を設置する動きが拡大した。これに連動する形で、芸術祭や音楽祭、映画祭といった文化芸術に関連するフェスティバル（以後「芸術祭等」と表記）を開催する地方公共団体が全国に多く見られるようになってきた。これらの多くは、衰退した地域文化や観光産業の活性化を期待したものとみられるが、維持費のかかるハコモノと異なり、同じ文化事業でも比較的リスクが少ないというのも各地で芸術祭等が多発した要因の一つといえるだろう。

　以下は、2016年までに実施された芸術祭等のうち、2回以上の開催実績があるものを数えた数字である。多寡の基準設定は難しいところだが、開催数だけで見れば海外と比較しても決して少ない数字ではない。

図4　過去2回以上の開催実績がある芸術祭等

芸術祭	音楽祭	演劇祭	映画祭	ロックフェス
25	28	20	111	172

出所：「演奏年鑑」「演劇年鑑」「日映シネマガ」等、及び（一社）コンサートプロモーターズ協会から提供を受けたリストを基に作成

　ところが、これほどの数の芸術祭等が全国で行われているにも関わらず、地域の文化芸術の振興と、過疎化や少子高齢化の改善の直接的な相関関係を示す事例はあまりない。その一方で、40年以上の歴史を持つ音楽祭があることからもわかるように、芸術祭等の実施が地域振興に資するメリットも相応に存在する。以下、幾つかの事例を紹介する。

（芸術祭）
　「瀬戸内国際芸術祭」の開催地の一つとして知られる香川県の直島町では、2000年には43,400人であった年間の来訪者入込客数は、2010年には637,400人に増加している。また2005年には合計36億円であった直島町の歳入が、10年後の2015年には合計51億円にも増加している。これは、「瀬戸内国際芸術祭」が開催されたことに加えて、予てから展開してきた「ベネッセアートサイト直島」としてのブランディングが奏功した影響によるものとみられる。決してアクセスが良好な場所ではないにもかかわらず、島を訪れる観光客のうち約3割はインバウンド客、しかも欧米からの来訪者が多いという。なお、2015年までは減少の一途をたどっていた直島の人口は、2016年には前年比0.29％の増加に転じていることも付記しておく。

（音楽祭）
　近年でこそ、「ラ・フォル・ジュルネ・オ・ジャポン」や「仙台クラシックフェスティバル」のように、数日間、一定地域において同時多発的に行われる小規模なコンサートを「はしご」して楽しむような鑑賞型音楽祭も増えてきたが、国内では「パシフィック・ミュージック・フェスティバル」や「草津夏期国際音楽アカデミー＆フェスティヴァル」、「霧島国際音楽祭」のようなアカデ

ミー型の音楽祭に長い歴史を持つものが多い。これらの音楽祭では、毎年多くの地域住民がボランティアとして参加し、運営を担ってきた。開催される地域が置かれている状況によって異なるものの、参加者、地域住民、主催者等、関与する人々がそれぞれの意義、やりがいを見出していることが長期的な実施を支えてきたと考えられる。予算的にも発想的にも行政主導の文化事業が手詰まりになってきている状況を踏まえると、地域住民による自主的かつ主体的な参画が芸術祭等の成否の鍵を握っているといって過言ではない。

（演劇祭）

沖縄市で開催されてきた「キジムナーフェスタ」を前身とする「りっかりっか*フェスタ」は、地方都市で実施されている児童・青少年演劇祭としては国内最大規模のひとつであり、国際的知名度も高い。現在は毎年那覇新都心を中心に開催されており、期間中、島内の親子連れはもちろん、国内外から演劇関係者、パフォーマー、バイヤーが集い、国際交流のハブとして機能している。また、地元の高校の生徒をはじめボランティアの層も厚く、開催地域の商工業者との協力体制も年々整ってきている。「りっかりっか*フェスタ」の安定的な実施を支えているのは、恒常的な事務組織とスタッフ、そして作品のキュレーションを担うプロデューサーの存在である。芸術祭等のようなイベント型の文化事業は継続的な雇用を創出しづらい。また、数えきれないほどの芸術祭等が各地で行われているにもかかわらず、国際的な知名度のあるものが極めて少ないこともよく指摘されるところである。芸術祭等が地域にとってなくてはならない存在に成長し、延いては国際的な知名度を獲得するためには、優秀かつ熱意ある人材、そして彼らの生計を維持する財源の確保が不可欠である。そして、プロデューサーがスタッフにノウハウを引き継ぎ、次代の人材を育成していくことが何より重要であることはいうまでもない。

児童・青少年向けの演劇祭は、子供たちが本物の舞台芸術を体験するためのものであると同時に、普段はなかなか劇場に足を運ぶことができない保護者が舞台芸術に触れる貴重な機会でもある。最近では0歳児向けのコンサートを提供する音楽祭も増えており、親子がともに芸術を楽しめる機会としての芸術祭等への期待も高い。

(映画祭・ロックフェス)

　映画祭とロックフェスティバル（通称：フェス）が、他の芸術祭等に比べ圧倒的に開催件数が多い理由の一つに、その参入障壁の低さが挙げられる。映画祭やフェスは、行政主導ではなく民間ベースで実施されるケースも多く、機動力の高さが開催数の増加を後押ししている。閑散期の苗場を一変させ、環境保全活動にも積極的な姿勢で国内外にその名が知れ渡った「フジロック・フェスティバル」や、今や世界3大ドキュメンタリー映画祭の一つに数えられるまでに成長し、山形県全体の観光客増にも影響を与えるに至った「山形国際ドキュメンタリー映画祭」など、芸術祭等の開催が地域振興に貢献した事例は少なくない。一方で、全国に映画祭やフェスが乱立した結果、飽和状態にあるのではないかという指摘もある。実際、チケットセールスが思うように伸びず開催前に中止の決断を余儀なくされたフェスや、2回以上の継続開催に繋がらなかった映画祭の事例などもしばしば耳にするようになった。映画祭やフェスに限らず、芸術祭等全体の課題として、継続開催ができたとしても、独自性に乏しい、あるいは地域住民の認知が低いといった質の担保についても改めて考える必要がある。

2-1-3　地方創生における文化芸術の在り方

　前段で確認したとおり、地方創生の根底には人口減少への危機感があり、さらにその奥には経済の低迷・縮小への焦燥感が見える。地方創生の文脈から文化芸術を語るとき、その影響や効果の実際はよくよく精査する必要があるだろう。一方、文化芸術による地域振興が、経済の刺激に必ずしも波及する必要はないのではないかという向きもある。つまり、文化芸術による地域振興を通して、地域の人々に"生きがい"や"やりがい"といった不可視な変化がもたらされることも、成果のひとつなのではないかという考え方である。芸術文化に係る事業、とりわけ芸術祭等のような大規模な事業は、来場者数や経済効果といった定量的評価が必須の時代ではあるが、開催地域の人々の心の変化といった定性的評価も忘れてはならない。

　本稿では芸術祭等を事例に地域における文化芸術の振興を見てきたが、地方創生と文化芸術という観点では、日本遺産（Japan Heritage）の取組にも注目が集まっている。この事業は、地域の歴史的魅力や特色を通じて我が国の文化・

伝統を語るストーリーを「日本遺産」として文化庁が認定するもので、「ストーリーを語る上で欠かせない魅力溢れる有形や無形の様々な文化財群を、地域が主体となって総合的に整備・活用し、国内だけでなく海外へも戦略的に発信していくことにより、地域の活性化を図ること」を目的としている（文化庁サイトより）。世界遺産登録や文化財指定が価値付けによって保護を担保することを目的としたものであるのに対し、日本遺産は地域に点在する遺産を「面」として活用・発信することで、地域の魅力をより強くブランド化し、地域活性化につなげることを主たる目的としている。芸術祭等による地域振興が地域の魅力の創出であるとすれば、この日本遺産は地域の魅力の（再）発見であるといえよう。

　2012年の「劇場・音楽堂等の活性化に関する法律」の制定以降、全国各地の劇場、音楽堂等における自主的な創造活動を促進する政策の整備が進んだ。同法前文において、「劇場、音楽堂等は、文化芸術を継承し、創造し、及び発信する場であり、人々が集い、人々に感動と希望をもたらし、人々の創造性を育み、人々が共に生きる絆を形成するための地域の文化拠点」と謳われていることに鑑みれば、芸術祭等はその文化拠点における成果をより広く人々に展べていくものであるともいえよう。また、同じく劇場、音楽堂等が「新しい広場」や「世界の窓」になることを期待されているのであるとすれば、芸術祭等もかくあるべきではないか。

2-2　国際社会における我が国の文化芸術の展開

　2001年の文化芸術振興基本法の成立以降、我が国のコンテンツを世界に発信する「クールジャパン戦略」が国家戦略のひとつに位置付けられ、能楽、人形浄瑠璃文楽、歌舞伎、組踊など我が国の芸能がユネスコ無形文化遺産に登録されるなど、我が国の文化芸術は世界に発信され、再評価されている。

2-2-1　クールジャパン戦略

　「クールジャパン」とは、外国人に「クール（かっこいい）」と捉えられるもので、ゲーム・マンガ・アニメといったコンテンツ、ファッション、産品、日本食、伝統文化、デザイン、さらにはロボットや環境技術などハイテク製品にまで範囲が広がっている。「クールジャパン戦略」は、このようなクールジャパ

ンを世界に発信して、世界の成長を取り込むことによって、我が国の経済成長につなげることを目的とした取組であり、我が国全体のブランド戦略の一環でもある（クールジャパン戦略推進会議報告書『クールジャパン戦略官民協働イニシアティブ』1頁（2015年6月））。

　このような「クールジャパン戦略」が目指すところは、既に『知的財産推進計画』において取り上げられてきたところであった。2003年7月8日に決定された、最初の『知的財産の創造、保護及び活用に関する推進計画』（知的財産推進計画）において「我が国コンテンツを活用し、我が国に対する国家イメージを向上させるため、文化芸術振興基本法の『基本方針』に基づく優れた作品や先駆的、実験的な創作への支援、東京国際映画祭への支援、国際見本市などのイベントを活用した海外向けのPR支援、キャラクター等を核とする総合ブランド戦略への取組支援、国際交流基金等を通じた我が国コンテンツの海外発信支援について、2003年度以降推進する」として、文化芸術振興基本法による「文化芸術の振興に関する基本方針」に基づき、我が国のコンテンツを活用し、国家イメージを向上させるための施策の推進が取り上げられている。

　また、2005年2月25日の知的財産戦略本部コンテンツ専門調査会『日本ブランド戦略の推進』が、食、ファッション、地域産品等の知的・文化的資産についての振興の必要性を提言したことを受けて、同年6月に決定された『知的財産推進計画2005』では、ライフスタイルをいかした日本ブランド戦略を進めるとの計画の下、地域ブランド、ファッションと並んで、豊かな食文化を醸成するために、優れた日本文化を評価し、発展させることが施策として盛り込まれている。

　こうして、『知的財産推進計画2010』には「クール・ジャパン」の用語が初めて登場することとなり、2010年6月に閣議決定された『新成長戦略〜「元気な日本」復活のシナリオ』では「クール・ジャパンの海外展開」が国家プロジェクトのひとつに位置付けられることになる。そして、2011年6月3日に知的財産戦略本部で決定された『知的財産推進計画2011』においても、グローバル・ネットワーク時代の新たな挑戦を支える四つの知的財産戦略の一つとして「クールジャパン戦略」が取り上げられている。

図5　クールジャパン戦略の概要と要点

2002年7月	「知的財産戦略大綱」（知的財産戦略会議）	知的財産立国実現に向けた具体的行動計画に、優れたコンテンツ創出等への支援、優れたデザイン、ブランドの創造支援を提示
2004年4月	「コンテンツビジネス振興政策」（知的財産戦略本部コンテンツ専門調査会）	コンテンツビジネスの振興を国家戦略の柱として取り組むとして、3つの目標と10の改革を提示
2004年5月	コンテンツの創造、保護及び活用の促進に関する法律（平成16年法律第81号　いわゆる「コンテンツ産業振興法」）	成立知的財産立国推進に観点から、コンテンツの創造、保護及び活用の促進を目指すとした法律
2005年2月	「日本ブランド戦略の推進」（知的財産戦略本部コンテンツ専門調査会）	食、ファッション、地域産品等の知的・文化資産についての振興の必要性を提言
2007年5月	「日本文化産業戦略」（アジア・ゲートウェイ戦略会議）	アニメ、漫画、ゲーム等の文化産業の重要性と政府支援の必要性を指摘するとともに、政策の方向性、課題を提示
2009年3月	「日本ブランド戦略」（知的財産戦略本部コンテンツ専門調査会）	日本のソフトパワーを生み出すコンテンツ、食、ファッション等の産業を「ソフトパワー産業」と位置付け、これらの産業の振興や海外展開を総合的に推進することを提言
2009年4月	「第3期知的財産戦略の基本方針」（知的財産戦略本部）	2009-2013年度の基本方針の一つとして「ソフトパワー産業の成長戦略の推進」を提示
2009年7月	「日本ブランド戦略アクションプラン」（日本ブランドの確立と発信に関する関係省庁連絡会議）	日本ブランド戦略の推進のために、関係省庁間及び官民連携を強化していくことを確認
2010年6月	「新成長戦略」（菅内閣）	「クール・ジャパンの海外展開」を国家プロジェクトとし、アジアでのコンテンツ収入1兆円を目標に設定

2-2-2　クールジャパン戦略の主な取組

　クールジャパン戦略を推進するため、2012年12月に、内閣にクールジャパン戦略担当大臣が置かれた。また、2015年12月には、官民一体となってクールジャパンに取り組むことを目的として、官民・異業種連携の強化を図る場となる「クールジャパン官民連携プラットフォーム」を設立するなど様々な取組が進められている。さらに、企業によるクールジャパンの円滑な海外展開を可能にするため、株式会社海外需要開拓支援機構法が成立し、クールジャパン推進のための官民出資型ファンドである専門的な組織として、資金（リスクマネー）供給機能、専門家の派遣助言等の支援機能等を有する株式会社海外需要開

2010年10月	クールジャパン推進に関する関係府省連絡会議発足（知的財産戦略本部）	新成長戦略で定められたクールジャパンの海外展開を促進するため、関係府省の連絡体制を整備
2010年11月	クールジャパン官民有識者会議発足（経済産業省）	クールジャパンをビジネスにつなげるという視点から、海外展開の具体的な進め方を検討
2011年3月	「クールジャパン推進に関するアクションプラン」（知的財産戦略本部）（同年5月改定）	クールジャパン推進に関する関係府省連絡会議での議論を基に各省庁が具体的に実施する施策を提示
2011年5月	「新しい日本の創造」（クールジャパン官民有識者会議）	2020年にファッション、コンテンツ、観光の分野で8～11兆円の世界市場獲得を目指すことを提言
2011年6月	「知的財産推進計画2011」（知的財産戦略本部）	クールジャパン関連産業の市場規模を2020年までに17兆円に拡大させるという目標を提示
2012年7月	「日本再生戦略」（野田内閣）	「知的財産推進計画2011」の目標を継承
2013年1月	日本経済再生に向けた緊急経済対策	クールジャパンを体現する日本企業への資金支援等を行う機関の設立を提示
2013年6月	株式会社海外需要開拓支援機構法成立	クールジャパンを体現する日本企業に対し、リスクマネーの供給等を行う官民出資型ファンドの設立を定めた法律
	「日本再興戦略」（第二次安倍内閣）	海外市場獲得のための戦略的取組の一つとして「クールジャパンの推進」を提示
	「知的財産政策ビジョン」（知的財産戦略本部）	今後10年間の知的財産政策のビジョンとして「コンテンツを中心としたソフトパワー強化」を提示
	「知的財産推進計画2013」（知的財産戦略本部）	知的財産政策ビジョンを反映し、「コンテンツを中心としたソフトパワー強化」のための短期・中期目標を提示

出所：鈴木絢子「クールジャパン戦略の概要と論点」調査と情報、804号13頁（2013）

拓支援機構（クールジャパン機構）も設立されている。これまでに「アジア地域でのライブホール展開事業」や「海外におけるジャパン・チャンネル事業」、「ジャパン・コンテンツの海外展開を加速する映像ローカライゼーション事業」などに対する出資が行われている。

2-2-3 ユネスコ無形文化遺産

（無形文化遺産保護条約について）

　無形文化遺産の枠組みを定めるのは、2003年10月17日にユネスコで採択され、2006年4月20日に発効した「無形文化遺産の保護に関する条約（通称：無

形文化遺産保護条約）」である。無形文化遺産保護条約は、1972年に、ユネスコで採択された「世界の文化遺産及び自然遺産の保護に関する条約（通称：世界文化遺産条約）」をモデルとしたものであった。

1980年代後半に、世界文化遺産条約に基づく世界文化遺産の登録数は増えたものの、世界文化遺産の基準が西欧の石造建築物や大規模な遺跡のようなものを想定していたため、西欧など一部の国に集中し、地域的な偏りが問題視されるようになった。そこで、文化遺産の見直しが議論されることとなり、1994年に奈良で開催された専門家会合での議論をきっかけとして、「無形的な価値」が考慮されるようになった。さらに、2001年11月に、ユネスコが「文化の多様性に関するユネスコ世界宣言」を採択し、国際社会において文化多様性を尊重することの重要性を唱えた。こうした文化遺産に対する考え方の発展と、文化多様性についての意識の高まりを受けて、無形文化遺産保護条約は採択された（以上は、七海ゆみ子『無形文化遺産とは何か―ユネスコの無形文化遺産を新たな視点で

図6 「代表一覧表」に記載されている我が国の無形文化遺産

我が国の無形文化遺産登録（代表一覧表記載）状況等	現在21件 世界全体では399件
2008	能楽　人形浄瑠璃文楽　歌舞伎
2009	雅楽　小千谷縮・越後上布［新潟］　甑島のトシドン［鹿児島］ 奥能登のあえのこと［石川］　早池峰神楽［岩手］　秋保の田植踊［宮城］ チャッキラコ［神奈川］　大日堂舞楽［秋田］　題目立［奈良］　アイヌ古式舞踊［北海道］
2010	組踊　結城紬［茨城・栃木］
2011	壬生の花田植［広島］　佐陀神能［島根］
2012	那智の田楽［和歌山］
2013	和食：日本人の伝統的な食文化
2014	和紙：日本の手漉和紙技術【石州半紙，本美濃紙，細川紙】 ※2009年に無形文化遺産に登録された石州半紙【島根】に国指定重要無形文化財（保持団体認定）である本美濃紙【岐阜】、細川紙【埼玉】を追加して拡張登録。
2016	山・鉾・屋台行事 ※2009年に無形文化遺産に登録された京都祇園祭の山鉾行事【京都】、日立風流物【茨城】に、国指定重要無形民俗文化財である秩父祭の屋台行事と神楽【埼玉】、高山祭の屋台行事【岐阜】など31件を追加し、計33件の行事として拡張登録。

出所：「文化審議会世界文化遺産・無形文化遺産特別委員会（第5期第2回）」（2017年2月22日開催）配付資料を基に作成

解説する本』37頁以下（彩流社、2012）を参考にした）。我が国は、無形文化遺産保護条約の策定段階から、主導的役割を果たすとともに、早期発効を促すため、2004年6月に3番目の締約国となっている。2018年2月現在、締約国は、175カ国に及んでいる。

（無形文化遺産保護条約の概要）

無形文化遺産保護条約は、無形文化遺産の保護を目的として「人類の無形文化遺産の代表的な一覧表（代表一覧表）」などの作成のほか、無形文化遺産保護のための国際協力や援助、締約国がとるべき必要な措置等について定めている。2018年2月現在、代表一覧表には399件が記載され、我が国からは21件が記載されている。2008年に「能楽」、「人形浄瑠璃文楽」及び「歌舞伎」が、2009年には「雅楽」が、2010年には「組踊」が代表一覧表に記載されている。そして、2013年には「和食；日本人の伝統的な食文化」も代表一覧表に記載された。

2-2-4 国際社会における文化芸術振興の在り方

「クールジャパン戦略」は、コンテンツやファッション、日本食などの「クールジャパン」によって、我が国の経済成長につなげようとするものである。「クールジャパン」を世界に発信したうえで、海外における商品・サービス展開を行うとともに、インバウンドによる国内消費の各段階を効果的に展開するところに目的があり、観光を我が国の経済成長につなげようとする「観光立国」とも相通じるところがある。こうした経済成長につなげることを目的とする「クールジャパン戦略」や「観光立国」にかかる施策は、経済性、効率性が重視されがちになる。

しかしながら、文化芸術の振興は、経済性、効率性の観点のみをもって進められるべきではないだろう。無形文化遺産保護条約成立の背景には、後に「文化的表現の多様性の保護及び促進に関する条約（文化多様性条約）」として実を結ぶことになる、国際社会における文化多様性を尊重するという考え方があった。今般の文化芸術振興基本法改正では、基本理念に、文化芸術に関する施策の推進にあたっては、我が国に加えて、「世界」において文化芸術活動が活発に行われるような環境を醸成することを旨として文化芸術の発展が図られるよ

う考慮しなければならないことが盛り込まれたところであるが、国際社会における文化芸術の振興にあたっては、経済性、効率性に偏らない、多様性を尊重した総合的な文化行政が求められよう。

2-3 文化芸術そのものの振興の重要性

これまでは地方創生や国際社会の観点から文化芸術についてみてきたが、その大前提として、多様多彩で魅力ある文化芸術がこれからも未来に亘って創造、継承されていくために、文化芸術そのものへの振興策が疎かにされてはならない。

創造サイクルを確立・維持するための著作権制度の改善、2012年に成立した劇場法の目的と理念の実現、そして、文化予算の拡充と助成方法の充実が必要不可欠である。

2-3-1 著作権課題の解決

文化芸術の担い手・創作者（クリエーター）の経済的基盤を確保するための重要な手段の一つとして著作権制度が存在している。デジタル・ネットワーク時代においてコンテンツの利用形態は大きく変化しており、これに対応して公正な著作権法上のルールを確立する必要がある。以下に挙げる課題は、知的財産推進計画で明示されているものも含まれるが、未だ解決に至っていないものである。知的財産基本法の理念に照らしても、「知的財産の創造」にしっかりと目を向け、国家戦略として課題解決に取り組んでいく必要がある。

（私的録音録画補償金制度の再構築）

私的録音録画補償金制度に関する問題は、解決されないまま長い間放置されてきた諸課題の筆頭格であるといえる。この制度は、私的複製に利用される機器と媒体が制度開始当時の想定と大きく変化したこと等により、今や完全に機能停止・機能不全に陥った。これは、「ユーザー」は自由な私的複製環境を享受し、「複製手段を提供する者」が複製機能を有する機器やサービスの販売等により大きな利益を得ている一方で、「クリエーター」には、大量の私的複製から適切な対価が還元されていないことを意味する。

クリエーターに適切な対価が還元されるよう実効性のある制度整備が必要で

ある。

（著作権および著作隣接権の保護期間延長）

ヨーロッパ、南北アメリカ、ロシア、オーストラリア、韓国などの多くの国々では、著作権の保護期間は「著作者の死後70年」とされており、国際的には50年を超える保護期間が主流になっている。また、実演およびレコードについても、2011年ヨーロッパにおいて、レコードに固定された実演に係る実演家の権利およびレコード製作者の権利の保護期間をレコード発行後70年に延長するEU指令が採択され、加盟国は国内法の整備を義務付けられたほか、2013年には韓国も同様の法改正を行った。

日本においても、「環太平洋パートナーシップ（TPP）協定締結に伴う関係法律の整備に関する法律」が2016年12月9日に国会で可決されたことにより、保護期間を「70年」にすることが認められたが、TPP協定の国内での発効が要件となっており、未だ実現には至っていない。

国内外の著作権者、著作隣接権者が安心して流通システムにコンテンツを提供したり、違法利用に対応するためには、文化・産業の両面で密接な交流のある諸外国とのルールの調和が必要不可欠であり、TPP協定の発効に関わりなく、速やかに保護期間を延長すべきである。

（著作権の保護期間に関する戦時加算義務の解消を）

我が国は、1951年に調印されたサンフランシスコ平和条約第15条（C）の規定に基づき、第二次世界大戦の連合国民の一部の著作物の著作権について、通常の保護期間に約10年を加算して保護しなければならないという戦時加算義務を負っている。

我が国にのみ残る戦時加算義務は、国際的なルール形成の中で早期に解消することが必要である。

（映画監督の権利の見直し）

映画は、劇場での上映からパッケージ化、さらに放送やインターネットでの多面的な利用へと利用形態の拡大と変化を続けているが、一方、映画の創作の中心に関わる映画監督には、利用に対して著作権法上の経済的な権利は与えら

れておらず、創作者の意欲や生活の基盤を支えるシステムがないという大きな問題がある。

　1970年の現行著作権法制定時から急速に変化する映画製作、上映、流通、享受環境のなか、創作に携わる者がその力をさらに発揮し、日本の映画、映像を世界にも発信するためにも、今の時代に相応しい著作権法の見直しが必要である。

2-3-2　劇場法の目的と理念の実現

　全国には公演事業を実施している劇場・音楽堂等は1,000館を超えているが、地域経済の疲弊、地方公共団体の財政問題から持続発展が困難な状況に至っている。

　実演芸術の豊かな創造と享受機会を作り出すためには、全国的な視野に立って専門人材の配置や劇場等への支援を充実するとともに、芸術団体と劇場、音楽堂等による共同制作の促進や、全国巡回ネットワークの形成が効果的であり、これらは2020年東京オリンピック・パラリンピック競技大会文化プログラム実施に向けて早期に実現されることが求められる。

　また、「劇場、音楽堂等の活性化に関する法律」では劇場、音楽堂等の事業の担い手である制作者、技術者、経営者、実演家等の人材の養成と確保が謳われているが、立法から5年が経過した今も人材が不足している状況が依然として続いているほか、現場の就労環境上の問題点も指摘されている。早急に劇場関係者の就労環境の把握と改善を進めるとともに、国立劇場等における人材育成機能を高めるための事業の充実が必要である。

　その他に、2003年より指定管理者制度が公立文化施設の管理運営にも導入されたが、契約期間が短期であるため、長期的視野に立った事業の計画、専門人材の確保、雇用の継続が困難になっているほか、抜本的な施設整備の妨げにもなっている。公立文化施設の特性にそぐわない過度の経済効率性を求めるこうした動きに対し、劇場法が歯止めとなることが期待される。

2-3-3　文化予算の拡充と、助成方法の充実

　わが国では多様で多彩な芸術団体が自由で創造性豊かな活動を進めているが、この芸術団体の恒常的、定期的な活動が文化芸術の基盤を形成している。

「Ⅰ」でも触れたように、文化庁予算は2001年の文化芸術振興基本法制定後に増額されたが、その後は微増または横ばいの状態が続く。また芸術団体に対する直接助成や映画製作に対する助成は、基本法制定後に増加したが、その後は減少を続け、基本法成立前の状態まで戻っている。文化芸術立国を実現するためには、文化予算の拡充が必要不可欠である。

　また、2011年の第3次基本方針において助成制度の改善が見られたが、依然十分とは言えず、より実態に即した、効果のある助成が求められている。そのためには、独立行政法人日本芸術文化振興会内に設置されている基金部の機能を強化し、芸術分野ごとの助成方式を継続的に改善、充実し、芸術団体、劇場等への助成専門機関として独立させる必要がある。

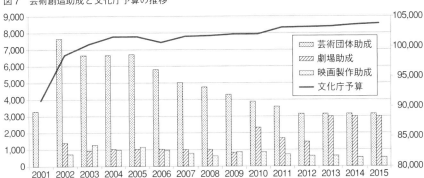

図7　芸術創造助成と文化庁予算の推移

出所：政府統計より作成

3. 改正基本法の成立とさらなる文化行政の機能強化から文化省の創設へ

3-1 基本法改正に期待するもの

3-1-1 新たに盛り込まれた条項の意義——広がる対象

　文化芸術振興基本法の大きな改正点の一つは、法の理念に新たな項目が加わったことである。まず、観光、まちづくり、国際交流、福祉、教育、産業との連携が追加された。これは文化芸術の価値が社会的な諸課題の解決にも生かせる、さらには生かそうとする認識の高まりによるものであろう。この連携の動きに関し様々な試みが現在取り組まれているが、連携する相互の分野への補完と、相乗効果の期待できる具体的な施策の立案及び実施体制の充実は文化行政の機能強化にとって重要な課題であり、文化省創設の一つの柱となろう。

　次に、教育に関する新たな項目が加わった。具体化には、乳幼児、児童、生徒等に対する文化芸術教育の重要性を認識し、学校等と文化芸術団体、地域、家庭との連携への配慮を示したことである。現在、国の予算上では、子どもたちが「義務教育期間に2回は芸術鑑賞体験ができるよう」施策を進めている。人間の豊かな感性、想像力を育てることは教育の目的である。さらに文化芸術の新たな創造を生み出していくための広がり、種を作り出すためには「年1回は芸術鑑賞体験」との目標を立て、その実現のため、都道府県、市町村、学校、文化芸術団体の役割分担と実施計画が文化省と文部科学省（教育行政）との連携で立案、実施されることを期待するものである。

　また、これまで文化芸術の創造と享受は人々の生まれながらの権利、としていた条項に、居住の地域だけでなく年齢、障害の有無、経済的な状況に左右されることのない環境整備を加えている。パラリンピックを控えての障害者芸術の振興、教育現場における貧困への対応など、施策の立案にあたって視野の広

がりが期待される。

3-1-2　新たに盛り込まれた条項の意義―深まる振興策

　具体的な施策についてもいくつかの改正が行われた。第8条から第11条の芸術、メディア芸術、伝統芸能、芸能の条項の例示では、これまで「公演」や「展示」への支援が謳われていたが、公演、展示を成立させるには「継承・創造・保存・普及」のプロセス全体が重要であるとの認識のもと、「物品の保存」、「知識および技能の継承」への支援が具体的な例示として加えられた。次に近年全国的に広がりを見せる芸術祭について、これまで国の芸術祭の開催及び国際的な催事のみを例示していたが、地域の芸術祭の支援を含め、文化芸術の創造・享受の場としての芸術祭の位置づけを示している。

　また国際交流等の推進について具体的な強化が盛り込まれた。国際交流を、我が国及び世界の文化芸術活動振興のため、と考え方を広げた。具体的には外国語対応、文化財修復、海外著作権制度などへの支援、文化に関する国際機関人材の養成等が盛り込まれている。

　さらに、公共の建物等の建築に当たっての「自然環境、歴史と文化等との調和への配慮」に「文化芸術の作品の展示その他の文化芸術の振興に資する取り組み」が加わり、公共建築を介したより積極的な芸術振興策の実施を求めている。

　文化芸術の担い手の観点からの改正も行われた。施策の具体的な実施における担い手の位置づけを示したことの意義は大きい。重要なのが、文化芸術団体の役割を新たに規定し、国、地方公共団体、民間事業者、学校教育における学校等との連携が明記されたことである。文化芸術団体には、今後、文化行政の施策立案と実施に積極的に参加していくこと、さらに長期的な観点からは「基本計画」に積極的な提案を行うことが求められる。これに加え文化芸術団体の行う文化芸術活動への支援が言及された。文化芸術団体の活動は、その芸術を「継承・創造・保存・普及」する継続的な活動であり、この総体が我が国文化芸術の発展につながっていく。単に「公演」「展示」だけに切り分けられた支援では持続困難な状況に陥る。この認識が助成のあり方の見直しなど具体的な施策に反映されることが求められる。

　また、これまでの芸術家等の育成の項目の「企画等を行う者」の例示に、

「企画又は制作を行う者」及び「技術者」が加えられた。文化芸術団体の役割とともに芸術活動を継続・発展させる専門家の育成は欠くことができないものであり、担い手に対する配慮が進んだことによる施策の深まりと充実を期待する。

3-1-3　強力に総合的な施策を推進するために──基本方針から「文化芸術推進基本計画」へ

　これまで基本法に基づき4次の基本方針が策定されてきた。第1次は、初めての基本方針であり、基本理念と基本的な考え方を固めることが中心であった。文化審議会だけでなく文化芸術団体からの意見も含めてまとめたもので、我が国初めての文化芸術振興に関する共通認識として意義深いものであった。第2次は、第1次の成果を踏まえその内容を深めることと、打ち出された事項の中から行政の重点事項を明らかにすることに特徴があった。第3次は実演芸術団体からの要望を踏まえ、芸術団体への支援の見直しを明示し改善に着手する等、基本方針がより具体的な性格のものになっていった。また、この頃から政府の中で政策評価が言われはじめ、第4次では「文化に関する世論調査」の国民意識や鑑賞機会の指標を使った目標設定がなされ、計画性を高めている。

　このような背景の下、特許権や著作権を中心にした「新たな知的財産の創造及びその効果的な活用」をめざした知的財産推進政策において、コンテンツや食、日本ブランド等のソフトパワーなど文化の活用が提起され、観光立国を目指したインバウンド政策が連携し、大きな動きになっている。今回の改正で、基本法の対象範囲に文化芸術そのものの振興だけでなく、観光、外交、地域づくり、経済などとの連携が加わった。文化芸術そのものの振興と関連分野との相互補完、相乗効果をさらに発揮する政策を総合的に立案し、計画的に施策を遂行することが重要である。そのために、関係省庁相互の連絡調整を行う「文化芸術推進会議」の役割に期待する。更には、従来の文化審議会の議論共々、「基本計画」の策定はまさに文化省が担うべきものであろう。

　15年前の基本法成立時に「方針」か「計画」かの議論があり、文化芸術活動は計画になじまないとの意見も多く方針となったが、この間に文化芸術の価値の高まり、文化行政の蓄積と経験があり、「基本方針」から「基本計画」に改めるに相応しい時期といえる。

　文化行政の充実、長期的な施策の展開のため、その基礎となる「基本計画」

策定のためにも、今回、新たに「調査研究等」が盛り込まれたことの意義は大きい。具体的には「文化芸術の振興に必要な調査研究並びに国内外の情報の収集、整理及び提供」となっている。日本の文化行政において非常に貧弱な部分のため、政府の既存統計の文化芸術面からの再分析、必要な文化芸術に関する独自調査の実施、文化芸術活動の実態把握等の強化など、いくつかの課題が存在している。

なお、文化芸術そのものの振興に係る具体的な施策立案のため、文化審議会の下に、文化政策部会にかわって、著作権分科会、文化財分科会等と並ぶ「文化芸術分科会」の設置が求められる。

法制定後しばらくの間、地方公共団体での文化振興条例制定が続いたが、近年に入り停滞している。今回、旧法で言及の無かった地方公共団体の文化行政にも言及し、「地方文化芸術推進基本計画」の策定を、努力規定ながらも求めたことには、大きな意義がある。

3-2 新たな文化芸術基本法に基づく展開の軸─見えてきた文化省の姿

3-2-1 基本法制定以降に進んだ我が国社会の変化と文化行政への期待に応える文化省

1991年のバブル崩壊以降、金融危機による経済の縮小、発展途上国の発展による日本産業の世界的な地位の低下、生産拠点の海外移転、世界10位から27位への国民一人あたりGDPの低下、都市への人口集中と過密、過疎による地域文化崩壊の危機、阪神淡路大震災、東日本大震災とつづく大災害と復興、少子高齢化による人口減少と国家財政の逼迫など、さまざまな課題が山積している。

また、技術革新の進展による高度情報通信社会の出現、世界的な規模で進む人々及び文物の交流の活発化は、文化的な価値が国際社会で大きな意味を持つ時代を出現させつつある。

本報告で概括したとおりこのような時代状況のなか、東京オリンピック・パラリンピック競技大会が2020年に開催される。この契機に、長い歴史的蓄積のある日本の多様、多彩な文化、芸術の価値と課題を再認識し、世界との交流の中で伝統を継承し、新たな創造を活性化し、人々の文化力を高め、日本の文化芸術資源を世界に示し、世界の人々を日本に招き入れ、世界の文化発展に貢献する、文化芸術の価値を中心に据えた国づくりを牽引する「文化省」を創設

すべきである。

3-2-2 新たな基本法を契機に、中心となる文化芸術活動への助成の意義を再認識し、専門機関を

　文化芸術は人々に感動をもたらし生きる力となる。そして文化芸術が与える人々の想像力、創造性への刺激が、人々の活力を引き出し、製品、デザイン、サービスの新たな革新に寄与するなど、文化芸術は人々の生活、人々とのつながりと地域アイデンティティ、産業創出と多面的な価値を持っている。その誘発のコアが文化芸術活動である。

　しかしながら、法制定時に一時的に増加した実演芸術や映画への助成は減少し、自由で多様な芸術創造を弱体化させている。芸術活動のシードとしての社会的な役割の重要性を再認識し、予算の大幅増額を図る必要がある。実演芸術については、芸術団体と全国の拠点となる劇場等の年間の活動を対象にして、質の高い活動を継続、発展させる助成が必要であろう。文化行政の機能強化の面で、独立行政法人日本芸術文化振興会の基金部は、民間芸術活動を助成する専門職を配置した専門機関として独立し、この役割を果たす必要がある。

　すでに国立美術館、国立文化財機構については専門機関が存在しており、これに加えて「専門助成機関」「国立劇場」「国立映画センター」と、政策立案及び遂行に継続的な専門性が必要な五つの独立機関が文化省の下で機能することが重要である。

3-2-3 北海道から沖縄まで全国の特長ある文化芸術の振興のために

　これまでの国の文化行政は、価値の高い文化財の保存、質の高い確立したトップ芸術の維持、発展に重点を置いてきた。とりわけ芸術活動は東京に集中しているため、東京の団体への助成が結果として多くなっている。オーケストラは他の芸術活動に比べて全国に分散しているが、県ないし市がオーケストラ楽員の人件費を含め支援してきたからこそ可能であった。文化予算が少ない中、多様な副業など仕事の可能性がある東京に集中するのは経済原則の当然の帰結である。

　全国的に芸術活動を活性化させるためには、東京集中を理念としてだけ語るのでなく、実体としてアマチュアだけでなく全国の劇場、美術館、芸術団体に

雇用が生み出され、芸術家、スタッフが生活できる環境整備が必要である。それだけでなく、地域の歴史的な文化芸術資源を再認識し、新たな物語をつくり出し、人々に心の安らぎのある暮らしを提供する芸術創造の文化行政が必要である。また交流人口を生み出す刺激に富んだ芸術祭を育成するなど、このような視野をもった「地方文化芸術推進計画」の策定が期待される。

近年、いくつかの県、市で芸術活動を支援するアーツカウンシルを設置する動きが進んでいるが、国レベルでも全国の特長ある文化状況を踏まえ、地方公共団体と連携し、地域の芸術活動を育てる視点での文化行政を展開する、広域的な文化圏を想定した文化省地方事務所が、日本文化の多様性の確保と文化行政の機能強化の観点から必要であろう。

3-2-4 文化芸術を生かす戦略的な政策展開を進めるために

文化芸術活動は、人々の日々の営みから生まれるものであるが、「業」としての文化芸術活動がその質を決定づける。例えば食は家庭料理からレストランまで、音楽もアマチュアから世界的なスターまで、その幅は広く、「業」として行われる場合でも、個人事業あり、組織の場合も「非営利」活動から「営利」活動まで存在する。この文化芸術を総体的に捉える行政の視点が必要である。

例えば映画・映像の場合、創造・製作面では文化庁、産業的な発展や世界発信は経済産業省であり、ポップス、アニメも同様である。すなわち、これらの芸術作品はヒットすれば大きな利益を生むが、失敗に終わる場合も多いリスク事業であり、産業政策の対象にもなっている。さらに芸術創造・制作にはさまざまな楽器、電子機材、物品が必要であり、特殊機器は世界的な市場性があるものである。文化芸術活動はそのような裾野を含め「文化芸術産業」を形成している。このような全体像をどこが把握し、振興、発展を図るのか。

文化芸術産業の源泉となるのは人々の生活、その文化的活動、クリエーター創造活動の結果としての文化芸術資源である。クリエーターの創造サイクルの確立は欠くことのできない課題であることの再認識が重要である。

クールジャパン戦略は、アニメ、J-POPなど海外に人気の高い、経済的なリターンの可能性が見込めるコンテンツについて海外発信を中心に政策展開が図られ、充実してきている。それ故に文化芸術の対象は限られている。

一方外務省、国際交流基金は、広報文化外交の観点から、より多様なわが国の文化芸術について海外との交流を進めている。また、文化庁も日本の芸術の海外交流、発信を近年強化しているが、まだまだ予算は限られたものである。

観光の重要な対象は文化芸術資源である。観光は、その国の「自然」「気候」「文化」「食事」の魅力度によって大きく左右されるという。基本法の改正で「食文化」が明示された。我が国の評価の高い食品の開発と世界への発信は農林水産省の役割であるが、魅力ある文化芸術産業を育成し、全国の有形、無形の文化的財産を新たに発見し、魅力あるものにしていくことは、まちづくりの中核としても文化省の重要な役割である。

そして、わが国の多様多彩な文化芸術を世界に紹介、発信し、交流の中から新たな創造も生み出していく、文化外交、国際交流・発信、観光の好循環の形成が重要である。その総合的な戦略と各省庁との役割分担の具体的な計画を担うのが文化省であろうか。現在、文化庁は観光庁と協力協定を結んでいるが、更なる進化が求められる。

3-2-5 東京五輪に向け文化予算増額、強力なリーダーシップをもった文化大臣の配置、そして文化省を

オリンピック・パラリンピックはスポーツの祭典であるとともに文化の祭典でもある。その招致の狙いは、少子高齢化による人口減少社会、経済の停滞、地域の疲弊など様々な課題を解決していくための契機とすることであるといわれる。

2018年は明治150年にあたる。日本の社会は欧米列強に追いつこうとし、西欧文明の導入による富国強兵、敗戦後には復興を進めるため、近代化と高度経済成長を進めてきた。

バブル崩壊後の二十数年余、人々は地域でさまざまな文化芸術の試みを起し、意欲のある地域の行政や民間企業も努力を進めている。震災復興で文化芸術の力は注目を集めた。政府も産業政策だけでなく文化的なソフトパワーに注目した「知的財産立国」「クールジャパン戦略」、そして「観光立国」を推進してきた。新たな角度から、文化芸術の継承、創造、保存、活用、発展のうねりを、人づくり、国づくりに生かす総合戦略の構築が必須である。東京オリンピック・パラリンピック競技大会文化プログラムの大胆な実施を通し、その実現を

図る必要がある。

　文化芸術基本法の附則第二条には、「政府は、文化芸術に関する施策を総合的に推進するため、文化庁の機能充実等について、その行政組織のあり方を含め検討を加え、その結果に基づいて必要な措置を講ずるものとする」と規定された。

　地方創生の観点から文化庁の京都移転が昨年打ち出されたが、文化芸術振興の観点からの検討は不十分であり、また、内閣における文化行政機能弱体化の懸念もある。この移転は、基本法に基づく機能強化と文化省の姿を検討する中で位置付けられるべきものであろう。

　実演芸術、映画、美術、生活文化などの文化芸術領域の専門的な政策立案と執行、地域の魅力ある文化芸術と生活、まちづくり、文化芸術産業の育成と発信、外交と国際交流、観光による世界的な循環をつくりだすためには、他省庁との連携の構築が急務である。文化芸術を軸とする総合的な政策立案と実行のイニシアティブの発揮する文化大臣の配置がまず必要であり、文化プログラムの実施等予算の大幅な増額を通し、文化省の創設を求めるものである。

　今、新たな基本法制定の時、まさに文化大臣の配置と文化省の創設に向けた本格的な議論が望まれる。

第3部

改正文化芸術基本法の逐条解説

1. 総　論

1-問1 改正基本法の背景、趣旨はどのようなものか。

○　文化芸術振興基本法の制定から16年が経過し、我が国社会の少子高齢化・グローバル化等がますます進展する中で、文化の祭典でもある2020年のオリンピック・パラリンピックの開催は、文化芸術の価値を社会の中心の一つに据え、文化芸術による新たな価値の創出を広く国際社会に示す重要な契機である。

○　このため、文化財の保護や芸術文化の振興などこれまでの文化政策をさらに充実しつつ、観光やまちづくり、国際交流、福祉、教育、産業等の関連分野における施策を基本法の範囲に取り込むとともに、文化芸術により生み出される様々な価値、例えば社会的・経済的価値などを文化芸術の継承、発展及び創造に活用・循環させることを趣旨として改正されたものである。

1-問2 改正基本法の概要はどのようなものか。

○　改正法では、文化芸術の振興にとどまらず、観光、まちづくり、国際交流、福祉、教育、産業その他の各関連分野における施策を法律の範囲に取り込んでいるところである。

○　これを踏まえ、法律の前文、目的、基本理念等について必要な改正を行うとともに、法律の題名を「文化芸術基本法」に改めているほか、基本方針を基本計画に改めている。

○　また、基本的施策として、食文化の振興、組踊の継承、芸術祭の開催、現地語を用いた海外への普及、人材育成、障害者や高齢者の活動の支援、文化芸術団体の活動への支援などを明示している。

○　さらに、改正法の附則において、改正後の基本法による文化芸術に関する施策の総合的な推進のため、文化庁の機能の拡充等についての検討条項を設けている。

1-問3　**どうして法律の題名を変更したのか。**
○　今般の改正法では、文化芸術そのものの「振興」にとどまらず、観光、産業、教育、福祉、まちづくり、外交等、文化芸術と関連する分野も視野に入れるとともに、関係行政機関による「文化芸術推進会議」を設け、基本計画の作成等において関係省庁との連携を強化することにより、文化芸術に関する総合的な施策の推進を図るという方向性を明らかにしている。
○　例えば、文化財の活用を通じた文化芸術資源を活かした地方創生や、新産業の創出、芸術祭の開催等による戦略的な国際文化交流や海外発信などの施策は、文化芸術そのものの「振興」のみにとどまらない幅広い観点をもって進められるものである。
○　また、旧法は、文化芸術はあくまでも文化芸術活動を行う者の自主的な活動を基本とし、国や地方公共団体の責務として、文化芸術活動を支援し推進すること、すなわち「振興」について規定したものである。
　　今般の改正法でも、文化芸術が自主性を基本とすることには変わりがないが、行政の責務にとどまらず、「文化芸術団体」の役割についても、「自主的・主体的に文化芸術活動を行うとともに、文化芸術の継承、創造、発展等に積極的な役割を果たす」という旨を明記するともに、連携及び協働の主体として文化芸術団体や民間事業者を明示するなど、文化芸術団体や民間事業者の主体的役割を追加しており、国や地方公共団体による「振興」にとどまらない内容を含むこととなる。
○　このように、改正法の内容はもはや振興の枠に収まりきらないため、法律の題名等から「振興」を削るものである。
○　なお、上記の理由により目的及び基本理念の規定から「振興」の文言は削除されることとなるが、振興の要素が無くなるものではなく、包含されていると解すものである。

図1　文化芸術基本法の名称変更の考え方

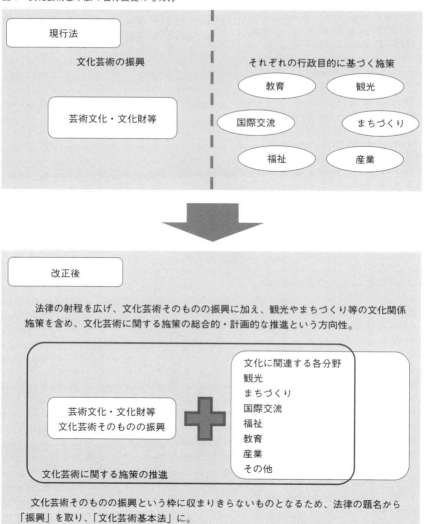

1-問4　**題名等から「振興」を削除することにより、文化芸術活動を行う者の自主性が軽んじられ、行政が文化芸術活動に対して不当に干渉することになるおそれはないのか。**

○　行政が芸術家等の文化芸術活動に対して不当に干渉することがあってはな

らないことは当然のことであり、現行法では、前文、目的や基本理念において、文化芸術活動を行う者の自主性や創造性の尊重について繰り返し規定している。
- ○ 今回の改正で「振興」を削除する理由は、文化芸術の振興にとどまらず、観光、まちづくり、国際交流、福祉、教育、産業その他の各関連分野における施策を法律の範囲に取り込むためであり、文化芸術活動を行う者の自主性や創造性を尊重するという趣旨は変わらない。
- ○ これに加えて、改正法では、文化芸術活動において表現の自由は極めて重要なものであることから、前文において、文化芸術活動を行う者の自主性や創造性を十分に尊重する旨を確認的に規定するため、「文化芸術の礎たる表現の自由の重要性を深く認識し」という文言を追加したところである。

1-問5 **改正基本法により法律の範囲を広げるということであれば、一部改正ではなく全部改正とする必要があるのではないか。**
- ○ 一般的に、全部改正とするか一部改正とするかについては、「明確な基準があるわけではない」が、改正部分が広範囲にわたり「一部改正の方式によっては改正が複雑となり、分かりにくくなる場合には、全部改正とすることが多い」(「新訂ワークブック法制執務」平成22年第3版577ページ引用)とされている。
- ○ 今般の改正により、文化芸術そのものの振興にとどまらず、観光、まちづくり、国際交流、福祉、教育、産業その他の各関連分野における施策を法律の範囲に取り込むこととしているが、文化芸術の振興自体は、引き続き本法の中核をなすものであり、また、今回の改正は一部改正としても特段複雑なものとなるわけでもなく、一部改正で差支えないと考えられたところである。

1-問6 **基本法と他の文化関係の法律との関係はどうなっているのか。**
- ○ 文化芸術振興基本法は、文化芸術に関する施策の基本理念や施策の基本となる事項等を定め、広く文化芸術に関する施策の全般について総合的・計画的な推進を図ろうとするものであり、「基本法として他の法律に優越する性格をもち、他の法律がこれに誘導されるという関係に立っている」(「新訂ワークブック法制執務」平成22年第3版146ページ)ものである。

○ 他の文化関係立法については、本基本法の示す方向性に基づいて、個別具体的な分野についての推進を図るために議論・立案されているものである。

1-問7 基本法における「文化芸術」とは何か。「芸術文化」との違いは何か。

○ 「文化芸術」という場合、一般的には、音楽、美術、演劇等の「芸術」や能楽、歌舞伎等の「伝統芸能」、華道、茶道、書道、食文化等の「生活文化」、「国民娯楽」、「出版・レコード」、「文化財」などとしてとらえられており、この法律案においても、これらと同様の意味で「文化芸術」を用いている。

○ これを「文化芸術」ではなく、「芸術文化」として総称することもあるが、「芸術文化」という場合には、「芸術をはじめとする文化」として「芸術」が中心的なものとしてとらえられる場合があるのに対して、「文化芸術」という場合には、「芸術」はいくつかの文化の分野の中の一つのものとして、他の分野のものと並列にとらえられるものと思われる。

○ 基本法では、「芸術」だけでなく、「伝統芸能」や「文化財」などの文化のすべての分野を「芸術」と同等の価値があるものととらえているため、「芸術文化」ではなく「文化芸術」という用語を用いている。

1-問8 基本法において「文化芸術」の定義を行わない理由は何か。

○ 基本法において「文化芸術」とは、音楽、美術、演劇等の「芸術」、能楽、歌舞伎等の「伝統芸能」、華道、茶道、書道、食文化等の「生活文化」、「出版物・レコード」、「文化財」などとしてとらえているが、その分野は多岐にわたるとともに、多様であるため、「文化芸術」のすべてを包含して規定することはなかなか困難である。

○ このため、基本法の制定時から、「文化芸術」の内容について定義が行われなかったところであり、このことは今回の改正法でも踏襲されている。

2. 各　論

【前文】

2-問1　前文が付された趣旨は何か。
- 前文は、通常、その法律の制定の理念、背景、目的などを強調して明らかにする必要がある場合に置かれることが多い。
- 基本法は、心豊かな国民生活や活力ある社会の実現について極めて重要な意義を持つものである文化芸術に関する基本的な法律であり、制定の理念等を国民に明らかに示すことが必要であることから、制定時に前文が設けられたものである。

2-問2　「文化芸術により生み出される様々な価値を生かして」とは、具体的にはどういうことか。
- 文化芸術の振興にとどまらず、観光、まちづくり、国際交流、福祉、教育、産業その他の各関連分野における施策を法律の範囲に取り込むことにより、新たに生み出される様々な価値を、文化芸術の継承、発展及び創造に更に活用することにより、文化芸術に関する施策を推進することである。

2-問3　改正基本法において、前文に「文化芸術の礎たる表現の自由の重要性を深く認識し」を加えた趣旨は何か。
- 文化芸術活動における「表現の自由」は極めて重要なものであり、日本国憲法第21条で保障されている権利である。
- 現行法においても、前文、目的、基本理念において、文化芸術活動を行う者の自主性や創造性の尊重について繰り返し規定しており、表現の自由を直

接明記していないものの、文化芸術活動における表現の自由の保障という考え方を十分に反映してきたところである。

○ 今般の改正法においては、超党派での文化芸術振興議員連盟において、振興基本法の範囲を大きく拡大する中で改めて文化芸術を行う者の自主性や創造性を十分に尊重する趣旨を表すためには、文化芸術の礎たる表現の自由の重要性を深く認識する旨の記述を加える必要があるとの議論があったことを踏まえ、前文にこのような改正を加えることとしたものであり、その意義は大きい。

【第1章　総則】
（第1条（目的））

2-問4 「文化芸術の振興についての基本理念」を「文化芸術に関する施策についての基本理念」に改める趣旨は何か。

○ 今回の改正の趣旨が、文化芸術の振興にとどまらず、観光、まちづくり、国際交流、福祉、教育、産業その他の各関連分野における施策を法律の範囲に取り込むことであることを踏まえ、変更するものである。

2-問5 目的に「計画的に」を追加した趣旨は何か。

○ 旧法では、文化芸術の振興を図るに当たり、文化芸術活動を行う者の自主性を尊重する観点から、国はあくまで全体的な方針を示す立場と整理し、「基本的な方針」を示すこととしていた。

○ 今回の改正法では、「文化芸術推進基本計画」や「地方文化芸術推進基本計画」の規定を設け、文化芸術に関する施策を総合的かつ計画的に推進することとしたところであることから、「計画的に」を追加したものである。

（第2条（基本理念））

2-問6 第2条の趣旨は何か。

○ 本条は、文化芸術の振興に当たって、踏まえるべき基本理念を定めたものである。国として、文化芸術の推進に関する基本計画の策定や施策の実施の際には、これを踏まえなければならない。

2-問7 第2項で「地位の向上が図られ」とあるが、その趣旨は何か。
- 1980年にユネスコにおいて採択された「芸術家の地位の向上に関する勧告」においては、芸術家の地位とは、芸術家に払われる経緯を意味するとともに、芸術家が享受すべき自由及び精神的、経済的、社会的権利を意味するとされており、本項の「地位」についても、基本的に意味するところは、ユネスコの勧告と同様の趣旨である。

2-問8 第3項で「文化芸術を創造し、享受することが人々の生まれながらの権利であることにかんがみ」とあるが、具体的にどういうことか。
- 人々が文化芸術を創造し、享受することは、人間が人間らしく生活していくために欠くことができないものであり、このことは人間が生まれながらにして有する権利である。
- したがって、本項は「文化芸術を享受し創造することが人々の生まれながらの権利」であることを確認するための規定であり、本項により文化芸術に関する新たな権利を創設したものではないと解されるが、この規定の意義は今日ますます高まっている。

2-問9 第4項で、世界の文化芸術の発展について、「我が国及び世界において」と並列の規定に改めた趣旨は何か。
- グローバル化が進む中で、文化芸術に関する施策を推進するに当たっては、我が国での文化芸術の発展と世界の文化芸術の発展とを区別してとらえるのではなく、我が国と世界の文化芸術の発展を一体的にとらえることが重要であるため、「我が国及び世界において」と並列の規定に改めたものである。

2-問10 第8項を新設した趣旨は何か。
- 新設の第2条第8項においては、基本理念として、乳幼児、児童生徒等への文化芸術に関する教育の重要性を確認し、学校等や文化芸術団体、家庭及び地域における活動の相互の連携が図られるように配慮されなければならない旨を規定（学校等の「等」は、保育所や認定こども園を想定）している。
- 本規定は、学校や保育所等において文化芸術に関する取組が既に行われている事実を念頭に、その重要性を確認的に規定されたものであるが、乳幼児

を含めた文化芸術に関する教育の重要性を初めて明文化した点で、その意義は大きい。

2-問11　**第10項を新設した趣旨は何か。**
○　今回の改正は、文化芸術の振興にとどまらず、観光、まちづくり、国際交流、福祉、教育、産業その他の各関連分野における施策を法律の範囲に取り込むことであり、新たに生み出される様々な価値を文化芸術の継承、発展及び創造に活用するには、これら関連分野の施策との有機的な連携が重要であることから、新たに規定を設けられたものである。

○　なお、観光やまちづくり等関連分野を通じて生み出される様々な価値を活用する際には、「文化芸術の固有の意義と価値を尊重」することが肝要であり、その旨も合わせて確認的に規定しているものである。

2-問12　**観光、まちづくり、国際交流、福祉、教育、産業等文化芸術に関連する分野の施策として、具体的にどのようなものを想定しているか。**
○　今回の改正は、文化芸術の振興にとどまらず、観光、まちづくり、国際交流、福祉、教育、産業その他の各関連分野における施策を法律の範囲に取り込むことであり、新たに生み出される様々な価値を文化芸術の継承、発展及び創造に活用するには、これら関連分野の施策との有機的な連携が重要であることから、新たに規定を設けるものである。

2-問13　**観光やまちづくり等の文化関係施策を範囲に取り込むことにより、文化財の保護や芸術振興等従来の文化芸術振興のための施策が後退するのではないか。**
○　改正法では、文化芸術の振興にとどまらず、観光、まちづくり、国際交流、福祉、教育、産業等の文化関連分野における施策を範囲に取り込み、文化芸術に関する施策を総合的かつ計画的に推進することとしている。

○　一方、文化財の保護や芸術振興等従来から文化庁が取り組んできた文化芸術振興施策についても、従来通り、基本的施策等として基本法に盛り込まれているとともに、特に今回の改正法では、食文化の振興や芸術祭への支援、国際交流の推進、教育訓練等の人材育成への支援など、基本的施策の充実を図っているところである。

○ さらに、新たに国において策定することとされた文化芸術推進基本計画において、従来からの文化芸術振興等も内容に含め、新たに範囲に取り込んだ関連施策とともに、従来以上に総合的かつ計画的に推進することができると考えている。

2-問14 「産業」とは何を想定しているか。
○ 「産業」とは、演劇・伝統芸能等に関する産業、コンテンツ産業(映画、アニメ、ゲーム、書籍、音楽等の制作・流通を担う産業の総称。)のほか、伝統的工芸品産業、日本食産業、観光産業等文化芸術に関連する産業を広く想定している。

(第3条(国の責務)、第4条(地方公共団体の責務))
2-問15 第3条、第4条の趣旨は何か。
○ 本条は、国や地方公共団体が文化芸術の推進に当たって、重要な役割を果たすことにかんがみ、その責務について定めたものである。
○ 具体的には、国は第2条の基本理念にのっとり、文化芸術に関する施策を総合的に策定し、実施する責務を有し、また地方公共団体は同様に、基本理念にのっとり、国との連携を図りつつ、自主的かつ主体的に、地域の特性に応じた施策を策定し、実施する責務を有することを規定している。

(第5条(国民の関心及び理解))
2-問16 第5条の趣旨及び内容は何か。
○ 本条は、現在や将来の世代の人々が文化芸術を創造し、享受するとともに、文化芸術が将来にわたって発展するためには、国民が文化芸術を大切にすることが重要であることにかんがみ、国としては、国民の文化芸術に対する理解及び関心を深めるよう努めなければならないことを規定したものである。

(第5条の2(文化芸術団体の役割))
2-問17 本条を新設した趣旨は何か。
○ 本条は、文化芸術団体が、それぞれの団体の実情を踏まえつつ、文化芸術のみならず、観光やまちづくり等関連分野を含め、文化芸術により生み出さ

れる様々な価値を文化芸術の継承、創造及び発展に活用するに当たって、重要な役割を果たすことに鑑み、その役割を明確化したものである。

2-問18　文化芸術団体とは具体的にどのようなものをいうのか。

○　旧法における「文化芸術団体」とは、「文化芸術を鑑賞し、これに参加し、又はこれを創造する活動」を行う団体のことであり、鑑賞団体（任意の映画同好会等）は含まれる一方で、文化芸術の継承や発展等に資する活動を行う団体（自らは創造活動を行わないが、文化芸術の振興に貢献する団体）は必ずしも明示的には含まれていなかった。

○　改正法における「文化芸術団体」には、鑑賞団体等、単に文化芸術活動の享受の受け手のみを目的とするものを排除するものではないが、文化芸術に関する創造活動について自主的かつ主体的に活動を行うことを目的とし、担い手となる団体を主眼に置いている。

○　また、文化芸術の創造だけでなく、文化芸術の継承や発展等に資する活動、例えば、第16条で定める企画や経営、技術者などを含む人材育成や研修等への支援、文化芸術の普及や国内外への発信、施設の確保など、文化芸術に関連する活動を自主的かつ主体的に行うことを目的とし担い手となる団体も含むものである。

○　なお、団体の形態としては、公益法人、一般法人、非営利活動法人など法人格を有する団体に加え、いわゆる「実行委員会」などの任意団体も含みうる。また、民間事業者のうち、文化芸術を主たる目的としているものについては、文化芸術団体に含むと解されている。

〈参考〉文化芸術に関連する活動を行うと考えられる団体の例
・公益社団法人企業メセナ協議会
・特定非営利活動法人瀬戸内こえびネットワーク（瀬戸内国際芸術祭のボランティアサポーター「こえび隊」の事務局）
・選定保存技術保存団体（例：公益社団法人文化財建造物保存技術協会、一般社団法人国宝修理装潢師連盟等）
・AIR実施団体
・公益社団法人全国公立文化施設協会

・松竹株式会社　　等

（第5条の3（関係者相互の連携及び協働））

2-問19　本条を新設した趣旨は何か。
○　今回の改正法は、文化芸術の振興にとどまらず、観光、まちづくり、国際交流、福祉、教育、産業その他の各関連分野における施策を法律の範囲に取り込むものであるが、そのためには、国（文化庁及び関係省庁、独立行政法人（文化庁関連独立行政法人、国際交流基金等）、地方公共団体、文化芸術団体、民間事業者等の関係者が相互に連携・協働することが重要であるため規定されたものである。

2-問20　民間事業者とは具体的にどのようなものをいうのか。
○　本法における民間事業者とは、文化芸術に関連のある活動を行っている事業者のことを想定しており、民間事業者のうち、文化芸術を主たる目的としているものについては、文化芸術団体に含むと解されている。

（民間事業者の例）
・森ビル株式会社：文化芸術によるまちづくりを推進
・株式会社ジェイティービー：観光を通じた日本文化の国内外への発信を推進
・サントリーホールディングス株式会社：CSRを積極的に推進（公益財団法人サントリー芸術財団は文化芸術団体と解される）

（第6条（法制上の措置等））

2-問21　第6条の趣旨及び内容は何か。「税制上の措置」を加える理由は何か。
○　本条は、文化芸術に関する施策が円滑に実施されるよう、必要な法整備や予算の拡充など、法制上、財政上又は税制上の措置その他の措置を講ずることについて、政府に義務付ける規定である。
○　制定時には、法制上又は財政上の措置のみが例示として規定されており、税制上の措置については明示的に規定されていなかったが、文化芸術に関する施策を実施するためには、法制上又は財政上の措置とともに、税制上の措置が極めて重要であることから、今回の改正により税制上の措置が明示され

たところである。

2-問22　「税制上の措置」として具体的にどのような措置があるのか。
- ○　文化関係の税制としては、現状では特定公益増進法人等への寄付金の所得控除・損金算入、重要文化財等の譲渡所得や相続・贈与に係る税の減免、重要文化財等の所有に係る固定資産税等の減免等の措置が講じられている。

【第2章　文化芸術推進基本計画等】
（第7条（文化芸術推進基本計画））

2-問23　「基本方針」を「基本計画」に改める趣旨は何か。
- ○　旧法では、文化芸術の振興を図るに当たり、国はあくまで全体的な方針を示す立場と整理し、「基本的な方針」を示すこととしていた。
- ○　改正法では、文化芸術の振興にとどまらず、観光、まちづくり、国際交流、福祉、教育、産業その他の各関連分野における施策を法律の範囲に取り込むものであり、文化芸術創造立国を実現するためには、これらの関連分野を含め、文化芸術に関する施策を総合的かつ計画的に推進することが必要であることから、「文化芸術推進基本計画」に改めたものである。

2-問24　第4項を新設した趣旨は何か。
- ○　今回の改正法では、新たに「文化芸術推進基本計画」を定めることとしているが、これは文化芸術の振興にとどまらず、観光、まちづくり、国際交流、福祉、教育、産業その他の各関連分野における施策との有機的な連携を図り、総合的かつ計画的に推進するものである。
- ○　これらの関連分野に配慮した基本計画を作成するためには、文化庁のみならず、それぞれの関連分野を所管する文部科学省及び内閣府、総務省、外務省、厚生労働省、農林水産省、経済産業省、国土交通省等の関係省庁で構成され、新たに設置された「文化芸術推進会議」において連絡調整を図ることが重要であることから、新たに規定を設けたものである。

2-問25　「基本計画」の計画期間は何年間なのか。
- ○　基本計画の計画期間について特段の定めはないが、通常基本計画では5年間程度を目途に見直すのが一般的であり、現在文化審議会の議論の中では第

1期文化芸術推進基本計画を2018〜2022年度までの5年間としている（現在の第4次基本方針も2015年から2020年までのおおむね6年間を対象としている）。
- なお、現在の基本方針も法制定後の基本計画同様に、政府が定めるものとして閣議決定されていることから、新たな基本計画が策定されるまでは現在の第4次基本方針が有効である。

（第7条の2（地方文化芸術推進基本計画））

2-問26　本条を新設した趣旨は何か。
- 観光やまちづくり等関連分野を含め文化芸術に関する施策を推進するためには、国の取組のみならず、地方公共団体の取組も推進されることが望ましいが、文化振興のための条例や指針等を定めている地方公共団体は、都道府県レベル、指定都市、中核市レベルでは増えているものの、一般の市町村レベルではまだ少ない状況である。
- 改正法では、新たに「地方文化芸術推進基本計画」の規定を努力義務ではあるが設けるとともに、計画を策定する際には、国の基本計画を参酌することとすることにより、地方公共団体における基本計画の策定や文化芸術に関する施策の推進を促すものである。
- なお、地方公共団体での基本計画は、教育委員会でも首長部局でも策定することは可能であり、首長部局で策定する際には、教育委員会の意見を聴くこととしているところである。

〈参考〉地方公共団体における文化振興のための条例等の制定状況について
1. 文化振興のための条例（※1）の制定状況
   28県、18政令市・中核市、82市（政令市・中核市以外）
（※1）「文化振興のための条例」とは、地方公共団体における文化振興全般について規定する条例（基金に関する条例、文化施設等の管理運営に関する条例、文化財保護関係条例などは除く）。
2. 文化政策の指針等（※2）の策定状況
   38県、49政令市・中核市、161市（政令市・中核市以外）
（※2）「文化政策の指針等」とは、地方公共団体における文化振興全般、市民や文化団体による芸術文化振興について規定する計画、指針等（計画、指針、

ビジョン、プラン、方針、構想など名称は問わない。）文化芸術振興基本法施行（平成13年12月7日）以降に策定されたもの。

【第3章　文化芸術に関する基本的施策】
（第8条（芸術の振興）・第9条（メディア芸術の振興）・第10条（伝統芸能の継承及び発展）・第11条（芸能の振興））

2-問27　第8条～第12条において文化芸術の各分野において例示をあげる理由は何か。
- 　これらの条において文化芸術の各分野における例示をあげているのは、あくまで各条の内容を分かりやすくするためであり、例示にあがっていないものも、当然施策の対象となるのみならず、例示されているものが、例示されていないものに比べて優先的に取り扱うという趣旨のものではない。
- 　なお、今回の改正においては、伝統芸能（第10条）において「組踊」が、生活文化（第12条）において「食文化」が例示として明示されたが、これらは既に例示されているものとの整合性を図る必要があるものや、関係団体がまとまり、明示することについて関係者で合意に達しているものについてのみ、追加したところである。

2-問28　第8条と第9条との関係はどうなっているのか。
- 　制定時において、第8条は従来からの分野の「芸術」について規定し、新しいメディアを利用した芸術については第9条において「メディア芸術」として規定した。
- 　これは、その当時、既に「メディア芸術」という分野が独自の展開を示していることを考慮したものである。

2-問29　第10条と第11条との関係はどうなっているのか。
- 　第10条は我が国において古来より伝承されてきた「伝統的な芸能」について定めたものであり、これらは我が国の文化芸術を代表するものとしてその継承及び発展のための必要な施策を講ずることが必要であることから、制定時から、第11条に規定する「芸能」と仕分けして規定されているところである。

2-問30　「物品の保存」や「知識及び技能の継承」は、具体的にはどういうことか。

○　現行法においては、文化芸術の振興に関する必要な施策として「芸術の公演、展示等への支援」や、「芸術祭等の開催」が例示として明記されていたが、芸術の継続性・持続性が重要であることに鑑み、今回新たに「物品の保存」や「知識及び技能の継承」を明示することとなった。

（芸術・メディア芸術について）

○　具体的には、「物品の保存」については、例えばテレビ・ラジオの脚本・台本、音楽関係資料（楽譜等）、写真フィルム等を想定している。

　「知識及び技能の継承」については、例えば、照明・音響プラン、振り付け、カメラワーク等のように、必ずしも人材育成にはよらずとも、関係者の共通知として技等が受け継がれること等を想定している。

（伝統芸能・芸能について）

○　「物品の保存」に関して、伝統芸能等に用いられる用具のうち、重要文化財に指定された物品については、修理の際の補助金を出している。また、重要無形文化財保持者への補助も実施しており、この補助を用いて用具の修理・新調を行うことも可能。さらに、文化財の修理や用具の伝承のための事業も存在している。

　「知識及び技能の継承」に関しては、文化財の保存に欠くことのできない伝統的な技術または技能のうち保存の措置を講ずる必要のあるものを、選定保存技術として選定・補助している（文化財補助金）。

2-問31　文化芸術を支える漆等の原材料が失われつつあることについてどう考えるか。

○　国宝・重要文化財の保存修理においては、従来と同品種、同品質の資材を確保することが必要不可欠である。しかし、社会経済の急激な変化により、修理用資材の地域における安定的な供給が困難な状況である。

　国宝・重要文化財建造物の保存修理用資材の中でも漆については、外国産を使用せざるを得ない状況であり、良質な国産材の確保が深刻な課題となっていることから、平成27年度から国宝・重要文化財建造物の保存修理で使用する漆の長期需要予測調査を実施している。

○ 調査の結果、理想的な修理周期において国宝・重要文化財建造物の保存修理で使用する漆の需要量は、年間平均約2.2 t（トン）が必要であると予測した。
○ 文化庁では、漆をはじめとする植物性資材の安定的な確保を図るために、資材供給林の設定などからなる「ふるさと文化財の森システム推進事業」を平成18年度から実施している。
○ 関係省庁と連携して、保存修理用資材である漆の安定的な供給体制の構築に努めることが必要である。

2-問32　伝統芸能の例示に組踊を加えた趣旨は何か。

○ 第10条に例示されている「雅楽」「能楽」「文楽」「歌舞伎」はいずれも重要無形文化財であり、ユネスコ無形文化遺産に登録されている伝統芸能である。
○ 重要無形文化財である組踊については、基本法制定後の平成22年（2010年）に登録されていることを踏まえ、今回追加するものである。
○ なお、ユネスコ無形文化遺産に登録されているもののうち、我が国にとって歴史上または芸術上価値の高いものと認められるものとして重要無形文化財に指定されている伝統芸能は、現在、第10条に規定されている4項目の他は「組踊」のみである。

〈参考〉
(1) 我が国のユネスコ無形文化遺産の整理について
・重要無形文化財に指定されているもののうち、「芸能」であるものは、現行10条で明示されている「雅楽」「能楽」「文楽」「歌舞伎」及び今回追加した「組踊」の5件。なお、重要無形文化財の「工芸」であるもの（「小千谷縮・越後上布」等）は第13条の対象。
・重要無形民俗文化財に指定されているもの（「アイヌ古式舞踊」「那智の田楽」「山・鉾・屋台行事」等）については、第13条の対象。
・これ以外は「和食」のみであり、第12条の対象（生活文化）。

(第12条（生活文化の振興並びに国民娯楽及び出版物等の普及））

2-問33　生活文化の例示に「食文化」を加え、「普及」から「振興」へ変更した趣旨は何か。
- ○　本条は国が茶道、華道、書道等の「生活文化」、囲碁、将棋等の「国民娯楽」等が広く普及されるよう支援することについて定めたものであるが、日本食文化普及推進議員連盟の取組・ヒアリング等を踏まえ、議連において議論した結果、関係団体がまとまり、かつ、ユネスコ無形文化遺産に登録された「食文化」について例示として追加したものである。
- ○　なお、法制定時、本条で何故「普及」を用いたかは不明だが、
  ・第4次基本方針においても、衣食住に係る文化をはじめ我が国の生活に根差した「暮らしの文化」の振興を図るとされていること、
  ・これまでのものを「普及」するのみならず、将来に向けて活性化させるという積極的な意味合いを持たせるため、今回の改正に合わせて「振興」に改めたところである。

2-問34　食文化や組踊以外のものも例示として追加すべきではないか。
- ○　本法は基本法であり、代表的なものとして議論が熟したものを規定するということで整理している。
- ○　食文化については、ユネスコ無形文化遺産にも登録されており、法律上位置付けることについての関係者の議論も熟している。
  ※食文化も、当初は「和食」として検討が始まったが、日本の伝統的な食文化に西洋のものも取り入れて日本の文化になってきた経緯があり、「食文化」として法律上の位置付けを目指す方向で関係団体も一致している。
- ○　組踊については、重要無形文化財のうち、ユネスコ無形文化遺産として登録されている伝統芸能の中では、現行法では組踊だけが例示として明示されていない（第10条において雅楽、能楽、文楽、歌舞伎は既に明示）。

(第13条（文化財等の保存及び活用））

2-問35　第13条には、相撲、剣道等の武道は含まれるのか。
- ○　相撲、剣道等の武道などにおける伝統的な様式表現を伴う身体文化は、無形の文化財に含まれるものであり、本条に含まれる。

(第14条（地域における文化芸術の振興等））

2-問36 本条の改正の趣旨は何か。

○　本条は、地域における文化芸術のそのものの振興に加え、文化芸術の振興を通じて地域の振興が図られることの重要性を踏まえ、その目的に「文化芸術の振興を通じた地域の振興」を加えるとともに、近年、いくつかの地域において地域振興に大きく貢献している「芸術祭」を、国が行う支援策の具体例として新たに加えるものである。

2-問37　「芸術祭」を加えたことについて、第8条や第9条、第15条の「芸術祭」とはどう違うのか。

○　各条の「芸術祭」は以下のとおりである。
○第8条：我が国の文化芸術の振興を図るために国が主催する芸術祭（メディア芸術の振興のみを目的とするものを除く）。
　【例】文化庁芸術祭（文化庁主催）
○第9条：我が国のメディア芸術の振興を図るために国が主催する芸術祭
　【例】メディア芸術祭（文化庁主催；H13当時は試行的に実施。）
　　　（http://j-mediaarts.jp/）
○第14条：地域に根差した文化芸術資源を生かして、当該地域における文化芸術の振興及び地域の活性化を図るために、国以外（地方公共団体等）が開催するもの（第15条の国際的な芸術祭を除く）。
　【例】・「宝のまち・豊後FUNAI芸術祭」（大分市）
　　　　「大友宗麟」や「南蛮文化」をテーマとし、市の文化施設各館の持つ特性を活かしたホール事業や中心市街地でのイベントを実施することにより、市で活動する文化・芸術団体の育成と文化・芸術の振興、さらにはにぎわいの創出を図る。
　　　・「種子島宇宙芸術祭」（南種子市）
　　　　森脇裕之氏（多摩美術大学准教授）が総合ディレクターを務める。レジデント・アーティストによる宇宙をテーマにした作品や土地と密接に関わりを持って生まれた作品の展示、作品制作体験やワークショップ、真夜中のカフェイベント（星空カフェ）、風穴洞での世界最高クラスのプラネタリウム等が展開される。

○ 第15条：我が国及び世界の文化芸術活動の発展を図るために、海外の芸術家や観客が多数参加する国際的な芸術祭であって、国以外（民間や地方公共団体等）が開催するもの。

【例】・「瀬戸内国際芸術祭」（香川県等）
　　　・「東京国際映画祭」（公益財団法人ユニジャパン）

2-問38　**各地域に根付く祭りについて、住民の努力だけでは継承が困難となってきている。本法に明確に位置づけ、国として支援すべきではないか。**

○　もともと第14条においては、各地域において文化芸術活動が活発に行われるよう、各地域固有の伝統芸能や民俗芸能活動について、国としても支援その他の必要な施策を講ずることを定めている。

　　本条に基づき、各地域に根付く祭りについては、国としても、本法の施行当初から地域の文化振興・活性化を図る事業である「文化遺産総合活用推進事業」等において、祭りに用いる用具の修理・新調等の支援を行っているところである。

○　さらに、今般の改正法は、地域における文化芸術のそのものの振興に加え、文化芸術の振興を通じて地域の振興が図られることの重要性を踏まえ、本条の目的に「文化芸術の振興を通じた地域の振興」を加えるとともに、地域振興に大きく貢献している「芸術祭」を、国が行う支援策の具体例として新たに加えるものである。

○　また、地域に根付く祭りのうち、無形の文化財というべき価値を有するものについては、第13条においても、その保存及び活用のための必要な施策を国として講ずることとされており、国としても必要に応じて文化財指定するなどして支援を行っている。

　　（※）　第13条は、国等による指定の有無にかかわらず、文化財というべき歴史的又は芸術的価値を有するもの等を対象とするもの。

（第15条（国際交流等の推進））

2-問39　**第15条第1項の改正の趣旨は何か。**

※「芸術祭」について第14条参照。

○　「我が国」と「世界」を並列の書きぶりに変更することについては、第2

条第4項の改正趣旨を踏まえたものである。
- 〇 また、我が国の文化芸術活動の発展を図るにあたり、多言語化を推進していくことが重要であることから、「海外における我が国の文化芸術の現地の言語による展示、公開その他の普及への支援」を国による支援策の例示として新たに追加するものである。
- 〇 このほか、海外における著作権に関する制度の整備に関する協力については、国際貢献の趣旨から、支援策の例示として新たに追加するものである。さらに、文化芸術に係る国際的な交流及び貢献の推進にあたっては、文化関係の国際機関との連携協力が重要であることに鑑み、国際機関等の業務に従事する人材の養成及び派遣を新たに追加するものである。

2-問40 「著作権制度の整備」は、具体的にどういうことか。第20条とはどう違うのか。

- 〇 「著作権制度の整備」としては、著作権関係法令の整備や著作権等集中管理団体の育成、著作権等侵害への対策等、諸外国における著作物の保護及び公正な利用に資する環境整備を想定しており、当該国の文化の発展に貢献するための環境整備を指す。
- 〇 第20条における「著作権制度の整備」が国内における著作権制度の整備を意味しているのに対し、本条は諸外国における当該国の著作権制度の整備を意味するものである。

2-問41 「文化芸術に関する国際機関等の業務に従事する人材の養成及び派遣」を追加した趣旨は何か。

- 〇 文化芸術に関する国際交流を推進する上では、文化芸術に関する様々な国際機関との連携が重要であるが、こうした国際機関に対して、我が国から必ずしも十分に人材を輩出できていないことが現場からも指摘されている。
- 〇 このため、文化芸術に関する国際交流を推進するに当たり、国として、文化芸術に関する国際機関等に人材を派遣するとともに、国際機関等においてプロパーとして働く人材を養成する等の施策に取り組む旨を位置付けようとするものである。

(第16条（芸術家等の養成及び確保））

2-問42 **本条の改正の趣旨は何か。「作品の流通の促進」「創造的活動等の環境の整備」は、具体的にどういうことか。**

- 文化芸術に関する施策を推進するためには、文化芸術の伝承者、創造的活動を行う者、文化財等の保存・活用の専門的知識・技能を有する者のみならず、文化芸術に関する企画・制作（マネジメント）を行う者や文化芸術活動に関する技術者（舞台衣装、音響、小道具など）の養成・確保が重要である。
- このため、国内外の研修、研修機会の発表の機会の確保のみならず、教育訓練等の人材育成への支援、文化芸術に関する作品の流通の促進、芸術家等の文化芸術に関する創造的活動等の環境の整備が重要であることから、例示として追加するものである。
- なお、文化芸術に関する作品の流通の促進としては、具体的に現代美術に関するアートフェアへの出品支援等を行っており、また芸術家等の文化芸術に関する創造的活動等の環境の整備としては、第4次文化芸術振興基本方針において、「芸術家等がその能力を向上させ、十分に発揮し、自らの職業や活動に安心して安全に取り組めるよう、芸術家等の活動環境等に関する諸条件の整備」に努める旨が盛り込まれており、文化庁においては、芸術家等の労働環境に関して、必要に応じて実態調査等を行っているところである。

2-問43 **「教育訓練等の人材育成」に関連して、文化財等を修復する技術者の養成確保が困難となっていると聞くが、見解は何か。**

- 文化財の保存・修理には、高度な専門的知識や長年の経験に基づく技術が必要とされるが、近年、これらの伝統的技術を有する人が次第に減少する傾向にあることは承知している。
- このため、文化庁では、文化財保存のために欠くことのできない伝統的な技術又は技能で保存の措置を講ずる必要があるものを選定保存技術として選定し、その保持者または保存団体を認定するとともに、当該保持者等が行う伝承者養成や技術・技能の錬磨等に対し、国庫補助を行うことによって、当該技術の保存伝承を図っている。

(第17条（文化芸術に係る教育研究機関等の整備等))

2-問44　第17条の内容は何か。
- 　我が国には現在、学部レベルで79の文化芸術に関する大学が設けられており、国立大学としては、東京芸術大学に音楽学部と美術学部が設置されている。
- 　また、専門学校や高等学校などでも芸術家等の養成等が行われている。
- 　さらに、学校教育以外でも、国立劇場や新国立劇場の研修所や、各文化芸術団体の講習会などにおいても人材要請が行われているところである。

(第18条（国語についての理解))

2-問45　第18条として「国語」についての規定を設ける理由は何か。
- 　国語は、我が国の文化芸術の創造と発展に欠くことができないものであり、その基盤となるものである。
- 　このため、常に国語の共通の目安を示すとともに、それを社会の諸状況の変化を踏まえて改善を図り、普及することにより、国民の間で混乱の内容に努めることは国の責務である。
- 　このため、制定時に、文化芸術の基盤としての国語についての規定を設け、国が一定の施策を行うことを求めたものである。

(第19条（日本語教育の充実))

2-問46　第19条として「日本語教育」についての規定を設ける理由は何か。
- 　基本理念にあるとおり、国際社会の一員として我が国の文化芸術の発信や貢献を積極的に行うことが求められる中、外国人が我が国の文化芸術を理解する上で、日本語を修得することは意義深いことである。
- 　このため、制定時に、我が国の文化芸術の理解に資するよう、外国人に対する日本語教育の充実のための施策を規定したものである。

2-問47　「日本語教育を行う機関における教育の水準の向上」のために、どのような施策を想定しているのか。
- 　本条は、基本法制定以後、日本語教育機関が増加し、その重要性が増していることを踏まえ、改正するものである。

〈参考〉
(1) 現在の日本語教育機関数等日本語教育の概要

○国内における日本語教育の概要（国語課調べ）

年度	平成10年	平成27年
学習者数	83,086	191,753
機関数	1,592	2,012
教師数	19,693	36,168

○国外における日本語教育の概要（国際交流基金調べ）

年度	平成10年	平成27年（速報値）
学習者数	2,102,103	3,651,715
機関数	10,930	16,167
教師数	27,611	64,041

※基本法制定当時、「日本語教育機関」については、文化庁国語課による日本語教育実態調査と国際交流基金による海外日本語教育機関調査の対象機関を念頭に置いていた。（日本語教育実態調査における日本語教育機関には、大学等の高等教育機関、法務省告示機関、地方公共団体、NPO等の地域で活動する団体などが含まれている。）

○ 「教育の水準の向上」については、平成28年7月の出入国管理及び難民認定法第7条第1項第3号の基準を定める省令の改正及び「日本語教育機関の告示基準（法務省入国管理局策定）」において、日本語教育機関の設置時における教育内容面の調査を法務省からの依頼を受けて文部科学省と文化庁が協力して実施することが明確化されたところである。

(2) 「日本語教育を行う機関における教育の水準の向上」については、以下の取組を実施。
① 「法務省が告示で定める日本語教育機関」の教育内容面に関する調査
　　在留資格「留学」が取得できる日本語教育機関については法務省による告示が行われているが，教育内容に関する項目については法務省からの意見照会に基づき文部科学省がその妥当性に関して意見を回答している。
　　回答は有識者による調査委員会（学生・留学生課が開催）において調査・審議の上行うが，具体の調査業務は学生・留学生課と国語課で分担して実施している。

平成28年，法務省において関係省令の改正が行われ，法務大臣が文部科学大臣の意見を聴いた上で日本語教育機関の告示を行うことが明確に規定された。（主な対象：法務省告示機関）

② 「日本語教育機関の告示基準（平成28年7月22日 法務省入国管理局策定）」策定への協力

「日本語教育機関の告示基準」の策定に際し，法務省の照会に基づきこれまで教員の要件として認められてきた実務経験に基づく要件を廃止するなど，教育の質の向上に資する措置を講じた。（主な対象：法務省告示機関）

③ 日本語教員養成研修の届出受理

平成28年7月に策定された告示基準において，「日本語教員の要件」として，「学士の学位を有し，かつ，日本語教育に関する研修として適当と認められるものを420単位時間以上受講し，これを修了した者」と定められ，解釈指針において，「研修の内容について文化庁に届出がなされていること」とされた。

これにより，法務省告示の日本語教育機関での勤務を想定した日本語教員の養成研修については，文化庁への届出がなされることとなった。文化庁においては届出のあった研修の内容について，告示基準の解釈指針に沿ったものとなっているか確認し，必要に応じて指導等を実施。（主な対象：法務省告示機関）

(第20条（著作権等の保護及び利用）)

2-問48 第20条として「著作権等」についての規定を設ける理由は何か。

○ 本条は、国が、文化芸術の基盤をなす著作権や著作隣接権等について、これらに関する国際的な動向を踏まえつつ、著作権等の適切な保護や公正な利用を図るため、制度の整備、調査研究、普及啓発等について定めたものである。

2-問49 本条の改正の趣旨は何か。「著作物の適正な流通を確保するための環境の整備」は、具体的にどういうことか。

○ 本条は、著作権等の保護及び利用に関する必要な施策として、著作物の適正な流通環境の整備及び著作権等侵害に対する対策を加えるものである。

○ 「著作物の適正な流通を確保するための環境の整備」については、具体的には、著作物等の権利情報の集約化、著作権者不明等の場合の裁定制度の運用、著作権等管理事業法の運用による権利処理円滑化の環境整備などを想定している。

(第21条（国民の鑑賞等の機会の充実）)

2-問50 第21条として「国民の鑑賞等の機会」についての規定を設ける理由は何か。

○ 本条は、国が、広く国民が自主的に文化芸術を鑑賞し、参加し（美術館ボランティアなど）、創造する機会の充実を図るため、各地域における文化芸術の公演、展示等への支援、情報提供等を講ずることを定めたものである

(第22条（高齢者、障害者等の文化芸術活動の充実）)

2-問51 本条の改正の趣旨は何か。

○ 本条については、法制定時は、高齢者、障害者等が文化芸術の鑑賞、参加、創造活動を一層行いやすくするよう、スロープやエレベーターの設置、乳幼児預かり所の整備等に係る文化施設の整備、美術館等での解説文字の大きさの配慮など、文化芸術の鑑賞・参加のため、主としてハード面の環境の整備を例示として明示していたところである。

○ 今回の改正法では、高齢者や障害者による文化芸術作品が人々の本来有する創造性が発揮されたものとして高い評価を受ける中で、これらの人の文化芸術活動そのものを推進するため、主としてソフト面での「創作、公演等への支援」を例示として明示するものである。

(第23条（青少年の文化芸術活動の充実）)

2-問52 第23条として「青少年の文化芸術活動」について定めた理由は何か。

○ 本条は、国が、青少年が文化芸術の鑑賞、参加、創造活動を一層行いやすくするよう、青少年が理解し、親しみやすい工夫等がなされた公演、展示等の開催への支援、各地域における青少年の自主的な活動への支援等を講ずることを定めたものである。

(第24条(学校教育における文化芸術活動の充実))

2-問53　第24条として「学校教育における文化芸術活動」について定めた理由は何か。
　　○　本条は、子供達が文化芸術に触れ合い、理解し、創造する等の場としての学校教育の大きな役割にかんがみ、それらの活動が一層活発に行われるよう、国が、文化芸術に関する体験学習などの文化芸術に関する教育の充実、芸術家等による授業や部活動に対する協力への支援等を講ずることを定めたものである。

(第25条(劇場、音楽堂等の充実))

2-問54　第25条として「劇場、音楽堂等」についての規定を定めた理由は何か。
　　○　本条は、劇場、音楽堂等が、芸術家や文化芸術団体、地域住民等の文化芸術活動の場として、文化芸術の基盤としての役割を担っていることから、国が自らの劇場等の整備を図るとともに、公演等への支援、文化芸術活動の担い手の配置等への支援、情報提供等を講ずることを定めたものである。
　　○　国においては、国立劇場、新国立劇場等の整備を行っている。

(第26条(美術館、博物館、図書館等の充実))

2-問55　第26条として「美術館、博物館、図書館等」についての規定を定めた理由は何か。
　　○　本条は、美術館、博物館、図書館等が、文化財等の文化芸術に関する作品等の収集、保管、展示、教育普及等の場として文化芸術の基盤的な役割を担っていることから、国が自らの施設の整備を行うとともに、展示等への支援、学芸員等の配置への支援、文化財等のデジタル化、保存処理への支援等を講ずることを定めたものである。
　　○　国においては、国立美術館や国立博物館等の整備を行っている。

(第27条(地域における文化芸術活動の場の充実))

2-問56　第27条として「地域における文化芸術活動」についての規定を定めた理由は何か。
　　○　本条は、第25条及び第26条に規定する施設に加えて国民の身近な文化芸術活動の場の充実を図るため、国が各地域の文化施設、社会教育施設等を容易に利用できるようにすることを講ずることを定めたものである。

(第28条（公共の建物等の建築に当たっての配慮等））

2-問57　第28条第1項として「公共の建物等の建築に当たっての配慮」についての規定を定めた理由は何か。
- 本条は、国が公共の建物等を建築するに当たっては、建物等の形、色などの外観等について、建物の周囲の自然的環境、地域の歴史や文化等と調和のとれたものとなるように努めることを定めたものである。
- これは、建物等が周囲の自然的環境等と一体をなして街並みや景観を形成していることから、国が率先して自ら建築する建物の外観等について配慮するよう求めたものである。
- このような取組により、国民全体が文化を愛し、文化を大切にする社会を構築していくことを目指しているものである。

2-問58　本条の改正の趣旨は何か。
- 本条第1項は制定時から設けられている規定であり、公共の建物等が周囲の自然的環境等と一体をなして街並みや景観を形成していることに鑑み、国が公共の建物等を建築するに当たっては、建物等の形、色などの外観等について、建物の周囲の自然的環境、地域の歴史や文化等と調和のとれたものとなるよう努めることを定めたものである。
- 今般、「文化芸術推進フォーラム」から、公共的な空間（パブリックスペース）に新たに芸術作品を展示し、活用促進するなど、いわゆるパブリック・アートについての考え方が提言されたことを踏まえ、第2項として、公共の建物等において（建築に限定せずに）、文化芸術に関する作品（屋外彫刻など）を設置するなど文化芸術の振興に資する取組を行うよう努めることを本条第2項として定めたものである。
- なお、本規定は努力義務であり、あくまで国や地方公共団体（第35条）に対して配慮を求めたものであるが、その意義は大きい。

〈参考〉
○文化庁における取組
　名称：「Arts in Bunkacho ～トキメキが、爆発だ～」
　時期：平成29年3月～6月

場所：文化庁パブリックスペース
主催：文化庁及び全国芸術系大学コンソーシアム
概要：文化庁のオープンスペース等を展示空間として使用し、全国芸術系大学コンソーシアムに加盟している芸術系大学の大学院生、卒業生・修了生の若手芸術家の選抜された作品（38点）を展示するもの。あわせて、新進気鋭の音楽家たちによる木管五重奏、弦楽、邦楽等の演奏会も実施し、美術・音楽を問わず、若い芸術家たちによる情熱とトキメキを霞が関から国内外へ発信。

(第29条（情報通信技術の活用の推進）)

2-問59　第29条として「情報通信技術の活用の推進」についての規定を定めた理由は何か。

○　本条は情報通信技術の活用が文化芸術に大きく資することから、文化芸術活動に関する情報通信ネットワークの構築、美術館等における情報通信技術を活用した展示への支援、情報通信技術を活用した文化芸術作品等の記録及び公開等への定めたものである。

(第29条の2（調査研究等）)

2-問60　本条を新設した趣旨は何か。

○　文化芸術の振興にとどまらず、観光、まちづくり、国際交流、福祉、教育、産業その他の各関連分野における施策を法律の範囲に取り込み、関連分野を含めた基本計画の策定や施策の総合的かつ計画的な推進を図るためには、そのエビデンスとなる調査研究や国内外の情報収集等が重要であることから、本規定を設けるものである。

(第30条（地方公共団体及び民間の団体等への情報提供等）)

2-問61　第30条として「地方公共団体及び民間の団体等への情報提供」についての規定を定めた理由は何か。

○　本条は、国が地方公共団体や民間の団体、個人が行う文化芸術活動のための多様な取組を促していくため、広報等により、様々な文化芸術に関する情報の提供等を講ずることを定めたものである。

(第31条（民間の支援活動の活性化等））

2-問62　第31条として「民間の支援活動の活性化」についての規定を定めた理由は何か。
- 本条は、文化芸術活動の充実のためには民間の多様な支援が重要であることから、個人や民間の企業等の文化芸術活動への支援が活発に行われるようにするため、個人や企業から文化芸術団体が寄付を受けることが容易になるよう税制上の措置等を講ずるものである。

2-問63　本条の改正の趣旨は何か。
- 今回の改正法では、文化芸術団体が、それぞれの団体の実情をふまえつつ、文化芸術のみならず観光やまちづくり等関連分野を含め、文化芸術により生み出される様々な価値を文化芸術の継承、創造及び発展に活用するに当たって、重要な役割を果たすことに鑑み、新たに第5条の2を設け、文化芸術団体の役割を明確化したものである。
- 本条では、文化芸術団体の役割が明確化されたことを踏まえ、文化芸術団体が行う文化芸術活動への支援を例示に加えたものである。

（第32条（関係機関等の連携等））

2-問64　第32条として「関係機関等の連携」についての規定を定めた理由は何か。
- 本条第1項は、国の文化芸術施策がより効果的なものとなるよう、芸術家等、文化芸術団体、学校、文化施設、社会教育施設等の間で適切に連携が図られるよう配慮することを定めたものである。
- 本条第2項は、国が芸術家等や文化芸術団体と学校、文化施設、社会教育施設等とが適切に協力することにより、地域住民へ文化芸術の鑑賞、参加、創造するための機会を提供できるよう努めることを定めるものである。

2-問65　本条の改正の趣旨は何か。
- 本条は、今回の改正法において、新たに第2条第8項（文化芸術に関する教育の重要性）において「学校等」が追加されたこと、第5条の3（関係者相互の連携及び協働）において「民間事業者」が追加されたことを踏まえ、基本的な施策を講ずるに当たっての関係機関等の連携の例示として「民間事業者」を加えるものである。

(第33条（顕彰))

2-問66　第33条として「顕彰」についての規定を定めた理由は何か。
- ○　本条は文化芸術活動で顕著な成果を収めた者や文化芸術の振興に寄与した者の功績を明らかにして、表彰することは、芸術家等の励みとなるものであり、より一層の文化芸術活動の向上につながるものであることから、国が顕彰に努めることを定めたものである。
- ○　国においては、文化勲章や文化功労者のほか、文化関係功労者や地域文化功労者等への顕彰を行っている。このことは、芸術家等が国民に尊重され、その地位の向上につながるものである。

(第34条（政策形成への民意の反映等))

2-問67　第34条として「政策形成への民意の反映等」についての規定を定めた理由は何か。
- ○　本条は、文化芸術はすべての者が創造し、享受するものであることから、国が文化芸術に関する政策形成を行う上で、その過程の公正性及び透明性を確保するために、広く国民の意見を求めることを定めているものである。

(第35条（地方公共団体の施策))

2-問68　第35条として「地方公共団体の施策」についての規定を定めた理由は何か。
- ○　本条は、各地域において、多様で特色ある文化芸術の発展が図られることが重要であることから、地方公共団体が講ずる施策について、本法律の第三章に規定する国の施策を勘案しつつ、各地域の特性に応じた文化芸術に関する施策の推進を図るよう努めることを定めたものである。

【第4章　文化芸術の推進に係る体制の整備】

(第36条（文化芸術推進会議))

2-問69　本条を新設した趣旨は何か。
- ○　今回の改正法では、文化芸術の振興にとどまらず、観光、まちづくり、国際交流、福祉、教育、産業その他の各関連分野における施策を法律の範囲に取り込むこととしているが、政府においてこれらの関連分野を含む文化芸術に関する施策を総合的、一体的かつ効果的に推進するためには、関連分野を

所管する関係省庁と連絡調整しつつ推進することが肝要である。
- 〇 このため、文化芸術の振興を所管する文化庁のみならず、それぞれの関連分野を所管する文部科学省（文化芸術教育）及び内閣府（認定こども園）、総務省（ICTの活用）、外務省（国際交流）、厚生労働省（福祉）、農林水産省（（食）産業）、経済産業省（（伝統工芸）産業）、国土交通省（まちづくり）等の関係省庁で構成される「文化芸術推進会議」の規定を新たに設けたところである。

2-問70 文化芸術推進会議の構成機関に、民間団体は含まれないのか。
- 〇 文化芸術振興会議の構成機関には、文化芸術の振興を所管する文化庁のみならず、それぞれの関連分野を所管する文部科学省（文化芸術教育）及び内閣府、総務省（ICTの活用）、外務省（国際交流）、厚生労働省（福祉）、農林水産省（（食）産業）、経済産業省（（伝統工芸）産業）、国土交通省（まちづくり）等の関係省庁である。
- 〇 本会議は、政府内において文化芸術に関する施策の総合的、一体的かつ効果的な推進を図るため、文化芸術推進基本計画の策定等に関して関係行政機関相互の連絡調整を行うものであり、文化芸術団体などの民間団体が参加することは想定されていないところである。
- 〇 しかしながら、文化芸術に関する施策の推進に当たっては、文化芸術団体をはじめとする民間団体の役割が重要であるとともに、関係者相互の連携及び協働が重要であることから、今回の改正法では、文化芸術団体が文化芸術の継承、発展及び創造に積極的に役割を果たしていることや、国や地方公共団体と文化芸術団体や民間事業者との連携協働について新たに規定されている。

（第37条（都道府県及び市町村の文化芸術推進会議等））

2-問71 本条を新設した趣旨は何か。
- 〇 今回の改正法では、文化芸術の振興にとどまらず、観光、まちづくり、国際交流、福祉、教育、産業その他の各関連分野における施策を法律の範囲に取り込むこととしているが、地方公共団体がこれらの関連分野を含む基本計画を策定し、文化芸術に関する施策を総合的、一体的かつ効果的に推進するためには、政府の「文化芸術推進会議」と同様の合議制の機関を設けること

が有効であると考えらえることから、「置くことができる」との規定を設けるものである。

2-問72 地方が文化芸術推進会議を置くことができることについて、設置にあたり国はどのような支援をするのか。何等かの支援を行うべきではないか。
- ○ 地方公共団体の文化芸術の施策の推進に当たっては、自主的かつ主体的に地域の特性に応じた施策を策定することが基本である（第4条）。
- ○ したがって、地方公共団体が文化芸術推進会議等を設けるかどうか、仮に設けたとして、会議体にどのような名称を付与するか等については、それぞれの地方公共団体が条例に基づいて定めるべきことである。

【附則】

2-問73 附則第2条の趣旨は何か。
- ○ 文化芸術振興議連においては、2020年のオリンピック・パラリンピックも契機として、「五輪の年には文化省」を提唱し、観光、まちづくり、国際交流の観点も視野に入れた総合的な文化芸術を推進すべきであるとの主張がされている。こうした考え方を踏まえ文化庁の機能拡充についての検討条項を附則で規定したものである。

2-問74 諸外国の文化担当省や文化担当大臣の設置状況はどうなっているのか。
- ○ 超党派の文化芸術振興議員連盟の事務局である「文化芸術推進フォーラム」においては、文化芸術の振興に加えて観光やまちづくりなどの関連施策を総合的に展開するため、省庁連携機能の強化を図る「文化省」や「文化大臣」の配置が必要であると提言している。
- ○ 文化庁が実施した海外事例調査によれば、諸外国においても、イギリス（文化・メディア・スポーツ省）、フランス（文化・通信省）、イタリア（文化財・文化活動・観光省）、韓国（文化観光体育部）などで文化を担当する省が設置され、担当の大臣が置かれている。

【その他】

2-問75　2020 年に向かって、文化プログラムを充実する趣旨は何か。

○　我が国には、有形・無形の文化財、地域に根付いた祭り等の伝統文化から、現代舞台芸術、クールジャパンとして世界が注目するメディア芸術に至るまで、地域性豊かで多様性に富む文化が満ちあふれている。

○　2020 年の東京オリンピック・パラリンピック競技大会の機会を活用した文化プログラムは、魅力ある日本文化を世界に発信するとともに、地域の文化資源を掘り起こし、地方創生や共生社会の実現等につなげる絶好の機会である。

1. 文化芸術基本法リーフレット
2. 文化芸術基本法（平成13年法律第148号）条文
3. 文化芸術振興基本法の一部を改正する法律（平成29年法律第73号）概要
4. 文化芸術振興基本法の一部を改正する法律概要（英訳）
5. 文化芸術振興基本法の一部を改正する法律要綱
6. 文化芸術振興基本法の一部を改正する法律案
7. 文化芸術振興基本法の一部を改正する法律新旧対照表
8. 文化芸術振興基本法の一部を改正する法律案起草の件
9. 衆議院文部科学委員会議事録（平成29年5月26日）
10. 衆議院本会議議事録（平成29年5月30日）
11. 参議院文教科学委員会議事録（平成29年6月16日）

第4部

文化芸術基本法関係参考資料

12. 参議院本会議議事録（平成29年6月16日）
13. 文化芸術振興基本法の一部を改正する法律の施行について（通知）
14. 文化芸術に関する施策の総合的かつ計画的な推進を図るための基本的な在り方について（「文化芸術推進基本計画（第1期）」の策定に向けて）文部科学大臣諮問
15. 文化芸術推進基本計画（第1期）の検討状況
16. 文化芸術推進基本計画（第1期）のパブリックコメント
17. 文化芸術推進会議の設置について（平成29年11月10日関係省庁申合せ）
18. 文化芸術立国の実現を加速する文化政策―「新・文化庁」を目指す機能強化と2020年以降への遺産（レガシー）創出に向けた緊急提言―（平成28年11月17日文化審議会答申）
19. 「新・文化庁の組織体制の整備と本格移転に向けて」のポイント（文化庁移転協議会　平成29年7月25日）
20. 最近の政府の重要方針における文化関係の主な記述について（平成29年度）
21. 文化行政の機能強化のための組織体制と文化予算の拡充に関する提言（平成29年11月　文化芸術振興議員連盟文化行政の機能強化に関する勉強会）
22. 文化芸術振興議員連盟　会員名簿
23. 文化芸術振興議員連盟　会の目的と活動方針（役員名簿を含む）
24. 文化芸術推進フォーラムとは
25. 「五輪の年には文化省」の宣言文・ステーツメンツ（文化芸術vol.8 2017）
26. 文化芸術振興基本法の見直しに関する勉強会　各回の概要（文化芸術vol.8 2017）
27. 文化芸術振興議員連盟×文化芸術推進フォーラムのあゆみ

1 文化芸術基本法リーフレット

目次

前文

第一章　総則（第一条―第六条）

第二章　文化芸術推進基本計画等（第七条・第七条の二）

第三章　文化芸術に関する基本的施策（第八条―第三十五条）

第四章　文化芸術の推進に係る体制の整備（第三十六条・第三十七条）

附則

　文化芸術を創造し、享受し、文化的な環境の中で生きる喜びを見出すことは、人々のたゆまぬ願いである。また、文化芸術は、人々の創造性をはぐくみ、その表現力を高めるとともに、人々の心のつながりや相互に理解し尊重し合う土壌を提供し、多様性を受け入れることができる心豊かな社会を形成するものであり、世界の平和に寄与するものである。

　更に、文化芸術は、それ自体が固有の意義と価値を有するとともに、それぞれの国やそれぞれの時代における国民共通のよりどころとして重要な意味を持ち、国際化が進展する中にあって、自己認識の基点となり、文化的な伝統を尊重する心を育てるものである。

　我が国においては、このような文化芸術の役割が今後においても変わることなく、心豊かな活力ある社会の形成にとって極めて重要な意義を持ち続けると確信する。

　しかるに、現状をみるに、経済的な豊かさの中にありながら、文化芸術がその役割を果たすことができるような基盤の整備及び環境の形成は十分な状態にあるとはいえない。二十一世紀を迎えた今、文化芸術により生み出される様々な価値を生かして、これまで培われてきた伝統的な文化芸術を継承し、発展させるとともに、独創性のある新たな文化芸術の創造を促進することは、我々に課された緊要な課題となっている。

　このような事態に対処して、我が国の文化芸術の振興を図るためには、文化芸術に係る表現の自由の重要性を深く認識し、文化芸術活動を行う者の自主性を尊重することを基本としつつ、文化芸術を国民の身近なものとし、それを尊重し大切にするよう包括的に施策を推進していくことが不可欠である。

　ここに、文化芸術に関する施策についての基本理念を明らかにしてその方向を示し、文化芸術に関する施策を総合的かつ計画的に推進するため、この法律を制定する。

第一章　総則

（目的）

第一条　この法律は、文化芸術が人間に多くの恵沢をもたらすものであることに鑑み、文化芸術に関する施策に関し、基本理念を定め、並びに国及び地方公共団体の責務等を明らかにするとともに、文化芸術に関する施策の基本となる事項を定めることにより、文化芸術に関する活動（以下「文化芸術活動」という。）を行う者（文化芸術活動を行う団体を含む。以下同じ。）の自主的な活動の促進を旨として、文化芸術に関する施策の総合的かつ計画的な推進を図り、もって心豊かな国民生活及び活力ある社会の実現に寄与することを目的とする。

（基本理念）

第二条　文化芸術に関する施策の推進に当たっては、文化芸術活動を行う者の自主性が十分に尊重されなければならない。

2　文化芸術に関する施策の推進に当たっては、文化芸術活動を行う者の創造性が十分に尊重されるとともに、その地位の向上が図られ、その能力が十分に発揮されるよう考慮されなければならない。

3　文化芸術に関する施策の推進に当たっては、文化芸術を創造し、享受することが人々の生まれながらの権利であることに鑑み、国民がその年齢、障害の有無、経済的な状況又は居住する地域にかかわらず等しく、文化芸術を鑑賞し、これに参加し、又はこれを創造することができるような環境の整備が図られなければならない。

4　文化芸術に関する施策の推進に当たっては、我が国及び世界において文化芸術活動が活発に行われるような環境を醸成することを旨として文化芸術の発展が図られるよう考慮されなければならない。

1　文化芸術基本法リーフレット

5　文化芸術に関する施策の推進に当たっては、多様な文化芸術の保護及び発展が図られなければならない。

6　文化芸術に関する施策の推進に当たっては、地域の人々により主体的に文化芸術活動が行われるよう配慮するとともに、各地域の歴史、風土等を反映した特色ある文化芸術の発展が図られなければならない。

7　文化芸術に関する施策の推進に当たっては、我が国の文化芸術が広く世界へ発信されるよう、文化芸術に係る国際的な交流及び貢献の推進が図られなければならない。

8　文化芸術に関する施策の推進に当たっては、乳幼児、児童、生徒等に対する文化芸術に関する教育の重要性に鑑み、学校等、文化芸術活動を行う団体（以下「文化芸術団体」という。）、家庭及び地域における活動の相互の連携が図られるよう配慮されなければならない。

9　文化芸術に関する施策の推進に当たっては、文化芸術活動を行う者その他広く国民の意見が反映されるよう十分配慮されなければならない。

10　文化芸術に関する施策の推進に当たっては、文化芸術により生み出される様々な価値を文化芸術の継承、発展及び創造に活用することが重要であることに鑑み、文化芸術の固有の意義と価値を尊重しつつ、観光、まちづくり、国際交流、福祉、教育、産業その他の各関連分野における施策との有機的な連携が図られるよう配慮されなければならない。

（国の責務）

第三条　国は、前条の基本理念（以下「基本理念」という。）にのっとり、文化芸術に関する施策を総合的に策定し、及び実施する責務を有する。

（地方公共団体の責務）

第四条　地方公共団体は、基本理念にのっとり、文化芸術に関し、国との連携を図りつつ、自主的かつ主体的に、その地域の特性に応じた施策を策定し、及び実施する責務を有する。

（国民の関心及び理解）

第五条　国は、現在及び将来の世代にわたって人々が文化芸術を創造し、享受することができるとともに、文化芸術が将来にわたって発展するよう、国民の文化芸術に対する関心及び理解を深めるように努めなければならない。

（文化芸術団体の役割）

第五条の二　文化芸術団体は、その実情を踏まえつつ、自主的かつ主体的に、文化芸術活動の充実を図るとともに、文化芸術の継承、発展及び創造に積極的な役割を果たすよう努めなければならない。

（関係者相互の連携及び協働）

第五条の三　国、独立行政法人、地方公共団体、文化芸術団体、民間事業者その他の関係者は、基本理念の実現を図るため、相互に連携を図りながら協働するよう努めなければならない。

（法制上の措置等）

第六条　政府は、文化芸術に関する施策を実施するため必要な法制上、財政上又は税制上の措置その他の措置を講じなければならない。

第二章　文化芸術推進基本計画等

（文化芸術推進基本計画）

第七条　政府は、文化芸術に関する施策の総合的かつ計画的な推進を図るため、文化芸術に関する施策に関する基本的な計画（以下「文化芸術推進基本計画」という。）を定めなければならない。

2　文化芸術推進基本計画は、文化芸術に関する施策を総合的かつ計画的に推進するための基本的な事項その他必要な事項について定めるものとする。

3　文部科学大臣は、文化審議会の意見を聴いて、文化芸術推進基本計画の案を作成するものとする。

4　文部科学大臣は、文化芸術推進基本計画の案を作成しようとするときは、あらかじめ、関係行政機関の施策に係る事項について、第三十六条に規定する文化芸術推進会議において連絡調整を図るものとする。

5　文部科学大臣は、文化芸術推進基本計画が定められたときは、遅滞なく、これを公表しなければならない。

6　前三項の規定は、文化芸術推進基本計画の変更について準用する。

（地方文化芸術推進基本計画）

第七条の二　都道府県及び市（特別区を含む。第三十七条において同じ。）町村の教育委員会（地方教育行政の組織及び運営に関する法律（昭和三十一年法律第百六十二号）第二十三条第一項の条例の定めるところによりその長が文化に関する事務（文化財の保護に関する事務を除く。）を管理し、及び執行することとされた地方公共団体（次項において「特定地方公共団体」という。）にあっては、その長）は、文化芸術推進基本計画を参酌して、その地方の実情に即した文化芸術の推進に関する計画（次項及び第三十七条において「地方文化芸術推進基本計画」という。）を定めるよう努めるものとする。

2　特定地方公共団体の長が地方文化芸術推進基本計画を定め、又はこれを変更しようとするときは、あらかじめ、当該特定地方公共団体の教育委員会の意見を聴かなければならない。

第三章　文化芸術に関する基本的施策

（芸術の振興）

第八条　国は、文学、音楽、美術、写真、演劇、舞踊その他の芸術（次条に規定するメディア芸術を除く。）の振興を図るため、これらの芸術の公演、展示等への支援、これらの芸術の制作等に係る物品の保存への支援、これらの芸術に係る知識及び技能の継承への支援、芸術祭等の開催その他の必要な施策を講ずるものとする。

（メディア芸術の振興）

第九条　国は、映画、漫画、アニメーション及びコンピュータその他の電子機器等を利用した芸術（以下「メディア芸術」という。）の振興を図るため、メディア芸術の制作、上映、展示等への支援、メディア芸術の制作等に係る物品の保存への支援、メディア芸術に係る知識及び技能の継承への支援、芸術祭等の開催その他の必要な施策を講ずるものとする。

（伝統芸能の継承及び発展）

第十条　国は、雅楽、能楽、文楽、歌舞伎、組踊その他我が国古来の伝統的な芸能（以下「伝統芸能」という。）の継承及び発展を図るため、伝統芸能の公演、これに用いられた物品の保存等への支援その他の必要な施策を講ずるものとする。

（芸能の振興）

第十一条　国は、講談、落語、浪曲、漫談、漫才、歌唱その他の芸能（伝統芸能を除く。）の振興を図るため、これらの芸能の公演、これに用いられた物品の保存等への支援、これらの芸能に係る知識及び技能の継承への支援その他の必要な施策を講ずるものとする。

（生活文化の振興並びに国民娯楽及び出版物等の普及）

第十二条　国は、生活文化（茶道、華道、書道、食文化その他の生活に係る文化をいう。）の振興を図るとともに、国民娯楽（囲碁、将棋その他の国民的な娯楽をいう。）並びに出版物及びレコード等の普及を図るため、これらに関する活動への支援その他の必要な施策を講ずるものとする。

（文化財等の保存及び活用）

第十三条　国は、有形及び無形の文化財並びにその保存技術（以下「文化財等」という。）の保存及び活用を図るため、文化財等に関し、修復、防災対策、公開等への支援その他の必要な施策を講ずるものとする。

（地域における文化芸術の振興等）

第十四条　国は、各地域における文化芸術の振興及びこれを通じた地域の振興を図るため、各地域における文化芸術の公演、展示、芸術祭等への支援、地域固有の伝統芸能及び民俗芸能（地域の人々によって行われる民俗的な芸能をいう。）に関する活動への支援その他の必要な施策を講ずるものとする。

（国際交流等の推進）

第十五条　国は、文化芸術に係る国際的な交流及び貢献の推進を図ることにより、我が国及び世界の文化芸術活動の発展を図るため、文化芸術活動を行う者の国際的な交流及び芸術祭その他の文化芸術に係る国際的な催しの開催又はこれへの参加、海外における我が国の文化芸術の現地の言語による展示、公開その他の普及への支援、海外の文化遺産の修復に関する協力、海外における著作権に関する制度の整備に関する協力、文化芸術に関する国際機関等の業務に従事する人材の養成及び派遣その他の必要な施策を講ずるものとする。

２　国は、前項の施策を講ずるに当たっては、我が国の文化芸術を総合的に世界に発信するよう努めなければならない。

（芸術家等の養成及び確保）

第十六条　国は、文化芸術に関する創造的な活動を行う者、伝統芸能の伝承者、文化財等の保存及び活用に関する専門的な知識及び技能を有する者、文化芸術活動に関する企画又は制作を行う者、文化芸術活動に関する技術者、文化施設の管理及び運営を行う者その他の文化芸術を担う者（以下「芸術家等」という。）の養成及び確保を図るため、国内外における研修、教育訓練等への人材育成への支援、研修成果の発表の機会の確保、文化芸術に関する作品の流通の促進、芸術家等の文化芸術に関する創造的な活動等のための環境の整備その他の必要な施策を講ずるものとする。

その他の必要な施策を講ずるものとする。

（文化芸術に係る教育研究機関等の整備等）
第十七条　国は、芸術家等の養成及び文化芸術に関する調査研究の充実を図るため、文化芸術に係る大学その他の教育研究機関等の整備その他の必要な施策を講ずるものとする。

（国語についての理解）
第十八条　国は、国語が文化芸術の基盤をなすことにかんがみ、国語について正しい理解を深めるため、国語教育の充実、国語に関する調査研究及び知識の普及その他の必要な施策を講ずるものとする。

（日本語教育の充実）
第十九条　国は、外国人に対する我が国の文化芸術に関する理解に資するよう、外国人に対する日本語教育の充実を図るため、日本語教育に従事する者の養成及び研修体制の整備、日本語教育に関する教材の開発、日本語教育を行う機関における教育の水準の向上その他の必要な施策を講ずるものとする。

（著作権等の保護及び利用）
第二十条　国は、文化芸術の振興の基盤をなす著作者の権利及びこれに隣接する権利（以下この条において「著作権等」という。）について、著作権等に関する内外の動向を踏まえつつ、著作権等の保護及び公正な利用を図るため、著作権等に関する制度及び著作物の適正な流通を確保するための環境の整備、著作権等の侵害に係る対策の推進、著作権等に関する調査研究及び普及啓発その他の必要な施策を講ずるものとする。

（国民の鑑賞等の機会の充実）
第二十一条　国は、広く国民が自主的に文化芸術を鑑賞し、これに参加し、又はこれを創造する機会の充実を図るため、各地域における文化芸術の公演、展示等への支援、これらに関する情報の提供その他の必要な施策を講ずるものとする。

（高齢者、障害者等の文化芸術活動の充実）
第二十二条　国は、高齢者、障害者等が行う文化芸術活動の充実を図るため、これらの者の行う創造的活動、公演等への支援、これらの者の文化芸術活動が活発に行われるような環境の整備その他の必要な施策を講ずるものとする。

（青少年の文化芸術活動の充実）
第二十三条　国は、青少年が行う文化芸術活動の充実を図るため、青少年を対象とした文化芸術の公演、展示等への支援、青少年による文化芸術活動への支援その他の必要な施策を講ずるものとする。

（学校教育における文化芸術活動の充実）
第二十四条　国は、学校教育における文化芸術活動の充実を図るため、文化芸術に関する体験学習等文化芸術に関する教育の充実、芸術家等及び文化芸術団体による学校における文化芸術活動に対する協力への支援その他の必要な施策を講ずるものとする。

（劇場、音楽堂等の充実）
第二十五条　国は、劇場、音楽堂等の充実を図るため、これらの施設に関し、自らの設置等に係る施設の整備、公演等への支援、芸術家等の配置等への支援、情報の提供その他の必要な施策を講ずるものとする。

（美術館、博物館、図書館等の充実）
第二十六条　国は、美術館、博物館、図書館等の充実を図るため、これらの施設に関し、自らの設置等に係る施設の整備、展示等への支援、芸術家等の配置等への支援、文化芸術に関する作品等の記録及び保存への支援その他の必要な施策を講ずるものとする。

（地域における文化芸術活動の場の充実）
第二十七条　国は、国民に身近な文化芸術活動の場の充実を図るため、各地域における文化施設、学校施設、社会教育施設等を容易に利用できるようにするための措置その他の必要な施策を講ずるものとする。

（公共の建物等の建築に当たっての配慮等）
第二十八条　国は、公共の建物等の建築に当たっては、その外観等について、周囲の自然的環境、地域の歴史及び文化等との調和を保つよう努めるものとする。
２　国は、公共の建物等において、文化芸術に関する作品の展示その他の文化芸術の振興に資する取組を行うよう努めるものとする。

（情報通信技術の活用の推進）
第二十九条　国は、文化芸術活動における情報通信技術の活用の推進を図るため、文化芸術活動に関する情報通信ネットワークの構築、美術館等における情報通信技術を活用した展示への支援、情報通信技術を活用した文化芸術に関する作品等の記録及び公開への支援その他の必要な施策を講ずるものとする。

（調査研究等）
第二十九条の二　国は、文化芸術に関する施策の推進を図るため、文化芸術の振興に必要な調査研究並びに国の内外の情報の収集、整理及び提供その他の必要な施策を講ずるものとする。

（地方公共団体及び民間の団体等への情報提供等）
第三十条　国は、地方公共団体及び民間の団体等が行う文化芸術の振興のための取組を促進するため、情報の提供その他の必要な施策を講ずるものとする。

（民間の支援活動の活性化等）
第三十一条　国は、個人又は民間の団体が文化芸術活動に対して行う支援活動の活性化を図るとともに、文化芸術活動を行う者の活動を支援するため、文化芸術団体が個人又は民間の団体からの寄附を受けることを容易にするための税制上の措置、文化芸術団体が行う文化芸術活動への支援その他の必要な施策を講ずるよう努めなければならない。

（関係機関等の連携等）
第三十二条　国は、第八条から前条までの施策を講ずるに当たっては、芸術家等、文化芸術団体、学校等、文化施設、社会教育施設、民間事業者その他の関係機関等の間の連携等

が図られるよう配慮しなければならない。
2　国は、芸術家等及び文化芸術団体が、学校等、文化施設、社会教育施設、福祉施設、医療機関、民間事業者等と協力して、地域の人々が文化芸術を鑑賞し、これに参加し、又はこれを創造する機会を提供できるようにするよう努めなければならない。

（顕彰）
第三十三条　国は、文化芸術活動で顕著な成果を収めた者及び文化芸術の振興に寄与した者の顕彰に努めるものとする。

（政策形成への民意の反映等）
第三十四条　国は、文化芸術に関する政策形成に民意を反映し、その過程の公正性及び透明性を確保するため、芸術家等、学識経験者その他広く国民の意見を求め、これを十分考慮した上で政策形成を行う仕組みの活用等を図るものとする。

（地方公共団体の施策）
第三十五条　地方公共団体は、第八条から前条までの国の施策を勘案し、その地域の特性に応じた文化芸術に関する施策の推進を図るよう努めるものとする。

第四章　文化芸術の推進に係る体制の整備

（文化芸術推進会議）
第三十六条　政府は、文化芸術に関する施策の総合的、一体的かつ効果的な推進を図るため、文化芸術推進会議を設け、文部科学省及び内閣府、総務省、外務省、厚生労働省、農林水産省、経済産業省、国土交通省その他の関係行政機関相互の連絡調整を行うものとする。

（都道府県及び市町村の文化芸術推進会議等）
第三十七条　都道府県及び市町村に、地方文化芸術推進基本計画その他の文化芸術の推進に関する重要事項を調査審議させるため、条例で定めるところにより、審議会その他の合議制の機関を置くことができる。

附則（平成十三年十二月七日法律第百四十八号）抄

（施行期日）
1　この法律は、公布の日から施行する。

附則（平成二十九年六月二十三日法律第七十三号）抄

（施行期日）
第一条　この法律は、公布の日から施行する。（以下略）

（文化芸術に関する施策を総合的に推進するための文化庁の機能の拡充等の検討）
第二条　政府は、文化芸術に関する施策を総合的に推進するため、文化庁の機能の拡充等について、その行政組織の在り方を含め検討を加え、その結果に基づいて必要な措置を講ずるものとする。

「文化芸術振興基本法の一部を改正する法律案起草の件」（平成

　文化芸術振興基本法の一部を改正する法律案の起草案につきまして、提案者を代表して、その趣旨及び内容をご説明いたします。
　我が国の文化芸術全般にわたる基本的な法律として「文化芸術振興基本法」が平成十三年に議員立法により成立してから十六年が経過し、これまで同法に基づき四次にわたって策定された「文化芸術の振興に関する基本的な方針」の下、文化芸術立国の実現に向けた文化芸術の振興に関する取組が進められてきました。
　この間、少子高齢化・グローバル化の進展など社会の状況が著しく変化する中で、観光やまちづくり、国際交流等幅広い関連分野との連携を視野に入れた総合的な文化芸術政策の展開がより一層求められるようになっています。
　また、二〇二〇年に開催される東京オリンピック競技大会・東京パラリンピック競技大会はスポーツの祭典であると同時に文化の祭典でもあり、我が国の文化芸術の価値を世界に発信する大きな機会であるとともに、文化芸術による新たな価値の創出を広く示していく好機でもあります。
　そこで、本案は、文化芸術の振興にとどまらず、観光、まちづくり、国際交流、福祉、教育、産業その他の関連分野における施策を本法の範囲に取り込むとともに、文化芸術により生み出される様々な価値を文化芸術の継承、発展及び創造に活用しようとするものであり、その主な内容は次の通りであります。
　第一に、文化芸術の振興にとどまらず、観光、まちづくり、国際交流等の文化芸術に関連する分野における施策を本法の範囲に取り込むことに伴い、法律の題名を「文化芸術基本法」に改めるとともに、前文及び目的について所要の整理を行うこととしております。
　第二に、基本理念について、以下のように改正することとしております。
　まず、文化芸術に関する施策の推進に当たっては、年齢、障害の有無又は経済的な状況にかかわらず等しく、文化芸術を鑑賞することなどができるような環境の整備が図られなければならないことをするほか、我が国に加えて「世界」において文化芸術活動が活発に行われるような環境を醸成することを旨として文化芸術の発展が図られるよう考慮されなければならないことに改めることとしております。
　また、児童生徒等に対する文化芸術に関する教育の重要性に鑑み、学校等、文化芸術団体、家庭及び地域における活動の連携が図られるよう配慮されなければならないことや、文化芸術により生み出される様々な価値を文化芸術の継承等に活用することが重要で

二十九年六月二十六日衆議院文部科学委員会）

あることに鑑み、文化芸術の固有の意義と価値を尊重しつつ、観光、まちづくり、国際交流、福祉、教育、産業その他の各関連分野における施策との有機的な連携が図られるよう配慮されなければならないこととする規定を追加することとしております。

第三に、政府は、文化芸術に関する施策の総合的かつ計画的な推進を図るため、従来の文化芸術の振興に関する基本的な方針に代えて「文化芸術推進基本計画」を定めるとともに、地方公共団体においては、同計画を参酌して、その地方の実情に即した「地方文化芸術推進基本計画」を定めるよう努めるものとすることとしております。

第四に、文化芸術に関する基本的施策を拡充することとしております。

具体的には、まず一つ目として、芸術、メディア芸術、伝統芸能、芸能の振興について必要な施策の例示に「物品の保存」「展示」「知識及び技能の継承」「芸術祭の開催」などの支援を追加するとともに、伝統芸能の例示に「組踊」を追加することとしております。

二つ目として、生活文化の例示に「食文化」を追加するとともに、生活文化の振興を図ることとしております。

三つ目として、各地域の文化芸術の振興を通じた地域の振興を図ることとし、必要な施策の例示に「芸術祭への支援」を追加することとしております。

四つ目として、国際的な交流等の推進に関する必要な施策の例示に「海外における我が国の文化芸術の現地の言語による展示、公開その他の普及への支援」及び「文化芸術に関する国際機関等の業務に従事する人材の養成及び派遣」を追加することとしております。

五つ目として、芸術家等の養成及び確保に関する必要な施策の例示に「国内外における教育訓練等の人材育成への支援」を追加することとしております。

第五に、政府は、文化芸術に関する施策の総合的、一体的かつ効果的な推進を図るため「文化芸術推進会議」を設け、関係行政機関相互の連絡調整を行うものとすることとしております。

最後に、本案は公布の日から施行することとするとともに、政府は、文化芸術に関する施策を総合的に推進するため、文化庁の機能の拡充等について、その行政組織の在り方を含め検討を加え、その結果に基づいて必要な措置を講ずることとしております。

以上が、本起草案の趣旨及び内容であります。何とぞ御賛同くださいますようお願い申し上げます。

1　文化芸術基本法リーフレット

文化芸術振興基本法の改正について

平成29年6月23日、「文化芸術振興基本法の一部を改正する法律」（平成29年法律第73号）が公布・施行され、「文化芸術振興基本法」は、法律名も新たに「文化芸術基本法」となりました。

改正の背景

我が国の文化芸術全般にわたる基本的な法律として「文化芸術振興基本法」が平成13年に議員立法により成立してから16年が経過しました。政府ではこれまで、同法に基づき4次にわたって策定された「文化芸術の振興に関する基本的な方針」のもと、文化芸術立国の実現に向けた文化芸術の振興に関する取組が進められてきました。

一方でこの間、少子高齢化・グローバル化の進展など社会の状況が著しく変化する中で、観光やまちづくり、国際交流等幅広い関連分野との連携を視野に入れた総合的な文化芸術政策の展開がより一層求められるようになってきました。

また、2020年に開催される東京オリンピック・パラリンピック競技大会は、スポーツの祭典であると同時に文化の祭典でもあり、我が国の文化芸術の価値を世界へ発信する大きな機会であるとともに、文化芸術による新たな価値の創出を広く示していく好機でもあります。

こうしたことから、超党派の文化芸術振興議員連盟における1年以上にわたる検討等を経て、議員立法により、文化芸術振興基本法の改正が行われました。

改正の趣旨

今回の改正は、文化芸術の固有の意義と価値を尊重しつつ、文化芸術そのものの振興にとどまらず、観光、まちづくり、国際交流、福祉、教育、産業その他の関連分野における施策を本法の範囲に取り込むとともに、文化芸術により生み出される様々な価値を文化芸術の継承、発展及び創造に活用しようとするものです。

文化芸術振興議員連盟役員

会　　　長	河村　建夫	衆議院議員（自）
副　会　長	塩谷　　立	衆議院議員（自）
	枝野　幸男	衆議院議員（民）
	斉藤　鉄夫	衆議院議員（公）
	市田　忠義	参議院議員（共）
常任幹事	二之湯　武史	参議院議員（自）
	中山　恭子	参議院議員（こ）
	松浪　健太	衆議院議員（維）
	伊東　信久	衆議院議員（維）
事務局長	伊藤信太郎	衆議院議員（自）
事務次長	古川　元久	衆議院議員（民）
	浮島　智子	衆議院議員（公）

衆議院文部科学委員会における起草案の発議者

- 河村　建夫　委員（自）
- 伊藤信太郎　委員（自）
- 平野　博文　委員（民）
- 富田　茂之　委員（公）
- 伊東　信久　委員（維）
- 吉川　　元　委員（社）

自＝自由民主党　民＝民進党　公＝公明党　共＝日本共産党　維＝日本維新の会
社＝社会民主党　こ＝日本のこころを大切にする党

経緯

文化芸術振興基本法 公布・施行

平成13年12月7日	
平成14年12月10日	「文化芸術の振興に関する基本的な方針」を閣議決定
平成19年2月9日	「文化芸術の振興に関する基本的な方針(第2次基本方針)」を閣議決定
平成23年2月8日	「文化芸術の振興に関する基本的な方針(第3次基本方針)」を閣議決定
平成27年5月22日	「文化芸術の振興に関する基本的な方針－文化芸術資源で未来をつくる－(第4次基本方針)」(2015年～2020年度を対象)を閣議決定
平成28年1月～29年4月	超党派の文化芸術振興議員連盟において、「文化芸術振興基本法の一部を改正する法律案」に関する検討(勉強会(7回)及び総会(5回)を開催)
平成29年5月26日	衆議院文部科学委員会において「文化芸術振興基本法の一部を改正する法律案」の起草案を発議、発言(質疑)、採決(委員会提出法律案として決定)
平成29年5月30日	衆議院本会議において全会一致で可決
平成29年6月16日	参議院文教科学委員会において質疑、全会一致で可決
平成29年6月16日	**参議院本会議において全会一致で可決、成立**

文化芸術振興基本法の一部を改正する法律 公布・施行

平成29年6月23日

2 文化芸術基本法（平成13年法律第148号）条文

文化芸術基本法（平成十三年法律第百四十八号）

目次

前文

第一章　総則（第一条—第六条）

第二章　文化芸術推進基本計画等（第七条・第七条の二）

第三章　文化芸術に関する基本的施策（第八条—第三十五条）

第四章　文化芸術の推進に係る体制の整備（第三十六条・第三十七条）

附則

　文化芸術を創造し、享受し、文化的な環境の中で生きる喜びを見出すことは、人々の変わらない願いである。また、文化芸術は、人々の創造性をはぐくみ、その表現力を高めるとともに、人々の心のつながりや相互に理解し尊重し合う土壌を提供し、多様性を受け入れることができる心豊かな社会を形成するものであり、世界の平和に寄与するものである。更に、文化芸術は、それ自体が固有の意義と価値を有するとともに、それぞれの国やそれぞれの時代における国民共通のよりどころとして重要な意味を持ち、国際化が進展する中にあって、自己認識の基点となり、文化的な伝統を尊重する心を育てるものである。

　我々は、このような文化芸術の役割が今後においても変わることなく、心豊かな活力ある社会の形成にとって極めて重要な意義を持ち続けると確信する。

　しかるに、現状をみるに、経済的な豊かさの中にありながら、文化芸術がその役割を果たすことができるような基盤の整備及び環境の形成は十分な状態にあるとはいえない。二十一世紀を迎えた今、文化芸術により生み出される様々な価値を生かして、これまで培われてきた伝統的な文化芸術を継承し、発展させるとともに、独創性のある新たな文化芸術の創造を促進することは、我々に課された緊要な課題となっている。

　このような事態に対処して、我が国の文化芸術の振興を図るためには、文化芸術の礎たる表現の自由の重要性を深く認識し、文化芸術活動を行う者の自主性を尊重することを旨としつつ、文化芸術を国民の身近なものとし、それを尊重し大切にするよう包括的に施策を推進していくことが不可欠である。

　ここに、文化芸術に関する施策についての基本理念を明らかにしてその方向

を示し、文化芸術に関する施策を総合的かつ計画的に推進するため、この法律を制定する。

　　　第一章　総則

（目的）
第一条　この法律は、文化芸術が人間に多くの恵沢をもたらすものであることに鑑み、文化芸術に関する施策に関し、基本理念を定め、並びに国及び地方公共団体の責務等を明らかにするとともに、文化芸術に関する施策の基本となる事項を定めることにより、文化芸術に関する活動（以下「文化芸術活動」という。）を行う者（文化芸術活動を行う団体を含む。以下同じ。）の自主的な活動の促進を旨として、文化芸術に関する施策の総合的かつ計画的な推進を図り、もって心豊かな国民生活及び活力ある社会の実現に寄与することを目的とする。

（基本理念）
第二条　文化芸術に関する施策の推進に当たっては、文化芸術活動を行う者の自主性が十分に尊重されなければならない。
2　文化芸術に関する施策の推進に当たっては、文化芸術活動を行う者の創造性が十分に尊重されるとともに、その地位の向上が図られ、その能力が十分に発揮されるよう考慮されなければならない。
3　文化芸術に関する施策の推進に当たっては、文化芸術を創造し、享受することが人々の生まれながらの権利であることに鑑み、国民がその年齢、障害の有無、経済的な状況又は居住する地域にかかわらず等しく、文化芸術を鑑賞し、これに参加し、又はこれを創造することができるような環境の整備が図られなければならない。
4　文化芸術に関する施策の推進に当たっては、我が国及び世界において文化芸術活動が活発に行われるような環境を醸成することを旨として文化芸術の発展が図られるよう考慮されなければならない。
5　文化芸術に関する施策の推進に当たっては、多様な文化芸術の保護及び発展が図られなければならない。
6　文化芸術に関する施策の推進に当たっては、地域の人々により主体的に文

化芸術活動が行われるよう配慮するとともに、各地域の歴史、風土等を反映した特色ある文化芸術の発展が図られなければならない。

7　文化芸術に関する施策の推進に当たっては、我が国の文化芸術が広く世界へ発信されるよう、文化芸術に係る国際的な交流及び貢献の推進が図られなければならない。

8　文化芸術に関する施策の推進に当たっては、乳幼児、児童、生徒等に対する文化芸術に関する教育の重要性に鑑み、学校等、文化芸術活動を行う団体（以下「文化芸術団体」という。）、家庭及び地域における活動の相互の連携が図られるよう配慮されなければならない。

9　文化芸術に関する施策の推進に当たっては、文化芸術活動を行う者その他広く国民の意見が反映されるよう十分配慮されなければならない。

10　文化芸術に関する施策の推進に当たっては、文化芸術により生み出される様々な価値を文化芸術の継承、発展及び創造に活用することが重要であることに鑑み、文化芸術の固有の意義と価値を尊重しつつ、観光、まちづくり、国際交流、福祉、教育、産業その他の各関連分野における施策との有機的な連携が図られるよう配慮されなければならない。

（国の責務）
第三条　国は、前条の基本理念（以下「基本理念」という。）にのっとり、文化芸術に関する施策を総合的に策定し、及び実施する責務を有する。

（地方公共団体の責務）
第四条　地方公共団体は、基本理念にのっとり、文化芸術に関し、国との連携を図りつつ、自主的かつ主体的に、その地域の特性に応じた施策を策定し、及び実施する責務を有する。

（国民の関心及び理解）
第五条　国は、現在及び将来の世代にわたって人々が文化芸術を創造し、享受することができるとともに、文化芸術が将来にわたって発展するよう、国民の文化芸術に対する関心及び理解を深めるように努めなければならない。

（文化芸術団体の役割）
第五条の二　文化芸術団体は、その実情を踏まえつつ、自主的かつ主体的に、文化芸術活動の充実を図るとともに、文化芸術の継承、発展及び創造に積極的な役割を果たすよう努めなければならない。

（関係者相互の連携及び協働）
第五条の三　国、独立行政法人、地方公共団体、文化芸術団体、民間事業者その他の関係者は、基本理念の実現を図るため、相互に連携を図りながら協働するよう努めなければならない。

（法制上の措置等）
第六条　政府は、文化芸術に関する施策を実施するため必要な法制上、財政上又は税制上の措置その他の措置を講じなければならない。

　　　第二章　文化芸術推進基本計画等

（文化芸術推進基本計画）
第七条　政府は、文化芸術に関する施策の総合的かつ計画的な推進を図るため、文化芸術に関する施策に関する基本的な計画（以下「文化芸術推進基本計画」という。）を定めなければならない。
2　文化芸術推進基本計画は、文化芸術に関する施策を総合的かつ計画的に推進するための基本的な事項その他必要な事項について定めるものとする。
3　文部科学大臣は、文化審議会の意見を聴いて、文化芸術推進基本計画の案を作成するものとする。
4　文部科学大臣は、文化芸術推進基本計画の案を作成しようとするときは、あらかじめ、関係行政機関の施策に係る事項について、第三十六条に規定する文化芸術推進会議において連絡調整を図るものとする。
5　文部科学大臣は、文化芸術推進基本計画が定められたときは、遅滞なく、これを公表しなければならない。
6　前三項の規定は、文化芸術推進基本計画の変更について準用する。

（地方文化芸術推進基本計画）
第七条の二　都道府県及び市（特別区を含む。第三十七条において同じ。）町村の教育委員会（地方教育行政の組織及び運営に関する法律（昭和三十一年法律第百六十二号）第二十三条第一項の条例の定めるところによりその長が文化に関する事務（文化財の保護に関する事務を除く。）を管理し、及び執行することとされた地方公共団体（次項において「特定地方公共団体」という。）にあっては、その長）は、文化芸術推進基本計画を参酌して、その地方の実情に即した文化芸術の推進に関する計画（次項及び第三十七条において「地方文化芸術推進基本計画」という。）を定めるよう努めるものとする。
2　特定地方公共団体の長が地方文化芸術推進基本計画を定め、又はこれを変更しようとするときは、あらかじめ、当該特定地方公共団体の教育委員会の意見を聴かなければならない。

　　　第三章　文化芸術に関する基本的施策

（芸術の振興）
第八条　国は、文学、音楽、美術、写真、演劇、舞踊その他の芸術（次条に規定するメディア芸術を除く。）の振興を図るため、これらの芸術の公演、展示等への支援、これらの芸術の制作等に係る物品の保存への支援、これらの芸術に係る知識及び技能の継承への支援、芸術祭等の開催その他の必要な施策を講ずるものとする。

（メディア芸術の振興）
第九条　国は、映画、漫画、アニメーション及びコンピュータその他の電子機器等を利用した芸術（以下「メディア芸術」という。）の振興を図るため、メディア芸術の制作、上映、展示等への支援、メディア芸術の制作等に係る物品の保存への支援、メディア芸術に係る知識及び技能の継承への支援、芸術祭等の開催その他の必要な施策を講ずるものとする。

（伝統芸能の継承及び発展）
第十条　国は、雅楽、能楽、文楽、歌舞伎、組踊その他の我が国古来の伝統的

な芸能（以下「伝統芸能」という。）の継承及び発展を図るため、伝統芸能の公演、これに用いられた物品の保存等への支援その他の必要な施策を講ずるものとする。

（芸能の振興）
第十一条　国は、講談、落語、浪曲、漫談、漫才、歌唱その他の芸能（伝統芸能を除く。）の振興を図るため、これらの芸能の公演、これに用いられた物品の保存等への支援、これらの芸能に係る知識及び技能の継承への支援その他の必要な施策を講ずるものとする。

（生活文化の振興並びに国民娯楽及び出版物等の普及）
第十二条　国は、生活文化（茶道、華道、書道、食文化その他の生活に係る文化をいう。）の振興を図るとともに、国民娯楽（囲碁、将棋その他の国民的娯楽をいう。）並びに出版物及びレコード等の普及を図るため、これらに関する活動への支援その他の必要な施策を講ずるものとする。

（文化財等の保存及び活用）
第十三条　国は、有形及び無形の文化財並びにその保存技術（以下「文化財等」という。）の保存及び活用を図るため、文化財等に関し、修復、防災対策、公開等への支援その他の必要な施策を講ずるものとする。

（地域における文化芸術の振興等）
第十四条　国は、各地域における文化芸術の振興及びこれを通じた地域の振興を図るため、各地域における文化芸術の公演、展示、芸術祭等への支援、地域固有の伝統芸能及び民俗芸能（地域の人々によって行われる民俗的な芸能をいう。）に関する活動への支援その他の必要な施策を講ずるものとする。

（国際交流等の推進）
第十五条　国は、文化芸術に係る国際的な交流及び貢献の推進を図ることにより、我が国及び世界の文化芸術活動の発展を図るため、文化芸術活動を行う者の国際的な交流及び芸術祭その他の文化芸術に係る国際的な催しの開催又はこ

れへの参加、海外における我が国の文化芸術の現地の言語による展示、公開その他の普及への支援、海外の文化遺産の修復に関する協力、海外における著作権に関する制度の整備に関する協力、文化芸術に関する国際機関等の業務に従事する人材の養成及び派遣その他の必要な施策を講ずるものとする。
2　国は、前項の施策を講ずるに当たっては、我が国の文化芸術を総合的に世界に発信するよう努めなければならない。

　（芸術家等の養成及び確保）
第十六条　国は、文化芸術に関する創造的活動を行う者、伝統芸能の伝承者、文化財等の保存及び活用に関する専門的知識及び技能を有する者、文化芸術活動に関する企画又は制作を行う者、文化芸術活動に関する技術者、文化施設の管理及び運営を行う者その他の文化芸術を担う者（以下「芸術家等」という。）の養成及び確保を図るため、国内外における研修、教育訓練等の人材育成への支援、研修成果の発表の機会の確保、文化芸術に関する作品の流通の促進、芸術家等の文化芸術に関する創造的活動等の環境の整備その他の必要な施策を講ずるものとする。

　（文化芸術に係る教育研究機関等の整備等）
第十七条　国は、芸術家等の養成及び文化芸術に関する調査研究の充実を図るため、文化芸術に係る大学その他の教育研究機関等の整備その他の必要な施策を講ずるものとする。

　（国語についての理解）
第十八条　国は、国語が文化芸術の基盤をなすことにかんがみ、国語について正しい理解を深めるため、国語教育の充実、国語に関する調査研究及び知識の普及その他の必要な施策を講ずるものとする。

　（日本語教育の充実）
第十九条　国は、外国人の我が国の文化芸術に関する理解に資するよう、外国人に対する日本語教育の充実を図るため、日本語教育に従事する者の養成及び研修体制の整備、日本語教育に関する教材の開発、日本語教育を行う機関にお

ける教育の水準の向上その他の必要な施策を講ずるものとする。

　(著作権等の保護及び利用)
第二十条　国は、文化芸術の振興の基盤をなす著作者の権利及びこれに隣接する権利(以下この条において「著作権等」という。)について、著作権等に関する内外の動向を踏まえつつ、著作権等の保護及び公正な利用を図るため、著作権等に関する制度及び著作物の適正な流通を確保するための環境の整備、著作権等の侵害に係る対策の推進、著作権等に関する調査研究及び普及啓発その他の必要な施策を講ずるものとする。

　(国民の鑑賞等の機会の充実)
第二十一条　国は、広く国民が自主的に文化芸術を鑑賞し、これに参加し、又はこれを創造する機会の充実を図るため、各地域における文化芸術の公演、展示等への支援、これらに関する情報の提供その他の必要な施策を講ずるものとする。

　(高齢者、障害者等の文化芸術活動の充実)
第二十二条　国は、高齢者、障害者等が行う文化芸術活動の充実を図るため、これらの者の行う創造的活動、公演等への支援、これらの者の文化芸術活動が活発に行われるような環境の整備その他の必要な施策を講ずるものとする。

　(青少年の文化芸術活動の充実)
第二十三条　国は、青少年が行う文化芸術活動の充実を図るため、青少年を対象とした文化芸術の公演、展示等への支援、青少年による文化芸術活動への支援その他の必要な施策を講ずるものとする。

　(学校教育における文化芸術活動の充実)
第二十四条　国は、学校教育における文化芸術活動の充実を図るため、文化芸術に関する体験学習等文化芸術に関する教育の充実、芸術家等及び文化芸術団体による学校における文化芸術活動に対する協力への支援その他の必要な施策を講ずるものとする。

（劇場、音楽堂等の充実）
第二十五条　国は、劇場、音楽堂等の充実を図るため、これらの施設に関し、自らの設置等に係る施設の整備、公演等への支援、芸術家等の配置等への支援、情報の提供その他の必要な施策を講ずるものとする。

（美術館、博物館、図書館等の充実）
第二十六条　国は、美術館、博物館、図書館等の充実を図るため、これらの施設に関し、自らの設置等に係る施設の整備、展示等への支援、芸術家等の配置等への支援、文化芸術に関する作品等の記録及び保存への支援その他の必要な施策を講ずるものとする。

（地域における文化芸術活動の場の充実）
第二十七条　国は、国民に身近な文化芸術活動の場の充実を図るため、各地域における文化施設、学校施設、社会教育施設等を容易に利用できるようにするための措置その他の必要な施策を講ずるものとする。

（公共の建物等の建築に当たっての配慮等）
第二十八条　国は、公共の建物等の建築に当たっては、その外観等について、周囲の自然的環境、地域の歴史及び文化等との調和を保つよう努めるものとする。
2　国は、公共の建物等において、文化芸術に関する作品の展示その他の文化芸術の振興に資する取組を行うよう努めるものとする。

（情報通信技術の活用の推進）
第二十九条　国は、文化芸術活動における情報通信技術の活用の推進を図るため、文化芸術活動に関する情報通信ネットワークの構築、美術館等における情報通信技術を活用した展示への支援、情報通信技術を活用した文化芸術に関する作品等の記録及び公開への支援その他の必要な施策を講ずるものとする。

（調査研究等）

第二十九条の二　国は、文化芸術に関する施策の推進を図るため、文化芸術の振興に必要な調査研究並びに国の内外の情報の収集、整理及び提供その他の必要な施策を講ずるものとする。

（地方公共団体及び民間の団体等への情報提供等）
第三十条　国は、地方公共団体及び民間の団体等が行う文化芸術の振興のための取組を促進するため、情報の提供その他の必要な施策を講ずるものとする。

（民間の支援活動の活性化等）
第三十一条　国は、個人又は民間の団体が文化芸術活動に対して行う支援活動の活性化を図るとともに、文化芸術活動を行う者の活動を支援するため、文化芸術団体が個人又は民間の団体からの寄附を受けることを容易にする等のための税制上の措置、文化芸術団体が行う文化芸術活動への支援その他の必要な施策を講ずるよう努めなければならない。

（関係機関等の連携等）
第三十二条　国は、第八条から前条までの施策を講ずるに当たっては、芸術家等、文化芸術団体、学校等、文化施設、社会教育施設、民間事業者その他の関係機関等の間の連携が図られるよう配慮しなければならない。
2　国は、芸術家等及び文化芸術団体が、学校等、文化施設、社会教育施設、福祉施設、医療機関、民間事業者等と協力して、地域の人々が文化芸術を鑑賞し、これに参加し、又はこれを創造する機会を提供できるようにするよう努めなければならない。

（顕彰）
第三十三条　国は、文化芸術活動で顕著な成果を収めた者及び文化芸術の振興に寄与した者の顕彰に努めるものとする。

（政策形成への民意の反映等）
第三十四条　国は、文化芸術に関する政策形成に民意を反映し、その過程の公正性及び透明性を確保するため、芸術家等、学識経験者その他広く国民の意見

を求め、これを十分考慮した上で政策形成を行う仕組みの活用等を図るものとする。

（地方公共団体の施策）
第三十五条　地方公共団体は、第八条から前条までの国の施策を勘案し、その地域の特性に応じた文化芸術に関する施策の推進を図るよう努めるものとする。

　　　第四章　文化芸術の推進に係る体制の整備

（文化芸術推進会議）
第三十六条　政府は、文化芸術に関する施策の総合的、一体的かつ効果的な推進を図るため、文化芸術推進会議を設け、文部科学省及び内閣府、総務省、外務省、厚生労働省、農林水産省、経済産業省、国土交通省その他の関係行政機関相互の連絡調整を行うものとする。

（都道府県及び市町村の文化芸術推進会議等）
第三十七条　都道府県及び市町村に、地方文化芸術推進基本計画その他の文化芸術の推進に関する重要事項を調査審議させるため、条例で定めるところにより、審議会その他の合議制の機関を置くことができる。

　　　附　則　（平成十三年十二月七日法律第百四十八号）抄
（施行期日）
1　この法律は、公布の日から施行する。
　　　附　則（平成二十九年六月二十三日法律第七十三号）抄
（施行期日）
第一条　この法律は、公布の日から施行する。（以下略）
（文化芸術に関する施策を総合的に推進するための文化庁の機能の拡充等の検討）
第二条　政府は、文化芸術に関する施策を総合的に推進するため、文化庁の機能の拡充等について、その行政組織の在り方を含め検討を加え、その結果に基づいて必要な措置を講ずるものとする。

3 文化芸術振興基本法の一部を改正する法律（平成 29 年法律第 73 号）概要

文化芸術振興基本法の一部を改正する法律概要

第一　趣旨
1. 文化芸術の振興にとどまらず、観光、まちづくり、国際交流、福祉、教育、産業その他の各関連分野における施策を法律の範囲に取り込むこと
2. 文化芸術により生み出される様々な価値を文化芸術の継承、発展及び創造に活用すること

第二　改正の概要
1. 題名等
　　法律の題名を「文化芸術基本法」に改めるとともに、前文及び目的について所要の整理を行う。

2. 総則
　　基本理念を改めるとともに、文化芸術団体の役割、関係者相互の連携及び協働並びに税制上の措置を規定する。

　　〈基本理念の改正内容〉
　　①「年齢、障害の有無又は経済的な状況」にかかわらず等しく文化芸術の鑑賞等ができる環境の整備、②我が国及び「世界」において文化芸術活動が活発に行われる環境を醸成、③児童生徒等に対する文化芸術に関する教育の重要性、④観光、まちづくり、国際交流などの各関連分野における施策との有機的な連携

3. 文化芸術推進基本計画等
　　政府が定める「文化芸術推進基本計画」、地方公共団体が定める「地方文化芸術推進基本計画」（努力義務）について規定する。

4. 基本的施策
　　① 芸術、メディア芸術、伝統芸能、芸能の振興について、伝統芸能の例示に「組踊」を追加するとともに、必要な施策の例示に「物品の保存」、「展示」、「知識及び技能の継承」、「芸術祭の開催」などへの支援を追加。
　　② 生活文化の例示に「食文化」を追加するとともに、生活文化の振興を図る。
　　③ 各地域の文化芸術の振興を通じた地域の振興を図ることとし、必要な施策の例示に「芸術祭への支援」を追加。
　　④ 国際的な交流等の推進に関する必要な施策の例示に「海外における我が国の文化芸術の現地の言語による展示、公開その他の普及への支援」及び「文化芸術に関する国際機関等の業務に従事する人材の養成及び派遣」を追加。
　　⑤ 芸術家等の養成及び確保に関する必要な施策の例示に国内外における「教育訓練等の人材育成への支援」を追加。

　　など

5. 文化芸術の推進に係る体制の整備
　　政府の文化芸術推進会議、地方公共団体の文化芸術推進会議等について規定する。

第三　その他
　文化芸術に関する施策を総合的に推進するため、文化庁の機能の拡充等について、その行政組織の在り方等を含め検討を加え、必要な措置を講ずる。

（平成 29 年 6 月 23 日公布・施行）

文化芸術振興基本法の一部を改正する法律概要 (英訳)

Outline of Partial Revisions to the Basic Act on the Promotion of Culture and the Arts

1 Objective

1. Extend application of the Basic Act on the Promotion of Culture and the Arts to include various other relevant fields including tourism, town development, international exchange, social welfare, education and industry.
2. Utilize the various values created by culture and the arts to succeed, develop and create new culture and the arts.

2 Outline of Revisions

1. **Title**
   The title has been changed to the "Basic Act on Culture and the Arts". Necessary revisions were also made to the forward and objectives.
2. **General Provisions**
   The fundamental principles have been revised. New articles were added on: the role of culture and art organizations, collaboration and cooperation among relevant parties; taxation.

   〈Revisions to the Fundamental Principles〉
   ① Create an environment where all people regardless of their age, disability, or economic situation can enjoy culture and the arts ② Nurture an environment to promote activities related to culture and the arts in Japan and overseas ③ Stress importance of culture and arts education for children ④ Promote the organic collaboration of policies among various relevant fields including tourism, town development and international exchange.

3. **Basic Plan for the Promotion of Culture and the Arts**
   Set new articles for the "Basic Plan for the Promotion of Culture and the Arts" at the national (mandatory) and regional (obligation to make effort) levels.
4. **Basic Measures**
   ① The revisions were made in articles on promotion of the arts, media art and traditional art, by adding Japanese Kumi Odori dance as an example of Japanese traditional art, and support for the preservation of materials, exhibits, succession of knowledge and technique, and arranging art festivals.
   ② The article on life culture has been revised: prevalence of life culture has been amended to promotion of life culture; food culture has been added as an example of life culture.
   ③ In relation to promoting culture and the arts in the region, the following have been added: "promoting of community development through culture and the arts"; "support for arranging art festivals".
   ④ The revisions were made in articles on promotion of international exchange, by adding "arrange exhibits, open and disseminate Japanese culture and arts overseas in local languages". "train and dispatch human resources involved in working at international organizations related to culture and arts".
   ⑤ In relation to fostering and securing artists, the following necessary measures have been added: "provide support to educate and train human resources both in Japan and overseas".
5. **Development of environments for promoting culture and the arts**
   Stipulate establishments of both national and regional councils for the promotion of culture and the arts.

3 Others

In order to promote policies related to culture and the arts, the government shall deliver the expansion of functions of the Agency for Cultural Affairs, including its institutional design, and implement necessary measures based on those results.

(Promulgation/enforcement on June 23, 2017)

5 文化芸術振興基本法の一部を改正する法律要綱

文化芸術振興基本法の一部を改正する法律要綱

第一　題名等の改正
　一　法律の題名を「文化芸術基本法」に改めること。
　　　　　　　　　　　　　　　　　　　　　　　　　　　　　（題名関係）
　二　前文及び目的規定について、所要の整理を行うこと。
　　　　　　　　　　　　　　　　　　　　　　　　　（前文及び第一条関係）
第二　総則の改正
　一　基本理念の改正
　　1　文化芸術に関する施策の推進に当たっては、文化芸術を鑑賞し、これに参加し、又はこれを創造することができるような環境の整備に関し、「年齢、障害の有無又は経済的な状況」にかかわらず等しくできるようにする旨を加えること。
　　2　文化芸術に関する施策の推進に当たっては、我が国に加えて「世界」において、文化芸術活動が活発に行われるような環境を醸成することを旨として文化芸術の発展が図られるよう考慮されなければならない旨を規定すること。
　　3　文化芸術に関する施策の推進に当たっては、乳幼児、児童、生徒等に対する文化芸術に関する教育の重要性に鑑み、学校等、文化芸術活動を行う団体（以下「文化芸術団体」という。）、家庭及び地域における活動の相互の連携が図られるよう配慮されなければならない旨の規定を追加すること。
　　4　文化芸術に関する施策の推進に当たっては、文化芸術により生み出される様々な価値を文化芸術の継承、発展及び創造に活用することが重要であることに鑑み、文化芸術の固有の意義と価値を尊重しつつ、観光、まちづくり、国際交流、福祉、教育、産業その他の各関連分野における施策との有機的な連携が図られるよう配慮されなければならない旨の規定を追加すること。　　　　　　（第二条関係）
　二　文化芸術団体の役割に係る規定の新設
　　　文化芸術団体は、その実情を踏まえつつ、自主的かつ主体的に、文

化芸術活動の充実を図るとともに、文化芸術の継承、発展及び創造に積極的な役割を果たすよう努めなければならないこと。

(第五条の二関係)

三 関係者相互の連携及び協働に係る規定の新設

国、独立行政法人、地方公共団体、文化芸術団体、民間事業者その他の関係者は、基本理念の実現を図るため、相互に連携を図りながら協働するよう努めなければならないこと。 (第五条の三関係)

四 税制上の措置の追加

政府が講ずべき措置に税制上の措置を加えること。 (第六条関係)

第三 文化芸術推進基本計画等

一 文化芸術推進基本計画

1 政府は、文化芸術に関する施策の総合的かつ計画的な推進を図るため、文化芸術に関する施策に関する基本的な計画(以下「文化芸術推進基本計画」という。)を定めなければならないこと。

2 文化芸術推進基本計画は、文化芸術に関する施策を総合的かつ計画的に推進するための基本的な事項その他必要な事項について定めるものとすること。

3 文部科学大臣は、文化審議会の意見を聴いて、文化芸術推進基本計画の案を作成するものとすること。

4 文部科学大臣は、文化芸術推進基本計画の案を作成しようとするときは、あらかじめ、関係行政機関の施策に係る事項について、第五の一の文化芸術推進会議において連絡調整を図るものとすること。

5 文部科学大臣は、文化芸術推進基本計画が定められたときは、遅滞なく、これを公表しなければならないこと。

6 3から5までの規定は、文化芸術推進基本計画の変更について準用すること。 (第七条関係)

二 地方文化芸術推進基本計画

1 都道府県及び市町村の教育委員会(条例の定めるところによりその長が文化に関する事務を管理し、及び執行することとされた地方公共団体(2において「特定地方公共団体」という。)にあっては、その長)は、文化芸術推進基本計画を参酌して、その地方の実情に即した文化芸術の

推進に関する計画（以下「地方文化芸術推進基本計画」という。）を定めるよう努めるものとすること。
　　２　特定地方公共団体の長が地方文化芸術推進基本計画を定め、又はこれを変更しようとするときは、あらかじめ、当該特定地方公共団体の教育委員会の意見を聴かなければならないこと。
（第七条の二関係）

第四　文化芸術に関する基本的施策の拡充
　一　芸術の振興に係る規定に関する改正
　　　芸術の振興に関する必要な施策の例示として「芸術の制作等に係る物品の保存」及び「芸術に係る知識及び技能の継承」への支援を加えること。
（第八条関係）

　二　メディア芸術の振興に係る規定に関する改正
　　　メディア芸術の振興に関する必要な施策の例示としてメディア芸術の「展示」、「メディア芸術の制作等に係る物品の保存」及び「メディア芸術に係る知識及び技能の継承」への支援を加えるとともに、「芸術祭等の開催」を加えること。
（第九条関係）

　三　伝統芸能の継承及び発展に係る規定に関する改正
　　　伝統芸能の例示として「組踊」を加えるとともに、伝統芸能の継承及び発展に関する必要な施策として「公演に用いられた物品の保存」への支援を加えること。
（第十条関係）

　四　芸能の振興に係る規定に関する改正
　　　芸能の振興に関する必要な施策の例示として「公演に用いられた物品の保存」及び「芸能に係る知識及び技能の継承」への支援を加えること。
（第十一条関係）

　五　生活文化、国民娯楽及び出版物等の普及に係る規定に関する改正
　　　生活文化の例示として「食文化」を加えるとともに、生活文化の振興を図るため必要な施策を講ずるものとすること。
（第十二条関係）

　六　地域における文化芸術の振興に係る規定に関する改正
　　　国は、各地域における文化芸術の振興に加えて「これを通じた地域の振興」を図ることとし、これに関する必要な施策の例示として「芸術祭への支援」を加えること。
（第十四条関係）

七　国際交流等の推進に係る規定に関する改正

　国は、我が国の文化芸術活動の発展に加えて「世界の文化芸術活動の発展」を図ることとし、文化芸術に係る国際的な催しの例示として「芸術祭」を加えるとともに、国際的な交流等の推進に関する必要な施策の例示として「海外における我が国の文化芸術の現地の言語による展示、公開その他の普及への支援」、「海外における著作権に関する制度の整備に関する協力」及び「文化芸術に関する国際機関等の業務に従事する人材の養成及び派遣」を加えること。

(第十五条第一項関係)

八　芸術家等の養成及び確保に係る規定に関する改正

　芸術家等の養成及び確保に関し、芸術家等の例示として「文化芸術活動に関する企画又は制作を行う者」及び「文化芸術活動に関する技術者」を明示するとともに、必要な施策の例示として国内外における「教育訓練等の人材育成への支援」、「文化芸術に関する作品の流通の促進」及び「芸術家等の文化芸術に関する創造的活動等の環境の整備」を加えること。

(第十六条関係)

九　日本語教育の充実に係る規定に関する改正

　日本語教育の充実に関する必要な施策の例示として「日本語教育を行う機関における教育の水準の向上」を加えること。

(第十九条関係)

十　著作権等の保護及び利用に係る規定に関する改正

　著作権等に関する「内外」の動向を踏まえることとし、著作権等の保護及び公正な利用に関する必要な施策の例示として「著作物の適正な流通を確保するための環境の整備」及び「著作権等の侵害に係る対策の推進」を加えること。

(第二十条関係)

十一　高齢者、障害者等の文化芸術活動の充実に係る規定に関する改正

　高齢者、障害者等の文化芸術活動の充実に関する必要な施策の例示として「これらの者の行う創造的活動、公演等への支援」を加えること。

(第二十二条関係)

十二　公共の建物等における文化芸術の振興に資する取組に係る規定の新設

　国は、公共の建物等において、文化芸術に関する作品の展示その他の文化芸術の振興に資する取組を行うよう努めるものとすること。

　　　　　　　　　　　　　　　　　（第二十八条第二項関係）
　十三　調査研究の推進等に係る規定の新設
　　　国は、文化芸術に関する施策の推進を図るため、文化芸術の振興に必要な調査研究並びに国の内外の情報の収集、整理及び提供その他の必要な施策を講ずるものとすること。　　　　　（第二十九条の二関係）
　十四　民間の支援活動の活性化等に係る規定に関する改正
　　　民間の支援活動の活性化等に関する必要な施策の例示として「文化芸術団体が行う文化芸術活動への支援」を加えること。
　　　　　　　　　　　　　　　　　　　　　　　（第三十一条関係）
　十五　関係機関等の連携等に係る規定に関する改正
　　　関係機関等の連携等に関し、関係機関等の例示として「民間事業者」を加えること。　　　　　　　　　　　　　　（第三十二条関係）
第五　文化芸術の推進に係る体制の整備
　一　文化芸術推進会議に係る規定の新設
　　　政府は、文化芸術に関する施策の総合的、一体的かつ効果的な推進を図るため、文化芸術推進会議を設け、文部科学省及び内閣府、総務省、外務省、厚生労働省、農林水産省、経済産業省、国土交通省その他の関係行政機関相互の連絡調整を行うものとすること。
　　　　　　　　　　　　　　　　　　　　　　　（第三十六条関係）
　二　都道府県及び市町村の文化芸術推進会議等に係る規定の新設
　　　都道府県及び市町村に、地方文化芸術推進基本計画その他の文化芸術の推進に関する重要事項を調査審議させるため、条例で定めるところにより、審議会その他の合議制の機関を置くことができるものとすること。
　　　　　　　　　　　　　　　　　　　　　　　（第三十七条関係）
第六　施行期日等
　一　この法律は、公布の日から施行すること。　　（附則第一条関係）
　二　政府は、文化芸術に関する施策を総合的に推進するため、文化庁の機能の拡充等について、その行政組織の在り方を含め検討を加え、その結果に基づいて必要な措置を講ずるものとすること。
　　　　　　　　　　　　　　　　　　　　　　　（附則第二条関係）
　三　その他所要の規定を整理すること。

6 文化芸術振興基本法の一部を改正する法律案

文化芸術振興基本法の一部を改正する法律（平成二十九年法律第七十三号）

　文化芸術振興基本法（平成十三年法律第百四十八号）の一部を次のように改正する。

　題名を次のように改める。

　　　文化芸術基本法

　目次中「基本方針」を「文化芸術推進基本計画等」に改め、「第七条」の下に「・第七条の二」を加え、

「第三章　文化芸術の振興に関する基本的施策（第八条―第三十五条）」を
「第三章　文化芸術に関する基本的施策（第八条―第三十五条）」
「第四章　文化芸術の推進に係る体制の整備（第三十六条・第三十七条）」に改める。

　前文のうち第三項中「今」の下に「、文化芸術により生み出される様々な価値を生かして」を加え、第四項中「ためには」の下に「、文化芸術の礎たる表現の自由の重要性を深く認識し」を加え、第五項中「の振興について」を「に関する施策について」に、「の振興に関する」を「に関する」に改め、「総合的」の下に「かつ計画的」を加える。

　第一条中「かんがみ、文化芸術の振興」を「鑑み、文化芸術に関する施策」に、「責務」を「責務等」に、「の振興に関する」を「に関する」に改め、「総合的」の下に「かつ計画的」を加える。

　第二条第一項及び第二項中「の振興」を「に関する施策の推進」に改め、同条第三項中「の振興」を「に関する施策の推進」に、「かんがみ」を「鑑み」に改め、「その」の下に「年齢、障害の有無、経済的な状況又は」を加え、同条第四項中「の振興」を「に関する施策の推進」に、「において、」を「及び世界において」に、「図られ、ひいては世界の文化芸術の発展に資するものであるよう」を「図られるよう」に改め、同条第五項から同条第八項までの規定中「の振興」を「に関する施策の推進」に改め、同項を同条第九項とし、同条第七項の次に次の一項を加える。

　8　文化芸術に関する施策の推進に当たっては、乳幼児、児童、生徒等に対する文化芸術に関する教育の重要性に鑑み、学校等、文化芸術活動を行う団体

（以下「文化芸術団体」という。）、家庭及び地域における活動の相互の連携が図られるよう配慮されなければならない。

　第二条に次の一項を加える。

10　文化芸術に関する施策の推進に当たっては、文化芸術により生み出される様々な価値を文化芸術の継承、発展及び創造に活用することが重要であることに鑑み、文化芸術の固有の意義と価値を尊重しつつ、観光、まちづくり、国際交流、福祉、教育、産業その他の各関連分野における施策との有機的な連携が図られるよう配慮されなければならない。

　第三条及び第四条中「の振興」を削る。

　第五条の次に次の二条を加える。

（文化芸術団体の役割）

第五条の二　文化芸術団体は、その実情を踏まえつつ、自主的かつ主体的に、文化芸術活動の充実を図るとともに、文化芸術の継承、発展及び創造に積極的な役割を果たすよう努めなければならない。

（関係者相互の連携及び協働）

第五条の三　国、独立行政法人、地方公共団体、文化芸術団体、民間事業者その他の関係者は、基本理念の実現を図るため、相互に連携を図りながら協働するよう努めなければならない。

　第六条中「の振興」を削り、「又は財政上」を「、財政上又は税制上」に改める。

　「第二章　基本方針」を「第二章　文化芸術推進基本計画等」に改める。

　第七条に見出しとして「（文化芸術推進基本計画）」を付し、同条第一項中「の振興に関する施策」を「に関する施策」に改め、「総合的」の下に「かつ計画的」を加え、「の振興に関する基本的な方針（以下「基本方針」を「に関する施策に関する基本的な計画（以下「文化芸術推進基本計画」に改め、同条第二項中「基本方針」を「文化芸術推進基本計画」に改め、「の振興」を削り、「総合的」の下に「かつ計画的」を加え、同条第三項中「基本方針」を「文化芸術推進基本計画」に改め、同条第五項中「前二項」を「前三項」に、「基本方針」を「文化芸術推進基本計画」に改め、同項を同条第六項とし、同条第四項中「基本方針」を「文化芸術推進基本計画」に改め、同項を同条第五項とし、同条第三項の次に次の一項を加える。

4　文部科学大臣は、文化芸術推進基本計画の案を作成しようとするときは、あらかじめ、関係行政機関の施策に係る事項について、第三十六条に規定する文化芸術推進会議において連絡調整を図るものとする。

　第二章中第七条の次に次の一条を加える。

（地方文化芸術推進基本計画）

第七条の二　都道府県及び市（特別区を含む。第三十七条において同じ。）町村の教育委員会（地方教育行政の組織及び運営に関する法律（昭和三十一年法律第百六十二号）第二十三条第一項の条例の定めるところによりその長が文化に関する事務（文化財の保護に関する事務を除く。）を管理し、及び執行することとされた地方公共団体（次項において「特定地方公共団体」という。）にあっては、その長）は、文化芸術推進基本計画を参酌して、その地方の実情に即した文化芸術の推進に関する計画（次項及び第三十七条において「地方文化芸術推進基本計画」という。）を定めるよう努めるものとする。

2　特定地方公共団体の長が地方文化芸術推進基本計画を定め、又はこれを変更しようとするときは、あらかじめ、当該特定地方公共団体の教育委員会の意見を聴かなければならない。

　第三章の章名中「の振興」を削る。

　第八条中「支援」の下に「、これらの芸術の制作等に係る物品の保存への支援、これらの芸術に係る知識及び技能の継承への支援」を加える。

　第九条中「製作、上映」を「制作、上映、展示」に改め、「支援」の下に「、メディア芸術の制作等に係る物品の保存への支援、メディア芸術に係る知識及び技能の継承への支援、芸術祭等の開催」を加える。

　第十条中「歌舞伎」の下に「、組踊」を、「公演」の下に「、これに用いられた物品の保存」を加える。

　第十一条中「公演」の下に「、これに用いられた物品の保存」を、「支援」の下に「、これらの芸能に係る知識及び技能の継承への支援」を加える。

　第十二条の見出し中「生活文化、」を「生活文化の振興並びに」に改め、同条中「書道」の下に「、食文化」を、「文化をいう。）」の下に「の振興を図るとともに」を加える。

　第十四条の見出し中「振興」を「振興等」に改め、同条中「振興を」を「振興及びこれを通じた地域の振興を」に改め、「展示」の下に「、芸術祭」を加

える。

　第十五条第一項中「我が国」の下に「及び世界」を加え、「とともに、世界の文化芸術活動の発展に資する」を削り、「の国際的な交流及び」の下に「芸術祭その他の」を、「参加」の下に「、海外における我が国の文化芸術の現地の言語による展示、公開その他の普及」を加え、「修復等に関する協力」を「修復に関する協力、海外における著作権に関する制度の整備に関する協力、文化芸術に関する国際機関等の業務に従事する人材の養成及び派遣」に改める。

　第十六条中「の企画等を行う者」を「に関する企画又は制作を行う者、文化芸術活動に関する技術者」に改め、「おける研修」の下に「、教育訓練等の人材育成」を、「の確保」の下に「、文化芸術に関する作品の流通の促進、芸術家等の文化芸術に関する創造的活動等の環境の整備」を加える。

　第十九条中「開発」の下に「、日本語教育を行う機関における教育の水準の向上」を加える。

　第二十条中「隣接する権利」の下に「（以下この条において「著作権等」という。）」を加え、「これらに関する国際的」を「著作権等に関する内外の」に、「これらの」を「著作権等の」に、「これらに関し、制度の整備、調査研究、」を「著作権等に関する制度及び著作物の適正な流通を確保するための環境の整備、著作権等の侵害に係る対策の推進、著作権等に関する調査研究及び」に改める。

　第二十二条中「ため」の下に「、これらの者の行う創造的活動、公演等への支援」を加える。

　第二十四条中「文化芸術活動を行う団体（以下「文化芸術団体」という。）」を「文化芸術団体」に改める。

　第二十八条の見出し中「配慮」を「配慮等」に改め、同条に次の一項を加える。

2　国は、公共の建物等において、文化芸術に関する作品の展示その他の文化芸術の振興に資する取組を行うよう努めるものとする。

　第二十九条の次に次の一条を加える。

　（調査研究等）

第二十九条の二　国は、文化芸術に関する施策の推進を図るため、文化芸術の振興に必要な調査研究並びに国の内外の情報の収集、整理及び提供その他の必

要な施策を講ずるものとする。

　第三十一条中「措置」の下に「、文化芸術団体が行う文化芸術活動への支援」を加える。

　第三十二条第一項中「学校」を「学校等」に改め、「社会教育施設」の下に「、民間事業者」を加え、同条第二項中「学校」を「学校等」に改め、「医療機関」の下に「、民間事業者」を加える。

　第三十四条中「の振興」を削る。

　第三十五条中「の振興のために必要な」を「に関する」に改める。

　本則に次の一章を加える。

　　　第四章　文化芸術の推進に係る体制の整備

（文化芸術推進会議）

第三十六条　政府は、文化芸術に関する施策の総合的、一体的かつ効果的な推進を図るため、文化芸術推進会議を設け、文部科学省及び内閣府、総務省、外務省、厚生労働省、農林水産省、経済産業省、国土交通省その他の関係行政機関相互の連絡調整を行うものとする。

（都道府県及び市町村の文化芸術推進会議等）

第三十七条　都道府県及び市町村に、地方文化芸術推進基本計画その他の文化芸術の推進に関する重要事項を調査審議させるため、条例で定めるところにより、審議会その他の合議制の機関を置くことができる。

　　　附　　則

（施行期日）

第一条　この法律は、公布の日から施行する。ただし、附則第三条（第五号に係る部分に限る。）の規定は、障害者による文化芸術活動の推進に関する法律（平成二十九年法律第＿＿＿＿号）の公布の日又はこの法律の施行の日のいずれか遅い日から施行する。（※＿部分は本書刊行時未成立である）

　（文化芸術に関する施策を総合的に推進するための文化庁の機能の拡充等の検討）

第二条　政府は、文化芸術に関する施策を総合的に推進するため、文化庁の機能の拡充等について、その行政組織の在り方を含め検討を加え、その結果に基づいて必要な措置を講ずるものとする。

　（文部科学省設置法等の一部改正）

第三条　次に掲げる法律の規定中「文化芸術振興基本法」を「文化芸術基本法」に改める。
　一　文部科学省設置法（平成十一年法律第九十六号）第二十一条第一項第五号
　二　コンテンツの創造、保護及び活用の促進に関する法律（平成十六年法律第八十一号）第三条第三項
　三　海外の文化遺産の保護に係る国際的な協力の推進に関する法律（平成十八年法律第九十七号）第二条第三項
　四　劇場、音楽堂等の活性化に関する法律（平成二十四年法律第四十九号）前文第九項及び第一条
　五　障害者による文化芸術活動の推進に関する法律第一条

理　由
　文化芸術に関する施策の一層の推進を図る観点から、文化芸術振興基本法について、題名の改正、基本理念の見直し、文化芸術推進基本計画等に係る規定の整備、基本的施策の拡充等の措置を講ずる必要がある。これが、この法律案を提出する理由である。

4

6 文化芸術振興基本法の一部を改正する法律案

7 文化芸術振興基本法の一部を改正する法律新旧対照表

文化芸術振興基本法の一部を改正する法律　新旧対照表
○文化芸術振興基本法（平成十三年法律第百四十八号）

改　正　後
文化芸術基本法 目次 　前文 　第一章　総則（第一条―第六条） 　第二章　文化芸術推進基本計画等（第七条・第七条の二） 　第三章　文化芸術に関する基本的施策（第八条―第三十五条） 　第四章　文化芸術の推進に係る体制の整備（第三十六条・第三十七条） 　附則 　文化芸術を創造し、享受し、文化的な環境の中で生きる喜びを見出すことは、人々の変わらない願いである。また、文化芸術は、人々の創造性をはぐくみ、その表現力を高めるとともに、人々の心のつながりや相互に理解し尊重し合う土壌を提供し、多様性を受け入れることができる心豊かな社会を形成するものであり、世界の平和に寄与するものである。更に、文化芸術は、それ自体が固有の意義と価値を有するとともに、それぞれの国やそれぞれの時代における国民共通のよりどころとして重要な意味を持ち、国際化が進展する中にあって、自己認識の基点となり、文化的な伝統を尊重する心を育てるものである。 　我々は、このような文化芸術の役割が今後においても変わることなく、心豊かな活力ある社会の形成にとって極めて重要な意義を持ち続けると確信する。 　しかるに、現状をみるに、経済的な豊かさの中にありながら、文化芸術がその役割を果たすことができるような基盤の整備及び環境の形成は十分な状態にあるとはいえない。二十一世紀を迎えた今、文化芸術により生み

（下線部分は改正部分）

改　正　前

<u>文化芸術振興基本法</u>

目次

　前文

　第一章　総則（第一条―第六条）

　第二章　<u>基本方針</u>（第七条）

　<u>第三章　文化芸術の振興に関する基本的施策（第八条―第三十五条）</u>

　附則

　文化芸術を創造し、享受し、文化的な環境の中で生きる喜びを見出すことは、人々の変わらない願いである。また、文化芸術は、人々の創造性をはぐくみ、その表現力を高めるとともに、人々の心のつながりや相互に理解し尊重し合う土壌を提供し、多様性を受け入れることができる心豊かな社会を形成するものであり、世界の平和に寄与するものである。更に、文化芸術は、それ自体が固有の意義と価値を有するとともに、それぞれの国やそれぞれの時代における国民共通のよりどころとして重要な意味を持ち、国際化が進展する中にあって、自己認識の基点となり、文化的な伝統を尊重する心を育てるものである。

　我々は、このような文化芸術の役割が今後においても変わることなく、心豊かな活力ある社会の形成にとって極めて重要な意義を持ち続けると確信する。

　しかるに、現状をみるに、経済的な豊かさの中にありながら、文化芸術がその役割を果たすことができるような基盤の整備及び環境の形成は十分な状態にあるとはいえない。二十一世紀を迎えた今、これまで培われてき

出される様々な価値を生かして、これまで培われてきた伝統的な文化芸術を継承し、発展させるとともに、独創性のある新たな文化芸術の創造を促進することは、我々に課された緊要な課題となっている。

　このような事態に対処して、我が国の文化芸術の振興を図るためには、文化芸術の礎たる表現の自由の重要性を深く認識し、文化芸術活動を行う者の自主性を尊重することを旨としつつ、文化芸術を国民の身近なものとし、それを尊重し大切にするよう包括的に施策を推進していくことが不可欠である。

　ここに、文化芸術に関する施策についての基本理念を明らかにしてその方向を示し、文化芸術に関する施策を総合的かつ計画的に推進するため、この法律を制定する。

　　　第一章　総則

（目的）
第一条　この法律は、文化芸術が人間に多くの恵沢をもたらすものであることに鑑み、文化芸術に関する施策に関し、基本理念を定め、並びに国及び地方公共団体の責務等を明らかにするとともに、文化芸術に関する施策の基本となる事項を定めることにより、文化芸術に関する活動（以下「文化芸術活動」という。）を行う者（文化芸術活動を行う団体を含む。以下同じ。）の自主的な活動の促進を旨として、文化芸術に関する施策の総合的かつ計画的な推進を図り、もって心豊かな国民生活及び活力ある社会の実現に寄与することを目的とする。

（基本理念）
第二条　文化芸術に関する施策の推進に当たっては、文化芸術活動を行う者の自主性が十分に尊重されなければならない。
２　文化芸術に関する施策の推進に当たっては、文化芸術活動を行う者の創造性が十分に尊重されるとともに、その地位の向上が図られ、その能力が十分に発揮されるよう考慮されなければならない。
３　文化芸術に関する施策の推進に当たっては、文化芸術を創造し、享受

た伝統的な文化芸術を継承し、発展させるとともに、独創性のある新たな文化芸術の創造を促進することは、我々に課された緊要な課題となっている。

　このような事態に対処して、我が国の文化芸術の振興を図るためには、文化芸術活動を行う者の自主性を尊重することを旨としつつ、文化芸術を国民の身近なものとし、それを尊重し大切にするよう包括的に施策を推進していくことが不可欠である。

　ここに、文化芸術の振興についての基本理念を明らかにしてその方向を示し、文化芸術の振興に関する施策を総合的に推進するため、この法律を制定する。

　　　第一章　総則

（目的）
第一条　この法律は、文化芸術が人間に多くの恵沢をもたらすものであることにかんがみ、文化芸術の振興に関し、基本理念を定め、並びに国及び地方公共団体の責務を明らかにするとともに、文化芸術の振興に関する施策の基本となる事項を定めることにより、文化芸術に関する活動（以下「文化芸術活動」という。）を行う者（文化芸術活動を行う団体を含む。以下同じ。）の自主的な活動の促進を旨として、文化芸術の振興に関する施策の総合的な推進を図り、もって心豊かな国民生活及び活力ある社会の実現に寄与することを目的とする。

（基本理念）
第二条　文化芸術の振興に当たっては、文化芸術活動を行う者の自主性が十分に尊重されなければならない。
2　文化芸術の振興に当たっては、文化芸術活動を行う者の創造性が十分に尊重されるとともに、その地位の向上が図られ、その能力が十分に発揮されるよう考慮されなければならない。
3　文化芸術の振興に当たっては、文化芸術を創造し、享受することが人々

することが人々の生まれながらの権利であることに鑑み、国民がその年齢、障害の有無、経済的な状況又は居住する地域にかかわらず等しく、文化芸術を鑑賞し、これに参加し、又はこれを創造することができるような環境の整備が図られなければならない。

4　文化芸術に関する施策の推進に当たっては、我が国及び世界において文化芸術活動が活発に行われるような環境を醸成することを旨として文化芸術の発展が図られるよう考慮されなければならない。

5　文化芸術に関する施策の推進に当たっては、多様な文化芸術の保護及び発展が図られなければならない。

6　文化芸術に関する施策の推進に当たっては、地域の人々により主体的に文化芸術活動が行われるよう配慮するとともに、各地域の歴史、風土等を反映した特色ある文化芸術の発展が図られなければならない。

7　文化芸術に関する施策の推進に当たっては、我が国の文化芸術が広く世界へ発信されるよう、文化芸術に係る国際的な交流及び貢献の推進が図られなければならない。

8　文化芸術に関する施策の推進に当たっては、乳幼児、児童、生徒等に対する文化芸術に関する教育の重要性に鑑み、学校等、文化芸術活動を行う団体（以下「文化芸術団体」という。）、家庭及び地域における活動の相互の連携が図られるよう配慮されなければならない。

9　文化芸術に関する施策の推進に当たっては、文化芸術活動を行う者その他広く国民の意見が反映されるよう十分配慮されなければならない。

10　文化芸術に関する施策の推進に当たっては、文化芸術により生み出される様々な価値を文化芸術の継承、発展及び創造に活用することが重要であることに鑑み、文化芸術の固有の意義と価値を尊重しつつ、観光、まちづくり、国際交流、福祉、教育、産業その他の各関連分野における施策との有機的な連携が図られるよう配慮されなければならない。

（国の責務）

第三条　国は、前条の基本理念（以下「基本理念」という。）にのっとり、文化芸術に関する施策を総合的に策定し、及び実施する責務を有する。

の生まれながらの権利であることにかんがみ、国民がその居住する地域にかかわらず等しく、文化芸術を鑑賞し、これに参加し、又はこれを創造することができるような環境の整備が図られなければならない。

4　文化芸術の振興に当たっては、我が国において、文化芸術活動が活発に行われるような環境を醸成することを旨として文化芸術の発展が図られ、ひいては世界の文化芸術の発展に資するものであるよう考慮されなければならない。

5　文化芸術の振興に当たっては、多様な文化芸術の保護及び発展が図られなければならない。

6　文化芸術の振興に当たっては、地域の人々により主体的に文化芸術活動が行われるよう配慮するとともに、各地域の歴史、風土等を反映した特色ある文化芸術の発展が図られなければならない。

7　文化芸術の振興に当たっては、我が国の文化芸術が広く世界へ発信されるよう、文化芸術に係る国際的な交流及び貢献の推進が図られなければならない。

（新設）

<u>8</u>　文化芸術の振興に当たっては、文化芸術活動を行う者その他広く国民の意見が反映されるよう十分配慮されなければならない。

（新設）

（国の責務）
第三条　国は、前条の基本理念（以下「基本理念」という。）にのっとり、文化芸術の振興に関する施策を総合的に策定し、及び実施する責務を有する。

（地方公共団体の責務）
第四条　地方公共団体は、基本理念にのっとり、文化芸術に関し、国との連携を図りつつ、自主的かつ主体的に、その地域の特性に応じた施策を策定し、及び実施する責務を有する。

（国民の関心及び理解）
第五条　国は、現在及び将来の世代にわたって人々が文化芸術を創造し、享受することができるとともに、文化芸術が将来にわたって発展するよう、国民の文化芸術に対する関心及び理解を深めるように努めなければならない。

（文化芸術団体の役割）
第五条の二　文化芸術団体は、その実情を踏まえつつ、自主的かつ主体的に、文化芸術活動の充実を図るとともに、文化芸術の継承、発展及び創造に積極的な役割を果たすよう努めなければならない。

（関係者相互の連携及び協働）
第五条の三　国、独立行政法人、地方公共団体、文化芸術団体、民間事業者その他の関係者は、基本理念の実現を図るため、相互に連携を図りながら協働するよう努めなければならない。

（法制上の措置等）
第六条　政府は、文化芸術に関する施策を実施するため必要な法制上、財政上又は税制上の措置その他の措置を講じなければならない。

第二章　文化芸術推進基本計画等

（文化芸術推進基本計画）
第七条　政府は、文化芸術に関する施策の総合的かつ計画的な推進を図るため、文化芸術に関する施策に関する基本的な計画（以下「文化芸術推進基本計画」という。）を定めなければならない。

（地方公共団体の責務）

第四条　地方公共団体は、基本理念にのっとり、文化芸術の振興に関し、国との連携を図りつつ、自主的かつ主体的に、その地域の特性に応じた施策を策定し、及び実施する責務を有する。

（国民の関心及び理解）

第五条　国は、現在及び将来の世代にわたって人々が文化芸術を創造し、享受することができるとともに、文化芸術が将来にわたって発展するよう、国民の文化芸術に対する関心及び理解を深めるように努めなければならない。

（新設）

（新設）

（法制上の措置等）

第六条　政府は、文化芸術の振興に関する施策を実施するため必要な法制上又は財政上の措置その他の措置を講じなければならない。

　　　第二章　基本方針

第七条　政府は、文化芸術の振興に関する施策の総合的な推進を図るため、文化芸術の振興に関する基本的な方針（以下「基本方針」という。）を定めなければならない。

2　<u>文化芸術推進基本計画</u>は、文化芸術に関する施策を総合的<u>かつ</u>計画的に推進するための基本的な事項その他必要な事項について定めるものとする。

3　文部科学大臣は、文化審議会の意見を聴いて、<u>文化芸術推進基本計画</u>の案を作成するものとする。

4　<u>文部科学大臣は、文化芸術推進基本計画の案を作成しようとするときは、あらかじめ、関係行政機関の施策に係る事項について、第三十六条に規定する文化芸術推進会議において連絡調整を図るものとする。</u>

5　文部科学大臣は、<u>文化芸術推進基本計画</u>が定められたときは、遅滞なく、これを公表しなければならない。

6　<u>前三項</u>の規定は、<u>文化芸術推進基本計画</u>の変更について準用する。

（地方文化芸術推進基本計画）

第七条の二　<u>都道府県及び市（特別区を含む。第三十七条において同じ。）町村の教育委員会（地方教育行政の組織及び運営に関する法律（昭和三十一年法律第百六十二号）第二十三条第一項の条例の定めるところによりその長が文化に関する事務（文化財の保護に関する事務を除く。）を管理し、及び執行することとされた地方公共団体（次項において「特定地方公共団体」という。）にあっては、その長）は、文化芸術推進基本計画を参酌して、その地方の実情に即した文化芸術の推進に関する計画</u>（次項及び第三十七条において「地方文化芸術推進基本計画」という。）<u>を定めるよう努めるものとする。</u>

2　<u>特定地方公共団体の長が地方文化芸術推進基本計画を定め、又はこれを変更しようとするときは、あらかじめ、当該特定地方公共団体の教育委員会の意見を聴かなければならない。</u>

　　　第三章　文化芸術に関する基本的施策

（芸術の振興）

第八条　国は、文学、音楽、美術、写真、演劇、舞踊その他の芸術（次条に規定するメディア芸術を除く。）の振興を図るため、これらの芸術の

2　基本方針は、文化芸術の振興に関する施策を総合的に推進するための基本的な事項その他必要な事項について定めるものとする。

3　文部科学大臣は、文化審議会の意見を聴いて、基本方針の案を作成するものとする。
（新設）

4　文部科学大臣は、基本方針が定められたときは、遅滞なく、これを公表しなければならない。
5　前二項の規定は、基本方針の変更について準用する。

（新設）

　　第三章　文化芸術の振興に関する基本的施策

（芸術の振興）
第八条　国は、文学、音楽、美術、写真、演劇、舞踊その他の芸術（次条に規定するメディア芸術を除く。）の振興を図るため、これらの芸術の

公演、展示等への支援、これらの芸術の制作等に係る物品の保存への支援、これらの芸術に係る知識及び技能の継承への支援、芸術祭等の開催その他の必要な施策を講ずるものとする。

（メディア芸術の振興）
第九条　国は、映画、漫画、アニメーション及びコンピュータその他の電子機器等を利用した芸術（以下「メディア芸術」という。）の振興を図るため、メディア芸術の制作、上映、展示等への支援、メディア芸術の制作等に係る物品の保存への支援、メディア芸術に係る知識及び技能の継承への支援、芸術祭等の開催その他の必要な施策を講ずるものとする。

（伝統芸能の継承及び発展）
第十条　国は、雅楽、能楽、文楽、歌舞伎、組踊その他の我が国古来の伝統的な芸能（以下「伝統芸能」という。）の継承及び発展を図るため、伝統芸能の公演、これに用いられた物品の保存等への支援その他の必要な施策を講ずるものとする。

（芸能の振興）
第十一条　国は、講談、落語、浪曲、漫談、漫才、歌唱その他の芸能（伝統芸能を除く。）の振興を図るため、これらの芸能の公演、これに用いられた物品の保存等への支援、これらの芸能に係る知識及び技能の継承への支援その他の必要な施策を講ずるものとする。

（生活文化の振興並びに国民娯楽及び出版物等の普及）
第十二条　国は、生活文化（茶道、華道、書道、食文化その他の生活に係る文化をいう。）の振興を図るとともに、国民娯楽（囲碁、将棋その他の国民的娯楽をいう。）並びに出版物及びレコード等の普及を図るため、これらに関する活動への支援その他の必要な施策を講ずるものとする。

（文化財等の保存及び活用）
第十三条　国は、有形及び無形の文化財並びにその保存技術（以下「文化財等」という。）の保存及び活用を図るため、文化財等に関し、修復、

公演、展示等への支援、芸術祭等の開催その他の必要な施策を講ずるものとする。

（メディア芸術の振興）

第九条　国は、映画、漫画、アニメーション及びコンピュータその他の電子機器等を利用した芸術（以下「メディア芸術」という。）の振興を図るため、メディア芸術の<u>製作、上映</u>等への支援その他の必要な施策を講ずるものとする。

（伝統芸能の継承及び発展）

第十条　国は、雅楽、能楽、文楽、歌舞伎その他の我が国古来の伝統的な芸能（以下「伝統芸能」という。）の継承及び発展を図るため、伝統芸能の公演等への支援その他の必要な施策を講ずるものとする。

（芸能の振興）

第十一条　国は、講談、落語、浪曲、漫談、漫才、歌唱その他の芸能（伝統芸能を除く。）の振興を図るため、これらの芸能の公演等への支援その他の必要な施策を講ずるものとする。

（<u>生活文化、</u>国民娯楽及び出版物等の普及）

第十二条　国は、生活文化（茶道、華道、書道その他の生活に係る文化をいう。）、国民娯楽（囲碁、将棋その他の国民的娯楽をいう。）並びに出版物及びレコード等の普及を図るため、これらに関する活動への支援その他の必要な施策を講ずるものとする。

（文化財等の保存及び活用）

第十三条　国は、有形及び無形の文化財並びにその保存技術（以下「文化財等」という。）の保存及び活用を図るため、文化財等に関し、修復、

防災対策、公開等への支援その他の必要な施策を講ずるものとする。

（地域における文化芸術の振興等）
第十四条　国は、各地域における文化芸術の振興及びこれを通じた地域の振興を図るため、各地域における文化芸術の公演、展示、芸術祭等への支援、地域固有の伝統芸能及び民俗芸能（地域の人々によって行われる民俗的な芸能をいう。）に関する活動への支援その他の必要な施策を講ずるものとする。

（国際交流等の推進）
第十五条　国は、文化芸術に係る国際的な交流及び貢献の推進を図ることにより、我が国及び世界の文化芸術活動の発展を図るため、文化芸術活動を行う者の国際的な交流及び芸術祭その他の文化芸術に係る国際的な催しの開催又はこれへの参加、海外における我が国の文化芸術の現地の言語による展示、公開その他の普及への支援、海外の文化遺産の修復に関する協力、海外における著作権に関する制度の整備に関する協力、文化芸術に関する国際機関等の業務に従事する人材の養成及び派遣その他の必要な施策を講ずるものとする。
2　国は、前項の施策を講ずるに当たっては、我が国の文化芸術を総合的に世界に発信するよう努めなければならない。

（芸術家等の養成及び確保）
第十六条　国は、文化芸術に関する創造的活動を行う者、伝統芸能の伝承者、文化財等の保存及び活用に関する専門的知識及び技能を有する者、文化芸術活動に関する企画又は制作を行う者、文化芸術活動に関する技術者、文化施設の管理及び運営を行う者その他の文化芸術を担う者（以下「芸術家等」という。）の養成及び確保を図るため、国内外における研修、教育訓練等の人材育成への支援、研修成果の発表の機会の確保、文化芸術に関する作品の流通の促進、芸術家等の文化芸術に関する創造的活動等の環境の整備その他の必要な施策を講ずるものとする。
（文化芸術に係る教育研究機関等の整備等）

防災対策、公開等への支援その他の必要な施策を講ずるものとする。

（地域における文化芸術の振興）
第十四条　国は、各地域における文化芸術の振興を図るため、各地域における文化芸術の公演、展示等への支援、地域固有の伝統芸能及び民俗芸能（地域の人々によって行われる民俗的な芸能をいう。）に関する活動への支援その他の必要な施策を講ずるものとする。

（国際交流等の推進）
第十五条　国は、文化芸術に係る国際的な交流及び貢献の推進を図ることにより、我が国の文化芸術活動の発展を図るとともに、世界の文化芸術活動の発展に資するため、文化芸術活動を行う者の国際的な交流及び文化芸術に係る国際的な催しの開催又はこれへの参加への支援、海外の文化遺産の修復等に関する協力その他の必要な施策を講ずるものとする。

2　国は、前項の施策を講ずるに当たっては、我が国の文化芸術を総合的に世界に発信するよう努めなければならない。

（芸術家等の養成及び確保）
第十六条　国は、文化芸術に関する創造的活動を行う者、伝統芸能の伝承者、文化財等の保存及び活用に関する専門的知識及び技能を有する者、文化芸術活動の企画等を行う者、文化施設の管理及び運営を行う者その他の文化芸術を担う者（以下「芸術家等」という。）の養成及び確保を図るため、国内外における研修への支援、研修成果の発表の機会の確保その他の必要な施策を講ずるものとする。

（文化芸術に係る教育研究機関等の整備等）

第十七条　国は、芸術家等の養成及び文化芸術に関する調査研究の充実を図るため、文化芸術に係る大学その他の教育研究機関等の整備その他の必要な施策を講ずるものとする。

（国語についての理解）
第十八条　国は、国語が文化芸術の基盤をなすことにかんがみ、国語について正しい理解を深めるため、国語教育の充実、国語に関する調査研究及び知識の普及その他の必要な施策を講ずるものとする。

（日本語教育の充実）
第十九条　国は、外国人の我が国の文化芸術に関する理解に資するよう、外国人に対する日本語教育の充実を図るため、日本語教育に従事する者の養成及び研修体制の整備、日本語教育に関する教材の開発、日本語教育を行う機関における教育の水準の向上その他の必要な施策を講ずるものとする。

（著作権等の保護及び利用）
第二十条　国は、文化芸術の振興の基盤をなす著作者の権利及びこれに隣接する権利（以下この条において「著作権等」という。）について、著作権等に関する内外の動向を踏まえつつ、著作権等の保護及び公正な利用を図るため、著作権等に関する制度及び著作物の適正な流通を確保するための環境の整備、著作権等の侵害に係る対策の推進、著作権等に関する調査研究及び普及啓発その他の必要な施策を講ずるものとする。

（国民の鑑賞等の機会の充実）
第二十一条　国は、広く国民が自主的に文化芸術を鑑賞し、これに参加し、又はこれを創造する機会の充実を図るため、各地域における文化芸術の公演、展示等への支援、これらに関する情報の提供その他の必要な施策を講ずるものとする。

（高齢者、障害者等の文化芸術活動の充実）

第十七条　国は、芸術家等の養成及び文化芸術に関する調査研究の充実を図るため、文化芸術に係る大学その他の教育研究機関等の整備その他の必要な施策を講ずるものとする。

（国語についての理解）
第十八条　国は、国語が文化芸術の基盤をなすことにかんがみ、国語について正しい理解を深めるため、国語教育の充実、国語に関する調査研究及び知識の普及その他の必要な施策を講ずるものとする。

（日本語教育の充実）
第十九条　国は、外国人の我が国の文化芸術に関する理解に資するよう、外国人に対する日本語教育の充実を図るため、日本語教育に従事する者の養成及び研修体制の整備、日本語教育に関する教材の開発その他の必要な施策を講ずるものとする。

（著作権等の保護及び利用）
第二十条　国は、文化芸術の振興の基盤をなす著作者の権利及びこれに隣接する権利について、<u>これらに関する国際的動向を踏まえつつ、</u><u>これらの保護及び公正な利用を図るため、</u><u>これらに関し、制度の整備、調査研究、</u>普及啓発その他の必要な施策を講ずるものとする。

（国民の鑑賞等の機会の充実）
第二十一条　国は、広く国民が自主的に文化芸術を鑑賞し、これに参加し、又はこれを創造する機会の充実を図るため、各地域における文化芸術の公演、展示等への支援、これらに関する情報の提供その他の必要な施策を講ずるものとする。

（高齢者、障害者等の文化芸術活動の充実）

第二十二条　国は、高齢者、障害者等が行う文化芸術活動の充実を図るため、これらの者の行う創造的活動、公演等への支援、これらの者の文化芸術活動が活発に行われるような環境の整備その他の必要な施策を講ずるものとする。

（青少年の文化芸術活動の充実）
第二十三条　国は、青少年が行う文化芸術活動の充実を図るため、青少年を対象とした文化芸術の公演、展示等への支援、青少年による文化芸術活動への支援その他の必要な施策を講ずるものとする。

（学校教育における文化芸術活動の充実）
第二十四条　国は、学校教育における文化芸術活動の充実を図るため、文化芸術に関する体験学習等文化芸術に関する教育の充実、芸術家等及び文化芸術団体による学校における文化芸術活動に対する協力への支援その他の必要な施策を講ずるものとする。

（劇場、音楽堂等の充実）
第二十五条　国は、劇場、音楽堂等の充実を図るため、これらの施設に関し、自らの設置等に係る施設の整備、公演等への支援、芸術家等の配置等への支援、情報の提供その他の必要な施策を講ずるものとする。

（美術館、博物館、図書館等の充実）
第二十六条　国は、美術館、博物館、図書館等の充実を図るため、これらの施設に関し、自らの設置等に係る施設の整備、展示等への支援、芸術家等の配置等への支援、文化芸術に関する作品等の記録及び保存への支援その他の必要な施策を講ずるものとする。

（地域における文化芸術活動の場の充実）
第二十七条　国は、国民に身近な文化芸術活動の場の充実を図るため、各地域における文化施設、学校施設、社会教育施設等を容易に利用できる

第二十二条　国は、高齢者、障害者等が行う文化芸術活動の充実を図るため、これらの者の文化芸術活動が活発に行われるような環境の整備その他の必要な施策を講ずるものとする。

（青少年の文化芸術活動の充実）
第二十三条　国は、青少年が行う文化芸術活動の充実を図るため、青少年を対象とした文化芸術の公演、展示等への支援、青少年による文化芸術活動への支援その他の必要な施策を講ずるものとする。

（学校教育における文化芸術活動の充実）
第二十四条　国は、学校教育における文化芸術活動の充実を図るため、文化芸術に関する体験学習等文化芸術に関する教育の充実、芸術家等及び<u>文化芸術活動を行う団体（以下「文化芸術団体」という。）</u>による学校における文化芸術活動に対する協力への支援その他の必要な施策を講ずるものとする。

（劇場、音楽堂等の充実）
第二十五条　国は、劇場、音楽堂等の充実を図るため、これらの施設に関し、自らの設置等に係る施設の整備、公演等への支援、芸術家等の配置等への支援、情報の提供その他の必要な施策を講ずるものとする。

（美術館、博物館、図書館等の充実）
第二十六条　国は、美術館、博物館、図書館等の充実を図るため、これらの施設に関し、自らの設置等に係る施設の整備、展示等への支援、芸術家等の配置等への支援、文化芸術に関する作品等の記録及び保存への支援その他の必要な施策を講ずるものとする。

（地域における文化芸術活動の場の充実）
第二十七条　国は、国民に身近な文化芸術活動の場の充実を図るため、各地域における文化施設、学校施設、社会教育施設等を容易に利用できる

ようにするための措置その他の必要な施策を講ずるものとする。

（公共の建物等の建築に当たっての配慮等）
第二十八条　国は、公共の建物等の建築に当たっては、その外観等について、周囲の自然的環境、地域の歴史及び文化等との調和を保つよう努めるものとする。
2　国は、公共の建物等において、文化芸術に関する作品の展示その他の文化芸術の振興に資する取組を行うよう努めるものとする。

（情報通信技術の活用の推進）
第二十九条　国は、文化芸術活動における情報通信技術の活用の推進を図るため、文化芸術活動に関する情報通信ネットワークの構築、美術館等における情報通信技術を活用した展示への支援、情報通信技術を活用した文化芸術に関する作品等の記録及び公開への支援その他の必要な施策を講ずるものとする。

（調査研究等）
第二十九条の二　国は、文化芸術に関する施策の推進を図るため、文化芸術の振興に必要な調査研究並びに国の内外の情報の収集、整理及び提供その他の必要な施策を講ずるものとする。

（地方公共団体及び民間の団体等への情報提供等）
第三十条　国は、地方公共団体及び民間の団体等が行う文化芸術の振興のための取組を促進するため、情報の提供その他の必要な施策を講ずるものとする。

（民間の支援活動の活性化等）
第三十一条　国は、個人又は民間の団体が文化芸術活動に対して行う支援活動の活性化を図るとともに、文化芸術活動を行う者の活動を支援するため、文化芸術団体が個人又は民間の団体からの寄附を受けることを容易にする等のための税制上の措置、文化芸術団体が行う文化芸術活動へ

（公共の建物等の建築に当たっての<u>配慮</u>）
第二十八条　国は、公共の建物等の建築に当たっては、その外観等について、周囲の自然的環境、地域の歴史及び文化等との調和を保つよう努めるものとする。
（新設）

（情報通信技術の活用の推進）
第二十九条　国は、文化芸術活動における情報通信技術の活用の推進を図るため、文化芸術活動に関する情報通信ネットワークの構築、美術館等における情報通信技術を活用した展示への支援、情報通信技術を活用した文化芸術に関する作品等の記録及び公開への支援その他の必要な施策を講ずるものとする。

（新設）

（地方公共団体及び民間の団体等への情報提供等）
第三十条　国は、地方公共団体及び民間の団体等が行う文化芸術の振興のための取組を促進するため、情報の提供その他の必要な施策を講ずるものとする。

（民間の支援活動の活性化等）
第三十一条　国は、個人又は民間の団体が文化芸術活動に対して行う支援活動の活性化を図るとともに、文化芸術活動を行う者の活動を支援するため、文化芸術団体が個人又は民間の団体からの寄附を受けることを容易にする等のための税制上の措置その他の必要な施策を講ずるよう努め

の支援その他の必要な施策を講ずるよう努めなければならない。

（関係機関等の連携等）
第三十二条　国は、第八条から前条までの施策を講ずるに当たっては、芸術家等、文化芸術団体、学校等、文化施設、社会教育施設、民間事業者その他の関係機関等の間の連携が図られるよう配慮しなければならない。
2　国は、芸術家等及び文化芸術団体が、学校等、文化施設、社会教育施設、福祉施設、医療機関、民間事業者等と協力して、地域の人々が文化芸術を鑑賞し、これに参加し、又はこれを創造する機会を提供できるようにするよう努めなければならない。

（顕彰）
第三十三条　国は、文化芸術活動で顕著な成果を収めた者及び文化芸術の振興に寄与した者の顕彰に努めるものとする。

（政策形成への民意の反映等）
第三十四条　国は、文化芸術に関する政策形成に民意を反映し、その過程の公正性及び透明性を確保するため、芸術家等、学識経験者その他広く国民の意見を求め、これを十分考慮した上で政策形成を行う仕組みの活用等を図るものとする。

（地方公共団体の施策）
第三十五条　地方公共団体は、第八条から前条までの国の施策を勘案し、その地域の特性に応じた文化芸術に関する施策の推進を図るよう努めるものとする。

　　　第四章　文化芸術の推進に係る体制の整備

（文化芸術推進会議）
第三十六条　政府は、文化芸術に関する施策の総合的、一体的かつ効果的

なければならない。

（関係機関等の連携等）
第三十二条　国は、第八条から前条までの施策を講ずるに当たっては、芸術家等、文化芸術団体、<u>学校</u>、文化施設、社会教育施設その他の関係機関等の間の連携が図られるよう配慮しなければならない。
2　国は、芸術家等及び文化芸術団体が、<u>学校</u>、文化施設、社会教育施設、福祉施設、医療機関等と協力して、地域の人々が文化芸術を鑑賞し、これに参加し、又はこれを創造する機会を提供できるようにするよう努めなければならない。

（顕彰）
第三十三条　国は、文化芸術活動で顕著な成果を収めた者及び文化芸術の振興に寄与した者の顕彰に努めるものとする。

（政策形成への民意の反映等）
第三十四条　国は、文化芸術<u>の振興</u>に関する政策形成に民意を反映し、その過程の公正性及び透明性を確保するため、芸術家等、学識経験者その他広く国民の意見を求め、これを十分考慮した上で政策形成を行う仕組みの活用等を図るものとする。

（地方公共団体の施策）
第三十五条　地方公共団体は、第八条から前条までの国の施策を勘案し、その地域の特性に応じた文化芸術<u>の振興のために</u>必要な施策の推進を図るよう努めるものとする。

　　　（新設）

（新設）

な推進を図るため、文化芸術推進会議を設け、文部科学省及び内閣府、総務省、外務省、厚生労働省、農林水産省、経済産業省、国土交通省その他の関係行政機関相互の連絡調整を行うものとする。

(都道府県及び市町村の文化芸術推進会議等)
第三十七条　都道府県及び市町村に、地方文化芸術推進基本計画その他の文化芸術の推進に関する重要事項を調査審議させるため、条例で定めるところにより、審議会その他の合議制の機関を置くことができる。

○文部科学省設置法(平成十一年法律第九十六号)(抄)(附則第三条第一号関係)

改　正　後
(文化審議会) 第二十一条　文化審議会は、次に掲げる事務をつかさどる。 一～四　(略) 　五　文化芸術基本法(平成十三年法律第百四十八号)第七条第三項、展覧会における美術品損害の補償に関する法律(平成二十三年法律第十七号)第十二条第二項、著作権法(昭和四十五年法律第四十八号)、万国著作権条約の実施に伴う著作権法の特例に関する法律(昭和三十一年法律第八十六号)第五条第四項、著作権等管理事業法(平成十二年法律第百三十一号)第二十四条第四項、文化財保護法第百五十三条及び文化功労者年金法(昭和二十六年法律第百二十五号)第二条第二項の規定によりその権限に属させられた事項を処理すること。 2・3　(略)

（新設）

(下線部分は改正部分)

改　正　前
（文化審議会） 第二十一条　文化審議会は、次に掲げる事務をつかさどる。 　一～四　（略） 　五　<u>文化芸術振興基本法</u>（平成十三年法律第百四十八号）第七条第三項、展覧会における美術品損害の補償に関する法律（平成二十三年法律第十七号）第十二条第二項、著作権法（昭和四十五年法律第四十八号）、万国著作権条約の実施に伴う著作権法の特例に関する法律（昭和三十一年法律第八十六号）第五条第四項、著作権等管理事業法（平成十二年法律第百三十一号）第二十四条第四項、文化財保護法第百五十三条及び文化功労者年金法（昭和二十六年法律第百二十五号）第二条第二項の規定によりその権限に属させられた事項を処理すること。 2・3　（略）

○コンテンツの創造、保護及び活用の促進に関する法律
　（平成十六年法律第八十一号）（抄）（附則第三条第二号関係）

改　正　後
（基本理念） 第三条　（略） 2　（略） 3　コンテンツの創造、保護及び活用の促進に関する施策の推進は、高度情報通信ネットワーク社会形成基本法（平成十二年法律第百四十四号）、<u>文化芸術基本法</u>（平成十三年法律第百四十八号）及び消費者基本法（昭和四十三年法律第七十八号）の基本理念に配慮して行われなければならない。

○海外の文化遺産の保護に係る国際的な協力の推進に関する法律
　（平成十八年法律第九十七号）（抄）（附則第三条第三号関係）

改　正　後
（基本理念） 第二条　（略） 2　（略） 3　文化遺産国際協力の推進に関する施策は、文化芸術基本法（平成十三年法律第百四十八号）の基本理念に配慮して行われるものとする。

(下線部分は改正部分)

改　正　前
（基本理念） 第三条　（略） 2　（略） 3　コンテンツの創造、保護及び活用の促進に関する施策の推進は、高度情報通信ネットワーク社会形成基本法（平成十二年法律第百四十四号）、<u>文化芸術振興基本法</u>（平成十三年法律第百四十八号）及び消費者基本法（昭和四十三年法律第七十八号）の基本理念に配慮して行われなければならない。

(下線部分は改正部分)

改　正　前
（基本理念） 第二条　（略） 2　（略） 3　文化遺産国際協力の推進に関する施策は、文化芸術振興基本法（平成十三年法律第百四十八号）の基本理念に配慮して行われるものとする。

○劇場、音楽堂等の活性化に関する法律（平成二十四年法律第四十九号）（抄）（附則第三条第四号関係）

改　正　後

　我が国においては、劇場、音楽堂等をはじめとする文化的基盤については、それぞれの時代の変化により変遷を遂げながらも、国民のたゆまぬ努力により、地域の特性に応じて整備が進められてきた。

　劇場、音楽堂等は、文化芸術を継承し、創造し、及び発信する場であり、人々が集い、人々に感動と希望をもたらし、人々の創造性を育み、人々が共に生きる絆きずなを形成するための地域の文化拠点である。また、劇場、音楽堂等は、個人の年齢若しくは性別又は個人を取り巻く社会的状況等にかかわりなく、全ての国民が、潤いと誇りを感じることのできる心豊かな生活を実現するための場として機能しなくてはならない。その意味で、劇場、音楽堂等は、常に活力ある社会を構築するための大きな役割を担っている。

　さらに現代社会においては、劇場、音楽堂等は、人々の共感と参加を得ることにより「新しい広場」として、地域コミュニティの創造と再生を通じて、地域の発展を支える機能も期待されている。また、劇場、音楽堂等は、国際化が進む中では、国際文化交流の円滑化を図り、国際社会の発展に寄与する「世界への窓」にもなることが望まれる。

　このように、劇場、音楽堂等は、国民の生活においていわば公共財ともいうべき存在である。

　これに加え、劇場、音楽堂等で創られ、伝えられてきた実演芸術は、無形の文化遺産でもあり、これを守り、育てていくとともに、このような実演芸術を創り続けていくことは、今を生きる世代の責務とも言える。

　我が国の劇場、音楽堂等については、これまで主に、施設の整備が先行して進められてきたが、今後は、そこにおいて行われる実演芸術に関する活動や、劇場、音楽堂等の事業を行うために必要な人材の養成等を強化していく必要がある。また、実演芸術に関する活動を行う団体の活動拠点が大都市圏に集中しており、地方においては、多彩な実演芸術に触れる機会が相対的に少ない状況が固定化している現状も改善していかなければなら

(下線部分は改正部分)

改　正　前

　我が国においては、劇場、音楽堂等をはじめとする文化的基盤については、それぞれの時代の変化により変遷を遂げながらも、国民のたゆまぬ努力により、地域の特性に応じて整備が進められてきた。

　劇場、音楽堂等は、文化芸術を継承し、創造し、及び発信する場であり、人々が集い、人々に感動と希望をもたらし、人々の創造性を育み、人々が共に生きる絆きずなを形成するための地域の文化拠点である。また、劇場、音楽堂等は、個人の年齢若しくは性別又は個人を取り巻く社会的状況等にかかわりなく、全ての国民が、潤いと誇りを感じることのできる心豊かな生活を実現するための場として機能しなくてはならない。その意味で、劇場、音楽堂等は、常に活力ある社会を構築するための大きな役割を担っている。

　さらに現代社会においては、劇場、音楽堂等は、人々の共感と参加を得ることにより「新しい広場」として、地域コミュニティの創造と再生を通じて、地域の発展を支える機能も期待されている。また、劇場、音楽堂等は、国際化が進む中では、国際文化交流の円滑化を図り、国際社会の発展に寄与する「世界への窓」にもなることが望まれる。

　このように、劇場、音楽堂等は、国民の生活においていわば公共財ともいうべき存在である。

　これに加え、劇場、音楽堂等で創られ、伝えられてきた実演芸術は、無形の文化遺産でもあり、これを守り、育てていくとともに、このような実演芸術を創り続けていくことは、今を生きる世代の責務とも言える。

　我が国の劇場、音楽堂等については、これまで主に、施設の整備が先行して進められてきたが、今後は、そこにおいて行われる実演芸術に関する活動や、劇場、音楽堂等の事業を行うために必要な人材の養成等を強化していく必要がある。また、実演芸術に関する活動を行う団体の活動拠点が大都市圏に集中しており、地方においては、多彩な実演芸術に触れる機会が相対的に少ない状況が固定化している現状も改善していかなければなら

ない。

　こうした劇場、音楽堂等を巡る課題を克服するためには、とりわけ、個人を含め社会全体が文化芸術の担い手であることについて国民に認識されるように、劇場、音楽堂等を設置し、又は運営する者、実演芸術に関する活動を行う団体及び芸術家、国及び地方公共団体、教育機関等が相互に連携協力して取り組む必要がある。

　また、文化芸術の特質を踏まえ、国及び地方公共団体が劇場、音楽堂等に関する施策を講ずるに当たっては、短期的な経済効率性を一律に求めるのではなく、長期的かつ継続的に行うよう配慮する必要がある。

　ここに、このような視点に立ち、文化芸術基本法の基本理念にのっとり、劇場、音楽堂等の役割を明らかにし、将来にわたって、劇場、音楽堂等がその役割を果たすための施策を総合的に推進し、心豊かな国民生活及び活力ある地域社会の実現並びに国際社会の調和ある発展を期するため、この法律を制定する。

　（目的）
第一条　この法律は、文化芸術基本法（平成十三年法律第百四十八号）の基本理念にのっとり、劇場、音楽堂等の活性化を図ることにより、我が国の実演芸術の水準の向上等を通じて実演芸術の振興を図るため、劇場、音楽堂等の事業、関係者並びに国及び地方公共団体の役割、基本的施策等を定め、もって心豊かな国民生活及び活力ある地域社会の実現並びに国際社会の調和ある発展に寄与することを目的とする。

ない。

　こうした劇場、音楽堂等を巡る課題を克服するためには、とりわけ、個人を含め社会全体が文化芸術の担い手であることについて国民に認識されるように、劇場、音楽堂等を設置し、又は運営する者、実演芸術に関する活動を行う団体及び芸術家、国及び地方公共団体、教育機関等が相互に連携協力して取り組む必要がある。

　また、文化芸術の特質を踏まえ、国及び地方公共団体が劇場、音楽堂等に関する施策を講ずるに当たっては、短期的な経済効率性を一律に求めるのではなく、長期的かつ継続的に行うよう配慮する必要がある。

　ここに、このような視点に立ち、文化芸術振興基本法の基本理念にのっとり、劇場、音楽堂等の役割を明らかにし、将来にわたって、劇場、音楽堂等がその役割を果たすための施策を総合的に推進し、心豊かな国民生活及び活力ある地域社会の実現並びに国際社会の調和ある発展を期するため、この法律を制定する。

（目的）
第一条　この法律は、文化芸術振興基本法（平成十三年法律第百四十八号）の基本理念にのっとり、劇場、音楽堂等の活性化を図ることにより、我が国の実演芸術の水準の向上等を通じて実演芸術の振興を図るため、劇場、音楽堂等の事業、関係者並びに国及び地方公共団体の役割、基本的施策等を定め、もって心豊かな国民生活及び活力ある地域社会の実現並びに国際社会の調和ある発展に寄与することを目的とする。

○障害者による文化芸術活動の推進に関する法律（平成二十九年法律第＿＿＿＿号）（抄）（附則第三条第五号関係）（※＿部分は本書刊行時未成立である）

改　正　後
（目的） 第一条　この法律は、文化芸術が、これを創造し、又は享受する者の障害の有無にかかわらず、人々に心の豊かさや相互理解をもたらすものであることに鑑み、<u>文化芸術基本法</u>（平成十三年法律第百四十八号）及び障害者基本法（昭和四十五年法律第八十四号）の基本的な理念にのっとり、障害者による文化芸術活動（文化芸術に関する活動をいう。以下同じ。）の推進に関し、基本理念、基本計画の策定その他の基本となる事項を定めることにより、障害者による文化芸術活動の推進に関する施策を総合的かつ計画的に推進し、もって文化芸術活動を通じた障害者の個性と能力の発揮及び社会参加の促進を図ることを目的とする。

附　則

（施行期日）

第一条　この法律は、公布の日から施行する。ただし、附則第三条（第五号に係る部分に限る。）の規定は、障害者による文化芸術活動の推進に関する法律（平成二十九年法律第＿＿＿＿＿号）の公布の日又はこの法律の施行の日のいずれか遅い日から施行する。（※＿部分は本書刊行時未成立である）

（文化芸術に関する施策を総合的に推進するための文化庁の機能の拡充等の検討）

第二条　政府は、文化芸術に関する施策を総合的に推進するため、文化庁の機能の拡充等について、その行政組織の在り方を含め検討を加え、その結果に基づいて必要な措置を講ずるものとする。

(下線部分は改正部分)

改　正　前
（目的） 第一条　この法律は、文化芸術が、これを創造し、又は享受する者の障害の有無にかかわらず、人々に心の豊かさや相互理解をもたらすものであることに鑑み、<u>文化芸術振興基本法</u>（平成十三年法律第百四十八号）及び障害者基本法（昭和四十五年法律第八十四号）の基本的な理念にのっとり、障害者による文化芸術活動（文化芸術に関する活動をいう。以下同じ。）の推進に関し、基本理念、基本計画の策定その他の基本となる事項を定めることにより、障害者による文化芸術活動の推進に関する施策を総合的かつ計画的に推進し、もって文化芸術活動を通じた障害者の個性と能力の発揮及び社会参加の促進を図ることを目的とする。

8 文化芸術振興基本法の一部を改正する法律案起草の件

文化芸術振興基本法の一部を改正する法律案起草の件（案）

　文化芸術振興基本法の一部を改正する法律案の起草案につきまして、提案者を代表して、その趣旨及び内容を御説明いたします。

　我が国の文化芸術全般にわたる基本的な法律として「文化芸術振興基本法」が平成十三年に議員立法により成立してから十六年が経過し、これまで、同法に基づき四次にわたって策定された「文化芸術の振興に関する基本的な方針」の下、文化芸術立国の実現に向けた文化芸術の振興に関する取組が進められてきました。

　この間、少子高齢化・グローバル化の進展など社会の状況が著しく変化する中で、観光やまちづくり、国際交流等幅広い関連分野との連携を視野に入れた総合的な文化芸術政策の展開が、より一層求められるようになっています。

　また、二〇二〇年に開催される東京オリンピック競技大会・東京パラリンピック競技大会はスポーツの祭典であると同時に文化の祭典でもあり、我が国の文化芸術の価値を世界へ発信する大きな機会であるとともに、文化芸術による新たな価値の創出を広く示していく好機でもあります。

　そこで、本案は、文化芸術の振興にとどまらず、観光、まちづくり、国際交流、福祉、教育、産業その他の関連分野における施策を本法の範囲に取り込むとともに、文化芸術により生み出される様々な価値を文化芸術の継承、発展及び創造に活用しようとするものであり、その主な内容は次の通りであります。

　第一に、文化芸術の振興にとどまらず、観光やまちづくり、国際交流等の文化芸術に関連する分野における施策をも本法の範囲に取り込むことに伴い、法律の題名を「文化芸術基本法」に改めるとともに、前文及び目的について所要の整理を行うこととしております。

　第二に、基本理念について、以下のように改正することとしております。

　まず、文化芸術に関する施策の推進に当たっては、年齢、障害の有無又は経済的な状況にかかわらず等しく、文化芸術を鑑賞することなどができるような環境の整備が図られなければならないこととするほか、我が国に加えて「世界」において、文化芸術活動が活発に行われるような環境を醸成することを旨として文化芸術の発展が図られるよう考慮されなければならないことと改める

こととしております。

　また、児童生徒等に対する文化芸術に関する教育の重要性に鑑み、学校等、文化芸術団体、家庭及び地域における活動の連携が図られるよう配慮されなければならないことのほか、文化芸術により生み出される様々な価値を文化芸術の継承等に活用することが重要であることに鑑み、文化芸術の固有の意義と価値を尊重しつつ、観光、まちづくり、国際交流、福祉、教育、産業その他の各関連分野における施策との有機的な連携が図られるよう配慮されなければならないこととする規定を追加することとしております。

　第三に、政府は、文化芸術に関する施策の総合的かつ計画的な推進を図るため、従来の文化芸術の振興に関する基本的な方針に代えて「文化芸術推進基本計画」を定めるとともに、地方公共団体においては、同計画を参酌して、その地方の実情に即した「地方文化芸術推進基本計画」を定めるよう努めるものとすることとしております。

　第四に、文化芸術に関する基本的施策を拡充することとしております。

　具体的には、まず一つ目として、芸術、メディア芸術、伝統芸能、芸能の振興について、必要な施策の例示に「物品の保存」、「展示」、「知識及び技能の継承」、「芸術祭の開催」などへの支援を追加するとともに、伝統芸能の例示に「組踊」を追加することとしております。

二つ目として、生活文化の例示に「食文化」を追加するとともに、生活文化の振興を図ることとしております。

　三つ目として、各地域の文化芸術の振興を通じた地域の振興を図ることとし、必要な施策の例示に「芸術祭への支援」を追加することとしております。

　四つ目として、国際的な交流等の推進に関する必要な施策の例示に「海外における我が国の文化芸術の現地の言語による展示、公開その他の普及への支援」及び「文化芸術に関する国際機関等の業務に従事する人材の養成及び派遣」を追加することとしております。

　五つ目として、芸術家等の養成及び確保に関する必要な施策の例示に国内外における「教育訓練等の人材育成への支援」を追加することとしております。

　第五に、政府は、文化芸術に関する施策の総合的、一体的かつ効果的な推進を図るため、「文化芸術推進会議」を設け、関係行政機関相互の連絡調整を行うものとすることとしております。

最後に、本案は公布の日から施行することとするとともに、政府は、文化芸術に関する施策を総合的に推進するため、文化庁の機能の拡充等について、その行政組織の在り方を含め検討を加え、その結果に基づいて必要な措置を講ずることとしております。

　以上が、本起草案の趣旨及び内容であります。何とぞ御賛同くださいますようお願い申し上げます。

9 衆議院文部科学委員会議事録（平成29年5月26日）

193-衆-文部科学委員会-15号 平成29年5月26日
（文化芸術振興基本法の一部を改正する法律案関係部分抜粋）

○永岡委員長　次に、文化芸術振興基本法の一部を改正する法律案起草の件について議事を進めます。

　本件につきましては、河村建夫君外五名から、自由民主党・無所属の会、民進党・無所属クラブ、公明党、日本維新の会及び社会民主党・市民連合の五派共同提案により、お手元に配付いたしておりますとおり、文化芸術振興基本法の一部を改正する法律案の起草案を成案とし、本委員会提出の法律案として決定すべしとの動議が提出されております。

　提出者から趣旨の説明を求めます。河村建夫君。

○河村委員　文化芸術振興基本法の一部を改正する法律案の起草案につきまして、提案者を代表して、その趣旨及び内容を御説明いたします。

　我が国の文化芸術全般にわたる基本的な法律として、文化芸術振興基本法が平成十三年に議員立法により成立してから十六年が経過し、これまで、同法に基づき四次にわたって策定された文化芸術の振興に関する基本的な方針のもと、文化芸術立国の実現に向けた文化芸術の振興に関する取り組みが進められてきました。

　この間、少子高齢化、グローバル化の進展など社会の状況が著しく変化する中で、観光やまちづくり、国際交流等幅広い関連分野との連携を視野に入

れた総合的な文化芸術政策の展開が、より一層求められるようになっております。

また、二〇二〇年に開催される東京オリンピック競技大会・東京パラリンピック競技大会は、スポーツの祭典であると同時に文化の祭典でもあり、我が国の文化芸術の価値を世界へ発信する大きな機会であるとともに、文化芸術による新たな価値の創出を広く示していく好機でもあります。

そこで、本案は、文化芸術の振興にとどまらず、観光、まちづくり、国際交流、福祉、教育、産業その他の関連分野における施策を本法の範囲に取り込むとともに、文化芸術により生み出されるさまざまな価値を文化芸術の継承、発展及び創造に活用しようとするものであり、その主な内容は次のとおりであります。

第一に、文化芸術の振興にとどまらず、観光やまちづくり、国際交流等の文化芸術に関連する分野における施策をも本法の範囲に取り込むことに伴い、法律の題名を文化芸術基本法に改めるとともに、前文及び目的について所要の整理を行うこととしております。

第二に、基本理念について、以下のように改正することとしております。

まず、文化芸術に関する施策の推進に当たっては、年齢、障害の有無または経済的な状況にかかわらずひとしく、文化芸術を鑑賞することなどができるような環境の整備が図られなければならないこととするほか、我が国に加えて世界において、文化芸術活動が活発に行われるような環境を醸成することを旨として文化芸術の発展が図られるよう考慮されなければならないことと改めることにしております。

また、児童生徒等に対する文化芸術に関する教育の重要性に鑑み、学校等、文化芸術団体、家庭及び地域における活動の連携が図られるよう配慮されなければならないことのほか、文化芸術により生み出されるさまざまな価値を文化芸術の継承等に活用することが重要であることに鑑み、文化芸術の固有の意義と価値を尊重しつつ、観光、まちづくり、国際交流、福祉、教育、産業その他の各関連分野における施策との有機的な連携が図られるよう配慮されなければならないこととする規定を追加することといたしております。

第三に、政府は、文化芸術に関する施策の総合的かつ計画的な推進を図るため、従来の文化芸術の振興に関する基本的な方針にかえて文化芸術推進基

本計画を定めるとともに、地方公共団体において、同計画を参酌して、その地方の実情に即した地方文化芸術推進基本計画を定めるよう努めることとしております。

　第四に、文化芸術に関する基本的施策を拡充することとしております。

　具体的には、まず一つ目として、芸術、メディア芸術、伝統芸能、芸能の振興について、必要な施策の例示に、物品の保存、展示、知識及び技能の継承、芸術祭の開催などへの支援を追加するとともに、伝統芸能の例示に組踊を追加することとしております。

　二つ目として、生活文化の例示に食文化を追加するとともに、生活文化の振興を図ることとしております。

　三つ目として、各地域の文化芸術の振興を通じた地域の振興を図ることとし、必要な施策の例示に芸術祭への支援を追加することとしております。

　四つ目として、国際的な交流等の推進に関する必要な施策の例示に、海外における我が国の文化芸術の現地の言語による展示、公開その他の普及への支援及び文化芸術に関する国際機関等の業務に従事する人材の養成及び派遣を追加することとしております。

　五つ目として、芸術家等の養成及び確保に関する必要な施策の例示に、国内外における教育訓練等の人材育成への支援を追加することとしております。

　第五に、政府は、文化芸術に関する施策の総合的、一体的かつ効果的な推進を図るため、文化芸術推進会議を設け、関係行政機関相互の連絡調整を行うものとすることとしております。

　最後に、本案は公布の日から施行することとするとともに、政府は、文化芸術の施策を総合的に推進するため、文化庁の機能の拡充等について、その行政組織のあり方を含め検討を加え、その結果に基づいて必要な措置を講ずることとしております。

　以上が、本起草案の趣旨及び内容であります。

　何とぞ御賛同いただきますようにお願いを申し上げます。

　ありがとうございました。

文化芸術振興基本法の一部を改正する法律案

○永岡委員長　これにて趣旨の説明は終わりました。

　本件について発言を求められておりますので、これを許します。畑野君枝君。

○畑野委員　日本共産党の畑野君枝です。

　文化芸術振興基本法の一部を改正する法律案の起草案は、文化芸術振興議員連盟の場で昨年来議論を続けてきたものであり、成案の取りまとめに当たられた皆さんに敬意を表します。

　私も議連の場で意見を述べてまいりましたが、文化芸術振興基本法制定後初めての改正でありまして、文部科学委員会の場で大いに議論をし、議事録に残すことで、後世に本法案の意義を明確にすることにつながると考えております。

　文化芸術を進める上で、表現の自由は基盤となるものです。我が党は、本法律の制定時から表現の自由を明記することを求めてきました。今回、前文に明記されることになりました。表現の自由は文化芸術の推進にとって極めて重要だと考えます。今回前文に明記する意義について伺います。

○河村委員　お答え申し上げます。

　畑野議員御指摘のとおり、文化芸術活動における表現の自由は極めて重要である、この法案をつくるための超党派の議連でも御指摘をいただいたところでございます。

　現行法におきましても、前文、目的、基本理念において、文化芸術活動を行う者の自主性や創造性の尊重については繰り返し規定をしておるわけでありますが、表現の自由を直接明記はしていないものの、文化芸術活動における表現の自由の保障という考え方は十分にあらわされてきた、このように考えております。

　今回の改正案においては、超党派の文化芸術振興議員連盟において、振興基本法の範囲を拡大する中で、改めて、文化芸術活動を行う者の自主性や創造性、これを十分尊重する趣旨をあらわすために、文化芸術の礎たる表現の自由の重要性を深く認識する旨の記述を加える必要がある、この議論、御指摘をいただきました。これを踏まえて、前文にそのような一文を入れて、改

正を加えることにした、こういうことでございます。

○畑野委員　各地の美術館や図書館、公民館などで、創作物の発表を不当な理由で拒否するなど、表現の自由への侵害が相次いで、創作活動の萎縮も懸念される中で、文化芸術の基本法に表現の自由を明記するということは意義があることだと思います。

　本起草案は、文化芸術の振興にとどまらず、観光、まちづくり、国際交流などの各関連分野における施策も取り込み、有機的な連携を進め、文化芸術により生み出されるさまざまな価値を文化芸術の継承、発展及び創造に活用するためとして、法律の題名を、文化芸術振興基本法から文化芸術基本法に改め、振興法から、文化芸術に関する全般的な法へと性格を変えています。

　文化芸術は、観光、まちづくりなどと関連する部分もあり、連携を進めること自体はあり得ることです。ただ、先日の山本幸三地方創生担当大臣による、一番のガンは文化学芸員だ、観光マインドが全くなく、一掃しないとだめだとの発言があり、学芸員という職種に対する暴言だと言わなくてはなりません。

　大臣たる人物が、このような学芸員の現状について理解のない発言を公然と行うような状況ですと、観光、まちづくり、国際交流などの関連施策にかかわらない文化芸術そのものの振興は置き去りにされないかといった危惧を抱かざるを得ません。また、観光やまちづくりの名のもとに、文化財の保存が曖昧にされたり、文化行政がゆがめられてはなりません。

　本起草案により、観光、まちづくりなどと関連しない文化芸術そのものの振興が縮小されることがあってはならないと考えますが、いかがでしょうか。

○平野委員　お答えをいたします。

　御質問は、観光、まちづくりなどと関連しない文化芸術そのものの振興が今まで以上に縮小されるのではないか、こういう御指摘でございますが、今回の改正の趣旨は、観光やまちづくり、国際交流、福祉、教育、産業その他の関連分野も巻き込んでやろうということで、この法案の中に取り込んでいこう、こういう趣旨でございます。

　したがいまして、今までの文化芸術そのものの振興にとどまらない、幅広にやっていくんだ、こういう趣旨でございますので、今先生から御指摘ありました、従来の部分、いわゆる観光やまちづくり等に関連しないところにつ

いては、そういう文化芸術の振興については縮小されるんじゃないか、こういう懸念に対しては、全くそういうことではなくて、より幅広にやっていこう、こういうことでございますから、体制、予算等々含めて、この改正をすることによって、私は、より充実していくものと確信をいたしておるところであります。

　私も、十六年前のこの議法の提案者として感慨深いものがありますし、これからもしっかりとサポートしていきたい、かように思っております。
以上でございます。

○畑野委員　本起草案では、現行の文化芸術の振興に関する基本方針を文化芸術推進基本計画へと改めております。

　文化芸術の振興そのものは、何か成果を上げなければ行わないとか、成果を上げていないものは行わないというものではなくて、文化芸術の創造、享受は、本法律にあるように国民の文化的権利なのでありまして、当然、今以上に進めていく課題だと思いますが、いかがでしょうか。

○伊藤（信）委員　畑野委員にお答えいたします。

　現時点で基本計画において想定されることは、例えば、地域の文化的環境に対して満足する国民の割合が上がっているとか、そういう計画の達成状況を、わかりやすく、国民に理解できるような形のものを持つことによって説明責任を果たすということが目的でありまして、もちろん、文化芸術の振興は、文化芸術活動を行う者の自主性、創造性、それを尊重するということが大前提でありますので、御指摘のような、いわゆる成果主義を強調することによって文化芸術活動を行うことが萎縮するようなことがあってはならないと考えておりますし、それは法律の趣旨ではございません。

　むしろ、基本計画の策定により、文化芸術が今まで以上に力強くといいますか推進する、そのことが重要であると考えております。

○畑野委員　あわせて、地方自治体にも、地方文化芸術推進基本計画として、地方の計画を策定する努力義務を新たに規定しております。国の計画を参酌して策定するということになっていますが、国の計画のとおりに地方自治体も計画を策定せよと受けとめられかねないのではないかと思いますが、その懸念についていかがでしょうか。

○伊東（信）委員　畑野議員にお答えいたします。

観光やまちづくりなど関連分野を含めまして文化芸術に関する施策を推進するためには、国の取り組みだけでは、それのみならず、地方公共団体の取り組みも推進されることが当然望ましい、そういった観点から、第七条の二として、地方公共団体における基本計画の策定を促す規定を置いたものです。
　本条では、地方公共団体に対して、国の計画を参酌、すなわち参考にしつつも、その地方の実情に即した計画を定めるよう努めることを求めておりまして、国の計画どおりの計画を策定するようなことを求めているものではないということをお答えいたします。

○畑野委員　それでは、最後に伺います。
○永岡委員長　時間が来ております。ぜひ手短にお願いいたします。
○畑野委員　現状の文化予算の規模を当然視するのではなく、文化芸術の振興のために予算面で国が積極的な役割を果たすべきだと思いますが、いかがでしょうか。
○河村委員　現在の文化予算、当初予算ベースですと一千四十三億ということでありまして、この規模は、文化の祭典であるオリンピック・パラリンピックを二〇二〇年に控えている日本の国の文化予算として十分なものではない、我々も同じような認識を持っておるところでございます。
　文化振興のために予算面で国が積極的な役割を果たしてもらうという御指摘は私も全く同感でございまして、この法案を成立させていただきました暁には、さらに文化予算の充実、拡充に、党派を超えて皆さんと一緒になって、この超党派議連でつくった法案でもございます、政府に働きかけてまいりたいと考えております。
　また、この予算を適切に執行するためにも、文化庁の機能の拡充が必要であるというふうに考えております。その行政組織のあり方を含めた検討条項を附則第二条に規定をさせていただいております。文化庁の機能の拡充についても、各党各会派の先生方とも、その実現に向けてひとつ一層の尽力をしてまいりたいと思いますし、御協力をお願いしたいと思います。
○畑野委員　終わります。ありがとうございました。

10 衆議院本会議議事録（平成29年5月30日）

193-衆-本会議-29号 平成29年05月30日

日程第二 文化芸術振興基本法の一部を改正する法律案（文部科学委員長提出）

○議長（大島理森君） 日程第二、文化芸術振興基本法の一部を改正する法律案を議題といたします。
　委員長の趣旨弁明を許します。文部科学委員長永岡桂子君。

　　　　─────────────

文化芸術振興基本法の一部を改正する法律案
　〔本号末尾に掲載〕

　　　　─────────────

　　〔永岡桂子君登壇〕

○永岡桂子君　ただいま議題となりました法律案につきまして、提案の趣旨及びその内容を御説明申し上げます。
　本案は、文化芸術の振興にとどまらず、観光、まちづくり、国際交流、福祉、教育、産業その他の関連分野における施策を法律の範囲に取り込むとともに、文化芸術により生み出されるさまざまな価値を文化芸術の継承、発展及び創造に活用しようとするものであり、その主な内容は、
　第一に、法律の題名を文化芸術基本法に改めるとともに、前文及び目的について所要の整理を行うこと、
　第二に、基本理念を改め、文化芸術に関する施策の推進に当たっては、年齢、障害の有無または経済的な状況にかかわらず、ひとしく文化芸術を鑑賞することなどができるような環境の整備が図られなければならない等とすること、
　第三に、政府は、文化芸術に関する施策の総合的かつ計画的な推進を図るため、従来の文化芸術の振興に関する基本的な方針にかえて、文化芸術推進基本計画を定めなければならないとするとともに、地方公共団体においては、同計画を参酌して、その地方の実情に即した地方文化芸術推進基本計画を定めるよう努めるものとすること

などであります。

　本案は、去る二十六日、文部科学委員会において、全会一致をもって委員会提出の法律案とすることに決したものであります。

　何とぞ御賛同くださいますようお願い申し上げます。（拍手）

○議長（大島理森君）　採決いたします。

　本案を可決するに御異議ありませんか。

　　　〔「異議なし」と呼ぶ者あり〕

○議長（大島理森君）　御異議なしと認めます。よって、本案は可決いたしました。

11　参議院文教科学委員会議事録（平成29年6月16日）

193- 参 - 文教科学委員会 - 平成29年6月16日

（文化芸術振興基本法の一部を改正する法律案関係部分抜粋）

○委員長（赤池誠章君）　文化芸術振興基本法の一部を改正する法律案を議題といたします。

　提出者衆議院文部科学委員長永岡桂子君から趣旨説明を聴取いたします。永岡衆議院文部科学委員長。

○衆議院議員（永岡桂子君）　文化芸術振興基本法の一部を改正する法律案につきまして、提案の趣旨及び内容について御説明申し上げます。

　我が国の文化芸術全般にわたる基本的な法律として文化芸術振興基本法が平成十三年に議員立法により成立してから十六年が経過をし、これまで、同法に基づき四次にわたって策定された文化芸術の振興に関する基本的な方針の下、文化芸術立国の実現に向けた文化芸術の振興に関する取組が進められてきました。

　この間、少子高齢化、グローバル化の進展など社会の状況が著しく変化する

中で、観光やまちづくり、国際交流等幅広い関連分野との連携を視野に入れた総合的な文化芸術政策の展開が、より一層求められるようになっています。

　また、二〇二〇年に開催される東京オリンピック競技大会・東京パラリンピック競技大会は、スポーツの祭典であると同時に文化の祭典でもあり、我が国の文化芸術の価値を世界へ発信する大きな機会であるとともに、文化芸術による新たな価値の創出を広く示していく好機でもあります。

　そこで、本案は、文化芸術の振興にとどまらず、観光、まちづくり、国際交流、福祉、教育、産業その他の関連分野における施策を本法の範囲に取り込むとともに、文化芸術により生み出される様々な価値を文化芸術の継承、発展及び創造に活用しようとするものであり、その主な内容は次のとおりであります。

　第一に、文化芸術の振興にとどまらず、観光やまちづくり、国際交流等の文化芸術に関連する分野における施策をも本法の範囲に取り込むことに伴い、法律の題名を文化芸術基本法に改めるとともに、前文及び目的について所要の整理を行うこととしております。

　第二に、基本理念について、以下のように改正することとしております。

　まず、文化芸術に関する施策の推進に当たっては、年齢、障害の有無又は経済的な状況にかかわらず、ひとしく文化芸術を鑑賞することなどができるような環境の整備が図られなければならないこととするほか、我が国に加えて、世界において文化芸術活動が活発に行われるような環境を醸成することを旨として文化芸術の発展が図られるよう考慮されなければならないことと改めることとしております。

　また、児童生徒等に対する文化芸術に関する教育の重要性に鑑み、学校等、文化芸術団体、家庭及び地域における活動の連携が図られるよう配慮されなければならないことのほか、文化芸術により生み出される様々な価値を文化芸術の継承等に活用することが重要であることに鑑み、文化芸術の固有の意義と価値を尊重しつつ、観光、まちづくり、国際交流、福祉、教育、産業その他の各関連分野における施策との有機的な連携が図られるよう配慮されなければならないこととする規定を追加することとしております。

　第三に、政府は、文化芸術に関する施策の総合的かつ計画的な推進を図るため、従来の文化芸術の振興に関する基本的な方針に替えて文化芸術推進基本計画を定めるとともに、地方公共団体においては、同計画を参酌して、その地方

の実情に即した地方文化芸術推進基本計画を定めるよう努めるものとすることとしております。

　第四に、文化芸術に関する基本的施策を拡充することとしております。

　具体的には、まず一つ目として、芸術、メディア芸術、伝統芸能、芸能の振興について、必要な施策の例示に、物品の保存、展示、知識及び技能の継承、芸術祭の開催などへの支援を追加するとともに、伝統芸能の例示に組踊を追加することとしております。

　二つ目として、生活文化の例示に食文化を追加するとともに、生活文化の振興を図ることとしております。

　三つ目に、各地域の文化芸術の振興を通じた地域の振興を図ることとし、必要な施策の例示に芸術祭への支援を追加することとしております。

　四つ目として、国際的な交流等の推進に関する必要な施策の例示に、海外における我が国の文化芸術の現地の言語による展示、公開その他の普及への支援及び文化芸術に関する国際機関等の業務に従事する人材の養成及び派遣を追加することとしております。

　五つ目として、芸術家等の養成及び確保に関する必要な施策の例示に、国内外における教育訓練等の人材育成への支援を追加することとしております。

　第五に、政府は、文化芸術に関する施策の総合的、一体的かつ効果的な推進を図るため、文化芸術推進会議を設け、関係行政機関相互の連絡調整を行うものとすることとしております。

　最後に、本案は公布の日から施行することとするとともに、政府は、文化芸術に関する施策を総合的に推進するため、文化庁の機能の拡充等について、その行政組織の在り方を含め検討を加え、その結果に基づいて必要な措置を講ずることとしております。

　以上が本案の趣旨及び内容であります。

　何とぞ御賛同くださいますようお願い申し上げます。

○委員長（赤池誠章君）　以上で趣旨説明の聴取は終わりました。

　これより質疑に入ります。

　質疑のある方は順次御発言願います。

○吉良よし子君　日本共産党の吉良よし子です。

　本法案は、文化芸術振興議員連盟の場で昨年来議論を続けてきたものであり、

成案の取りまとめに当たられた皆さんに心から敬意を申し上げます。私も議連の場で意見を述べましたけれども、文化芸術振興基本法制定後初めての改正でもあるわけで、委員会でも大いに議論もして議事録に残すことで後世に本法案の意義を明らかにするということは重要であると考えております。

　本法案には、文化芸術を進める基盤となる表現の自由というものが前文に明記されました。これは大変意義あることだと考えております。

　一方、各地の美術館や図書館、公民館などで創作物の発表を不当な理由で拒否するなどの表現の自由への侵害が相次ぐ中、創作活動への萎縮も懸念される状況があります。また、文化芸術振興のための予算が限られている下で、創作活動に公的支援を受けようと思った際、例えば、時の政権、国の意向に反するものは支援を受けられないのではないかなどの思いから国の意向をそんたくするなど、各々の創作活動を萎縮させるようなことになるのではないかという懸念もあるわけです。

　そういうそんたくや萎縮を芸術文化の現場に生まないということは何より重要だと思うのですが、提案者のお考え、いかがでしょうか。

○衆議院議員（河村建夫君）　御指摘の点につきまして御答弁申し上げたいと思いますが、御存じのように、現行法では既に、第二条第二項の基本理念のところで文化芸術活動を行う者の創造性の尊重について規定をいたしておるところでありますし、また、三条においては、国は基本理念にのっとって施策を実施する責務を有する、そのことが規定をされております。

　さらに、今御指摘のように、吉良先生からもいろいろ御指摘をいただいたところでございますが、超党派の文化芸術議連の場において様々な議論がございました。この中で、文化芸術を行う者の自主性や創造性を十分尊重する趣旨、これが大切であるということで、前文に、文化芸術の礎たる表現の自由の重要性を深く認識するという文言を加えることにいたしておるところでございます。

　御指摘ありましたように、この文化芸術の振興に当たって、活動を行う皆さんが萎縮することがあってはならないわけでございまして、このような今回法律を加えたということで、この法律の趣旨を加えて、施策が適切に運営されるようにということを我々は期待をいたしておるところでございます。

○吉良よし子君　是非、表現の自由、最大限重視するということが大事だということを申し上げたいと思います。

また、本法案は、新たに文化芸術団体が法に位置付けられており、国、地方自治体などとの連携ということも明記されております。文化芸術をする団体、個人に国が連携して文化芸術の振興を進めるということは必要なことではありますが、ただ、文化芸術の創造、享受というのは国の施策とは言わば関係なしに行われるものでもあるわけです。本法案で、何か文化芸術をする団体、個人が支援を受けるためには国への協力が前提などとなってはいけないと思うのですが、その点、提案者、いかがでしょうか。
〇衆議院議員（平野博文君）　吉良議員の御質問にお答えいたします。
　私も十六年前のこの議法を出したときの提案者の一人として非常に今回うれしく思っておりますし、改めて大きな範囲でこの文化芸術を捉えていくということについて本当にうれしく思っているわけであります。
　そこで、先生から今御指摘ありました現行法でも、前文、目的や基本理念におきまして、文化芸術活動に行う者の自主性や創造性の尊重について繰り返し規定をしているところでありまして、御指摘のとおり、文化芸術を行う団体、個人が国への協力がないと支援を受けられないと、こういうことはあってはならないと、かように思っております。
　今回の改正案におきましても、五条の二において文化芸術団体の役割が追加されたわけでありますが、ここでは文化芸術団体が自主的に、主体的に活動の充実を図ると掲げられておりまして、御指摘の懸念がないように確認的に規定をさせていただいているところでございますので、そういう視点で御理解をいただいたら結構かと思っております。
〇吉良よし子君　国への協力を前提とあってはならないということでございました。
　ではまた、大臣にも伺いたいと思います。
　議連の場でも文化芸術の振興を今以上にしっかり取り組むべきだという議論をしてきておりますが、やはり文化予算、国家予算の現在〇・一％、一千億円程度にとどまっている現状で、予算規模も諸外国並みに、文化芸術の振興そのものを更に進めてほしいというのが文化芸術に関わる皆さんの願いであるわけです。
　そこで、文化行政を所管する文科大臣こそ、今回の法改正を受けて一層の文化芸術の振興を取り組むために、現状の予算規模、当然視するのではなく、思

い切って増額すべきと考えますが、いかがでしょうか。
○国務大臣（松野博一君）　お答えをいたします。

　平成二十九年度の文化芸術予算は千四十三億円であり、文化の祭典でもある二〇二〇年東京オリンピック・パラリンピック競技大会に向けて、本法案の趣旨を十分に踏まえ、文化芸術の振興のための予算の充実に努力をしてまいりたいと考えております。
○吉良よし子君　是非、抜本的な増額に取り組んでいただきたいと思うわけです。芸術文化というのは人々の感性や創造性を育み、多様な価値観をつくり出す、一人一人の国民、人間の人生を豊かにしていくものであり、そうした文化を創造し、享受するというのは国民の重要な権利であるわけです。国が行う支援というのは、表現の自由を尊重して、財政的な責任は持ちつつも、支援先などは専門家が決めるという原則の下に行うことを改めて明確にしながら、文化芸術の施策進めていくべきであるということを申し上げたいと思います。

　その上で、最後に、私、大臣にどうしても伺いたいことが一つあります。

　先ほど理事会で加計学園獣医学部新設に関わる文書の再調査の結果の報告を受けました。この再調査に関わって、先日、農林水産委員会で義家文科副大臣が森ゆうこ議員から公益通報者の権利を守るという意識があるかと聞かれて、非公知の行政運営上のプロセスを上司の許可なく外部に流出させることは国家公務員法違反になる可能性があるというふうに認識していると、そういう答弁があったわけです。万一、今回の再調査が告発者を国家公務員法違反で罰するという犯人捜しのための調査であったとするなら大問題だと思うわけです。

　この義家文科副大臣の発言、これは文科省の問題ですから、これに対する文科大臣の認識をただしたい。公益通報者の権利は何が何でも守るべきという立場に、大臣、ありますよね。お答えください。
○国務大臣（松野博一君）　お答えをいたします。

　現時点において、文部科学省職員から情報が流出をしたと確認されていることはございません。確認されていないことについて仮定でお話をすることは差し控えさせていただきたいと思いますが、いずれにいたしましても、仮に文部科学省職員から今般の情報が流出をしたという事実が判明をしたときには、個々の状況、事情、意図等を聞いて精査をした上で判断すべきものと考えております。

○吉良よし子君　精査をした上でということですけれども、ここの、もし公益通報者、義憤に駆られて何か報告した者がいたとした場合、その権利は何が何でも守ると、そういうことでよろしいか、もう一度お答えください。

○国務大臣（松野博一君）　我が省の職員にかかわらず、公益通報者保護に関する法律の趣旨にのっとって、適正にそれぞれの職員の権利が保護されるというのは当然のことでございます。

○吉良よし子君　権利が守られるのは当然ということがありました。

　そもそも、五月十九日の調査で確認できなかったとした文書がここに来て出てきたわけです。ということは、当初、あったものをなかったものに、黒を白にしようとしていたということになるのではないかと。こういうところで文科省の信頼が失墜しているのではないかと言われているわけですよ。そうした責任は、文科大臣の責任は重大です。大変申し訳ないと言って済む問題ではないわけです。

　文書の内容、総理の意向により行政がゆがめられたという疑惑の真相究明も待ったなしわけでして、何よりこの間、私たち野党は再三この文科委員会一般質疑を開いていただきたいということを申し上げてきたわけですが、事ここに至るまで開かれなかったわけです。

　先ほど、理事会でも、是非開いてほしいという意見はありました。そういう中で、必要な一般質疑も行われずにこの閉会を迎えようとしていることは断固抗議したいものです。

　真相究明のために、閉中審査も含めてここ文教科学委員会で行うよう、審議をちゃんと行うよう強く求め、私の質問を終わります。

○委員長（赤池誠章君）　他に御発言もないようですから、質疑は終局したものと認めます。

　これより討論に入ります。──別に御意見もないようですから、これより直ちに採決に入ります。

　文化芸術振興基本法の一部を改正する法律案に賛成の方の挙手を願います。
　　　　〔賛成者挙手〕

○委員長（赤池誠章君）　全会一致と認めます。よって、本案は全会一致をも

って原案どおり可決すべきものと決定いたしました。

　なお、審査報告書の作成につきましては、これを委員長に御一任願いたいと存じますが、御異議ございませんか。

　　　〔「異議なし」と呼ぶ者あり〕

12 参議院本会議議事録（平成 29 年 6 月 16 日）

193-参-本会議-34号平成29年06月16日

○議長（伊達忠一君）　この際、日程に追加して、

　文化芸術振興基本法の一部を改正する法律案（衆議院提出）を議題とすることに御異議ございませんか。

　　　〔「異議なし」と呼ぶ者あり〕

○議長（伊達忠一君）　御異議ないと認めます。

　まず、委員長の報告を求めます。文教科学委員長赤池誠章君。

　　　─────────────
　　　〔審査報告書及び議案は本号末尾に掲載〕
　　　─────────────

　　　〔赤池誠章君登壇、拍手〕

○赤池誠章君　ただいま議題となりました法律案につきまして、文教科学委員会における審査の経過と結果を御報告申し上げます。

　本法律案は、衆議院文部科学委員長の提出によるものであり、文化芸術に関する施策の一層の推進を図る観点から、文化芸術振興基本法について、題名の改正、基本理念の見直し、文化芸術推進基本計画等に係る規定の整備を行うとともに、メディア芸術、組踊を始めとする伝統芸能、食文化を始めとする生活文化、芸術祭その他の国際交流、障害者芸術などの文化芸術に関する基本的施策の拡充等の措置を講じようとするものであります。

委員会におきまして、趣旨説明を聴取した後、文化芸術の振興に向けた国の支援の在り方等について質疑が行われましたが、その詳細は会議録によって御承知願います。
　質疑を終局し、採決の結果、本法律案は全会一致をもって原案どおり可決すべきものと決定いたしました。
　以上、御報告申し上げます。（拍手）
　　　　　─────────────

〇議長（伊達忠一君）　これより採決をいたします。
　本案の賛否について、投票ボタンをお押し願います。
　　　〔投票開始〕

〇議長（伊達忠一君）　間もなく投票を終了いたします。――これにて投票を終了いたします。
　　　〔投票終了〕

〇議長（伊達忠一君）　投票の結果を報告いたします。
　　　投票総数　　　　　　　　二百四十
　　　賛成　　　　　　　　　　二百四十
　　　反対　　　　　　　　　　　　〇
　よって、本案は全会一致をもって可決されました。（拍手）

13 文化芸術振興基本法の一部を改正する法律の施行について（通知）

29庁房第125号
平成29年6月23日

各都道府県教育委員会
各指定都市教育委員会
各都道府県知事
各指定都市市長
各国公私立大学長
各国公私立高等専門学校長
各大学共同利用機関法人機構長
放送大学長
日本芸術院長
各文部科学省独立行政法人の長　殿
公益財団法人日本博物館協会会長
全国美術館会議会長
関係各特例民法法人の長
関係各公益社団法人の長
関係各公益財団法人の長
関係各一般社団法人の長
関係各一般財団法人の長

文化庁長官
宮田亮平
（印影印刷）

文化芸術振興基本法の一部を改正する法律の施行について（通知）

　第193回国会（常会）において成立した「文化芸術振興基本法の一部を改正する法律」が、平成29年6月23日に平成29年法律第73号として公布、施行されました。

　今回の改正は、少子高齢化やグローバル化の進展など社会の状況が著しく変化する中で、観光、まちづくり、国際交流、福祉、教育、産業等関連分野との連携を視野に入れた総合的な文化芸術政策の展開がより一層求められていること、文化芸術の祭典でもある2020年の東京オリンピック・パラリンピック競

技大会は、文化芸術の新たな価値を世界へ発信・創出する好機であることから、文化芸術の固有の意義と価値を尊重しつつ、文化芸術そのものの振興にとどまらず、その各関連分野における施策を法律の範囲に取り込むとともに、文化芸術により生み出される様々な価値を文化芸術の継承、発展及び創造に活用しようとするものです。

本法の概要及び留意事項は下記のとおりですので、十分に御了知の上、本法の趣旨を踏まえた取組に努めていただきますようお願いします。

なお、都道府県教育委員会及び都道府県知事にあっては、域内市町村の教育委員会及び文化行政担当部局、所管又は所轄の学校及び文化施設その他の関係機関・関係団体に対して、このことを周知願います。

記

第1 法律の概要
1 題名等の改正
(1) 法律の題名を「文化芸術基本法」に改めること。(題名関係)

(2) 前文及び目的規定について、所要の整理を行うこと。(前文及び第1条関係)

2 総則の改正
(1) 基本理念の改正(第2条関係)
① 文化芸術に関する施策の推進に当たっては、文化芸術を鑑賞し、これに参加し、又はこれを創造することができるような環境の整備に関し、「年齢、障害の有無又は経済的な状況」にかかわらず等しくできるようにする旨を加えること。
② 文化芸術に関する施策の推進に当たっては、我が国に加えて「世界」において、文化芸術活動が活発に行われるような環境を醸成することを旨として文化芸術の発展が図られるよう考慮されなければならない旨を規定すること。
③ 文化芸術に関する施策の推進に当たっては、乳幼児、児童、生徒等

に対する文化芸術に関する教育の重要性に鑑み、学校等、文化芸術活動を行う団体（以下「文化芸術団体」という。）、家庭及び地域における活動の相互の連携が図られるよう配慮されなければならない旨の規定を追加すること。

④ 文化芸術に関する施策の推進に当たっては、文化芸術により生み出される様々な価値を文化芸術の継承、発展及び創造に活用することが重要であることに鑑み、文化芸術の固有の意義と価値を尊重しつつ、観光、まちづくり、国際交流、福祉、教育、産業その他の各関連分野における施策との有機的な連携が図られるよう配慮されなければならない旨の規定を追加すること。

(2) 文化芸術団体の役割に係る規定の新設（第5条の2関係）
　　文化芸術団体は、その実情を踏まえつつ、自主的かつ主体的に、文化芸術活動の充実を図るとともに、文化芸術の継承、発展及び創造に積極的な役割を果たすよう努めなければならないこと。

(3) 関係者相互の連携及び協働に係る規定の新設（第5条の3関係）
　　国、独立行政法人、地方公共団体、文化芸術団体、民間事業者その他の関係者は、基本理念の実現を図るため、相互に連携を図りながら協働するよう努めなければならないこと。

(4) 税制上の措置の追加（第6条関係）
　　政府が講ずべき措置に税制上の措置を加えること。

3 **文化芸術推進基本計画等**
(1) 文化芸術推進基本計画（第7条関係）
① 政府は、文化芸術に関する施策の総合的かつ計画的な推進を図るため、文化芸術に関する施策に関する基本的な計画（以下「文化芸術推進基本計画」という。）を定めなければならないこと。
② 文化芸術推進基本計画は、文化芸術に関する施策を総合的かつ計画的に推進するための基本的な事項その他必要な事項について定めるものと

すること。
③　文部科学大臣は、文化審議会の意見を聴いて、文化芸術推進基本計画の案を作成するものとすること。
④　文部科学大臣は、文化芸術推進基本計画の案を作成しようとするときは、あらかじめ、関係行政機関の施策に係る事項について、5の（1）の文化芸術推進会議において連絡調整を図るものとすること。
⑤　文部科学大臣は、文化芸術推進基本計画が定められたときは、遅滞なく、これを公表しなければならないこと。
⑥　③から⑤までの規定は、文化芸術推進基本計画の変更について準用すること。

(2)　地方文化芸術推進基本計画（第7条の2関係）
①　都道府県及び市町村の教育委員会（条例の定めるところによりその長が文化に関する事務を管理し、及び執行することとされた地方公共団体（②において「特定地方公共団体」という。）にあっては、その長）は、文化芸術推進基本計画を参酌して、その地方の実情に即した文化芸術の推進に関する計画（以下「地方文化芸術推進基本計画」という。）を定めるよう努めるものとすること。
②　特定地方公共団体の長が地方文化芸術推進基本計画を定め、又はこれを変更しようとするときは、あらかじめ、当該特定地方公共団体の教育委員会の意見を聴かなければならないこと。

4　文化芸術に関する基本的施策の拡充
(1)　芸術の振興に係る規定に関する改正（第8条関係）
芸術の振興に関する必要な施策の例示として「芸術の制作等に係る物品の保存」及び「芸術に係る知識及び技能の継承」への支援を加えること。

(2)　メディア芸術の振興に係る規定に関する改正（第9条関係）
メディア芸術の振興に関する必要な施策の例示としてメディア芸術の「展示」、「メディア芸術の制作等に係る物品の保存」及び「メディア芸術に係る知識及び技能の継承」への支援を加えるとともに、「芸術祭等の開

催」を加えること。

(3) 伝統芸能の継承及び発展に係る規定に関する改正（第10条関係）
　伝統芸能の例示として「組踊」を加えるとともに、伝統芸能の継承及び発展に関する必要な施策として「公演に用いられた物品の保存」への支援を加えること。

(4) 芸能の振興に係る規定に関する改正（第11条関係）
　芸能の振興に関する必要な施策の例示として「公演に用いられた物品の保存」及び「芸能に係る知識及び技能の継承」への支援を加えること。

(5) 生活文化、国民娯楽及び出版物等の普及に係る規定に関する改正（第12条関係）
　生活文化の例示として「食文化」を加えるとともに、生活文化の振興を図るため必要な施策を講ずるものとすること。

(6) 地域における文化芸術の振興に係る規定に関する改正（第14条関係）
　各地域における文化芸術の振興に加えて「これを通じた地域の振興」を図ることとし、これに関する必要な施策の例示として「芸術祭への支援」を加えること。

(7) 国際交流等の推進に係る規定に関する改正（第15条第1項関係）
　我が国の文化芸術活動の発展に加えて「世界の文化芸術活動の発展」を図ることとし、文化芸術に係る国際的な催しの例示として「芸術祭」を加えるとともに、国際的な交流等の推進に関する必要な施策の例示として「海外における我が国の文化芸術の現地の言語による展示、公開その他の普及への支援」、「海外における著作権に関する制度の整備に関する協力」及び「文化芸術に関する国際機関等の業務に従事する人材の養成及び派遣」を加えること。我が国における文化芸術の公演、展示等について多言語化対応を進めることもその他の必要な施策に含まれること。

⑻　芸術家等の養成及び確保に係る規定に関する改正（第16条関係）
　　芸術家等の養成及び確保に関し、芸術家等の例示として「文化芸術活動に関する企画又は制作を行う者」及び「文化芸術活動に関する技術者」を明示するとともに、必要な施策の例示として国内外における研修等に加え、「教育訓練等」、「文化芸術に関する作品の流通の促進」及び「芸術家等の文化芸術に関する創造的活動等の環境の整備」を加えること。

⑼　日本語教育の充実に係る規定に関する改正（第19条関係）
　　日本語教育の充実に関する必要な施策の例示として「日本語教育を行う機関における教育の水準の向上」を加えること。

⑽　著作権等の保護及び利用に係る規定に関する改正（第20条関係）
　　著作権等に関する「内外」の動向を踏まえることとし、著作権等の保護及び公正な利用に関する必要な施策の例示として「著作物の適正な流通を確保するための環境の整備」及び「著作権等の侵害に係る対策の推進」を加えること。

⑾　高齢者、障害者等の文化芸術活動の充実に係る規定に関する改正（第22条関係）
　　高齢者、障害者等の文化芸術活動の充実に関する必要な施策の例示として「これらの者の行う創造的活動、公演等への支援」を加えること。

⑿　公共の建物等における文化芸術の振興に資する取組に係る規定の新設（第28条第2項関係）
　　公共の建物等において、文化芸術に関する作品の展示その他の文化芸術の振興に資する取組を行うよう努めるものとすること。

⒀　調査研究の推進等に係る規定の新設（第29条の2関係）
　　文化芸術に関する施策の推進を図るため、文化芸術の振興に必要な調査研究並びに国の内外の情報の収集、整理及び提供その他の必要な施策を講ずるものとすること。

⒁ 民間の支援活動の活性化等に係る規定に関する改正（第31条関係）

民間の支援活動の活性化等に関する必要な施策の例示として「文化芸術団体が行う文化芸術活動への支援」を加えること。

⒂ 関係機関等の連携等に係る規定に関する改正（第32条関係）

関係機関等の連携等に関し、関係機関等の例示として「民間事業者」を加えること。

5 文化芸術の推進に係る体制の整備
⑴ 文化芸術推進会議に係る規定の新設（第36条関係）

政府は、文化芸術に関する施策の総合的、一体的かつ効果的な推進を図るため、文化芸術推進会議を設け、文部科学省及び内閣府、総務省、外務省、厚生労働省、農林水産省、経済産業省、国土交通省その他の関係行政機関相互の連絡調整を行うものとすること。

⑵ 都道府県及び市町村の文化芸術推進会議等に係る規定の新設（第37条関係）

都道府県及び市町村に、地方文化芸術推進基本計画その他の文化芸術の推進に関する重要事項を調査審議させるため、条例で定めるところにより、審議会その他の合議制の機関を置くことができるものとすること。

6 施行期日等（附則関係）
⑴ この法律は、公布の日（平成29年6月23日）から施行すること。
⑵ 政府は、文化芸術に関する施策を総合的に推進するため、文化庁の機能の拡充等について、その行政組織の在り方を含め検討を加え、その結果に基づいて必要な措置を講ずるものとすること。

第2 留意事項
1 今回の改正により、地方文化芸術推進基本計画について法律上明記されたこと、文化芸術に関する基本的施策等が拡充されたことから、各地方公

共団体においては、第4条に規定する地方公共団体の責務及び第35条の規定を踏まえ、自主的かつ主体的に、その地域の特性に応じた文化芸術に関する施策をより積極的に推進するよう努められたいこと。なお、文化芸術推進基本計画については、今般、文部科学大臣から文化審議会に対し諮問を行ったところである。

2　上記1に際し、各地方公共団体においては、第1の2(1)④の改正の趣旨を踏まえ、第37条に定められた審議会その他の合議制の機関を活かしながら、観光、まちづくり、国際交流、福祉、教育、産業等に関する部局等との連携を図るなど、自主的かつ主体的に、文化財を活かした観光、まちづくりの推進及び福祉、教育等の機関と連携した年齢や障害の有無等に関わらない文化芸術活動の場の充実等その地域の特性に応じた文化芸術に関する施策を総合的に推進するよう努められたいこと。

担当　文化庁長官官房政策課企画係
電話　03-5253-4111（内線：2809）

14 文化芸術に関する施策の総合的かつ計画的な推進を図るための基本的な在り方について（「文化芸術推進基本計画（第1期）」の策定に向けて）**文部科学大臣諮問**

29庁房第117号
平成29年諮問第57号

文　化　審　議　会

次の事項について、別紙理由を添えて諮問します。

　　文化芸術に関する施策の総合的かつ計画的な推進を図るための基本的な在り方について
　　－「文化芸術推進基本計画（第1期）」の策定に向けて－

平成29年6月21日

文　部　科　学　大　臣　　　松　野　博　一

（理由）

　先の通常国会において、文化芸術振興基本法（以下「振興基本法」）が改正されました。

　今回の改正の背景には、法律の制定からおよそ16年が経過し、我が国の少子高齢化やグローバル化の急速な進展など社会の状況が大きく変化する中で、文化芸術が、それ自体の振興にとどまらず、観光やまちづくり、国際交流、福祉、教育、産業その他の幅広い関連分野（以下「関連分野」）との連携を視野に入れた総合的な施策の展開を求められるようになったことがあげられます。

　また、2020年（平成32年）の東京オリンピック競技大会・パラリンピック競技大会は、我が国の文化芸術の価値を世界へ発信する大きな機会であるとともに、文化芸術による新たな価値の創出を広く示していく好機でもあり、2020年及びそれ以降の遺産（レガシー）を意識した施策の戦略的な展開が喫緊の課題となっています。

　こうしたことから、昨年（平成28年）11月、文化審議会から「文化芸術立国の実現を加速する文化政策（答申）－「新・文化庁」を目指す機能強化と2020年以降への遺産（レガシー）創出に向けた緊急提言」を頂き、その後、振興基本法が改正されたところです。

　今回の振興基本法の改正の趣旨は、上述の関連分野における施策を本法の範囲に取り込むとともに、文化芸術により生み出される様々な価値を文化芸術の継承、発展及び創造に活用しようとするものであり、その主な内容は次の通りです。

　第一に、文化芸術の振興にとどまらず、関連分野の施策をも対象に取り込んだことに伴い、法律の題名を「文化芸術基本法」（以下「基本法」）に改めるとともに、文化芸術に関する施策（以下「文化芸術施策」）の推進に当たっては、文化芸術の振興の関連分野の施策（以下「関連施策」）との有機的な連携が図られるよう配慮することとしたことです。

　第二に、文化芸術施策の総合的かつ計画的な推進を図るため、従来の文化芸術の振興に関する基本的な方針に代えて「文化芸術推進基本計画」を定めるとともに、地方公共団体においては、同計画を参酌して、その地方の実情に即し

た「地方文化芸術推進基本計画」を定めるよう努めるものとしたことです。

　第三に、「文化芸術に関する基本的施策」を拡充し、食文化や芸術祭、人材育成、高齢者・障害者の支援等を追加したことです。

　第四に、文化芸術施策の総合的、一体的かつ効果的な推進を図るため、「文化芸術推進会議」を設け、関係行政機関相互の連絡調整を行うものとしたことです。

　第五に、文化芸術施策を総合的に推進するため、文化庁の機能の拡充等について、その行政組織の在り方を含め検討を加え、その結果に基づいて必要な措置を講ずることとしたことです。

　今後、この法改正に基づき、文化芸術施策を総合的かつ計画的に進めるため、基本法第7条に基づく第一期の「文化芸術推進基本計画」の策定を念頭に、「文化芸術に関する施策の総合的かつ計画的な推進を図るための基本的な在り方」について諮問を行うものであります。

　これまでの四次にわたる「文化芸術の振興に関する基本的な方針」やこれまでの文化審議会の答申の中にも、既に新しい基本計画の種が示されていることから、これらにも留意しながら、以下の事項を中心に御審議をお願いいたします。

1．文化芸術施策の推進に当たっての望ましい体系の在り方について
　第一に、文化芸術施策の推進に当たっての望ましい体系の在り方についてです。

　文化芸術施策の効果的な推進に当たって、どのようなまとまりや体系のもとで、計画を立て、実施していくことが望ましいか、について、大所高所から御議論いただくとともに、それに基づく文化施策の推進体制の在り方について御検討願います。

　その際、これからの文化庁や文化行政に求められる機能強化や文化庁の京都への全面的な移転にも御配慮いただくとともに、新たに法律に規定された関係省庁の関連施策の位置付け、計画の進捗状況を確認するための適切な目標や指標等の設定など計画策定に当たって留意すべき点についても御審議願います。

2．新たに追加された「文化芸術に関する基本的な施策」の推進について

　第二に、新たに追加された「文化芸術に関する基本的な施策」の推進についてです。

　これまで振興基本法に基づく基本方針で取り扱われてきた文化芸術分野に加え、今回の法改正で新たに盛り込まれた、食文化や芸術祭、人材育成、高齢者・障害者の支援の拡充などに関し、その振興策を御議論いただくとともに、これらも含めた文化芸術振興施策と、その関連施策との有機的な連携をいかに高めていくか、について御審議願います。

　また、文化芸術の振興・活用により、より良い社会・経済をつくりあげていくとともに、そうした過程において生み出される様々な価値を文化芸術の継承・発展・創造につなげていく、という好循環をどのようにつくっていくか、についても、御議論願います。

3．2020年及び2020年以降を見据えた遺産（レガシー）の創出について

　第三に、2020年及び2020年以降を見据えた遺産（レガシー）の創出についてです。

　政府においては、2020年までを文化政策推進重点期間として位置付け、文化による国家ブランド戦略の構築と文化産業の経済規模（文化GDP）の拡大に向けて取組を推進することとされています。

　また、振興基本法に基づく基本方針は、その期間は5年程度とされてきましたが、その場合、2020年（平成32年）の東京オリンピック・パラリンピックまでとその後とでは、文化芸術を取り巻く環境や持つべき目標等も大きく変わることも予想されます。

　こうした点について、どのような形で文化芸術推進基本計画を策定していくべきかについて、御議論をお願いします。

　以上3点を中心に御審議をお願いいたしますが、このほか、「経済財政運営と改革の基本方針2017」など既に政府で決定されている文化芸術施策に関する事項にも留意しながら、今秋を目途に中間報告、年度内を目途に答申することを目指して、幅広く御検討をお願いいたします。

15　文化芸術推進基本計画（第1期）の検討状況

「文化芸術推進基本計画（第1期）の策定について（中間報告）」の概要

本報告の位置付け・ポイント

○ 新・文化芸術基本法第7条に基づく初めての文化芸術推進基本計画。今後の文化芸術政策の目指すべき姿や今後5年間（2018～2022年度）の文化芸術政策の基本的な方向性について、現時点の文化審議会における検討状況をとりまとめたもの。

○ 文化芸術の本質的価値に加え、文化芸術が有する社会的・経済的価値を明確化。文化芸術立国の実現に向けて、文化芸術により生み出される様々な価値を、文化芸術の更なる継承・発展・創造に活用し好循環。

○ 関係省庁の文化芸術関連施策について、文化芸術基本法第36条に基づく「文化芸術推進会議」（関係省庁の局長級会議）での連絡調整を経て盛り込み、文化GDP等の評価指標に基づく評価検証サイクルを確立し、毎年度計画をフォローアップ。

○ 文化審議会ではこれまで総会、文化政策部会、基本計画WGを計12回、分野別分科会・WGを計14回開催。文化芸術関係者を委員に迎え、文化芸術団体からのヒアリングを実施するなど、現場の意見を幅広く汲み取っている。今年中を目途に策定（閣議決定）の予定。

I　文化芸術政策を取り巻く状況等

(1) 文化芸術の価値

（本質的価値）
・ 豊かな人間性を涵養、創造力・感性を育成
・ 文化的な伝統を尊重する心を育成

（社会的・経済的価値）
・ 他者と共感し合うこと、人間相互の理解を促進
・ 高い経済活動を実現
・ 人間尊重の価値観、人類の負の発展に貢献
・ 文化の多様性を維持、世界平和の礎

(2) 文化芸術を取り巻く状況変化

・ 新・文化芸術基本法の成立
・ 少子高齢化・グローバル化・情報通信技術の急速な進展等社会状況の変化
・ 2020年東京オリンピック・パラリンピック競技大会の開催

→ **文化芸術立国の実現を**

II　今後の文化芸術政策の目指すべき姿

文化芸術は、それ自体が固有の意義と価値を有し、心豊かな活力ある社会の形成にとって極めて重要な意義を持ち続けるという文化芸術基本法の精神を前提とし、以下のように定めている。

目標1　創造で活力ある社会
文化芸術に効果的な投資が行われ、イノベーションが生まれるとともに、文化芸術の国際交流・発信を通じて国家ブランドが形成し、活力ある社会が形成されている。

目標2　心豊かで多様性のある社会
あらゆる人々が文化芸術を通して社会に参画し相互理解が広がり、多様な価値観が尊重され、心豊かな社会が形成されている。

目標3　文化芸術の創造・発展・継承と教育
文化芸術の創造・発展、次世代への継承が確実に行われ、全ての人々に充実した文化芸術教育の参加機会が提供されている。

目標4　地域の文化芸術を推進するプラットフォーム
地域の文化芸術を推進するためのプラットフォームが全国各地で形成され、多様な人材や文化芸術団体・諸機関が連携・協働し、持続可能で回復力のある地域文化コミュニティが形成されている。

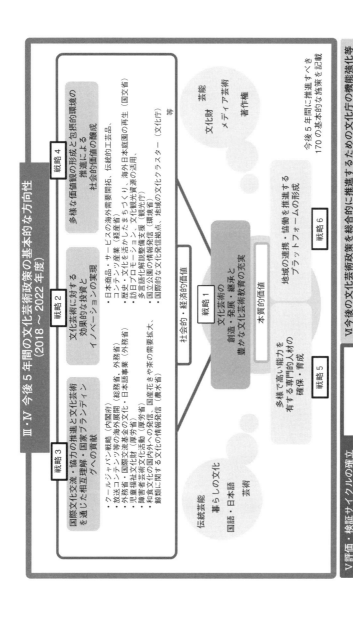

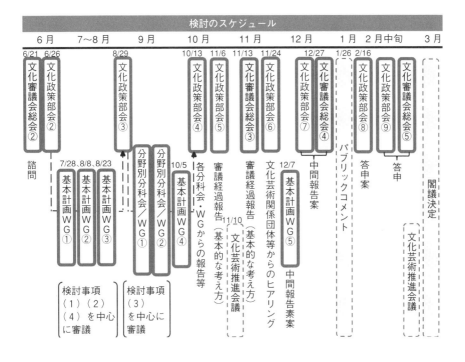

15 文化芸術推進基本計画（第1期）の検討状況

文化芸術推進基本計画に係る文化審議会における検討体制

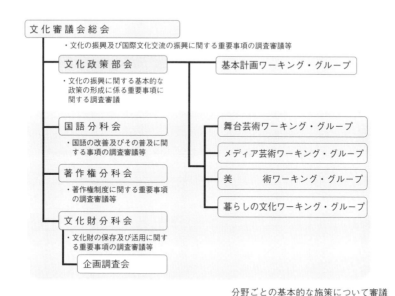

分野ごとの基本的な施策について審議

文化芸術推進基本計画(第1期)に係る評価・検証サイクルの確立

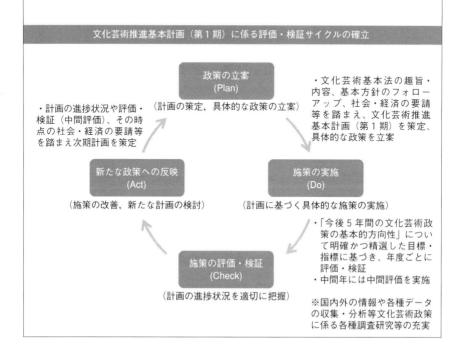

16 文化芸術推進基本計画（第1期）パブリックコメント

「文化芸術推進基本計画（第1期）の策定について（中間報告）」に対する国民からの意見募集の結果について

「文化芸術推進基本計画（第1期）の策定について（中間報告）」について、国民の皆様に御意見の募集を行いました。いただいた主な意見は別紙のとおりです。いただいた御意見につきましては、答申の取りまとめの参考にさせていただき、今後は施策の検討や推進の参考にさせていただきます。なお、とりまとめの都合上、内容により適宜集約させていただいております。
今回の御意見をお寄せいただきました多くの方々の御協力に厚く御礼申し上げます。

1．国民からの意見募集の概要
(1) 期間　平成29年12月28日（木）～平成30年1月10日（水）
(2) 告知方法　文化庁ホームページ、記者発表等
(3) 意見受付方法　電子政府の総合窓口（e-Gov）及び文化庁HPに掲載（e-Gov、郵送、FAX、電子メールで受付）

2．意見の提出状況
(1) 意見総数：　351件
(2) 意見者内訳：　団体から計116件、個人から計235件

3．内容ごとの意見の内訳

中間報告　該当箇所	数
はじめに	1
Ⅰ．我が国の文化芸術政策を取り巻く状況等	14
Ⅱ．今後の文化芸術政策の目指すべき姿	58
Ⅲ．今後5年間の文化芸術政策の基本的な方向性等	93
Ⅳ．今後5年間に講ずべき文化芸術に関する基本的な施策	131
Ⅴ．文化芸術推進基本計画（第1期）に係る評価・検証サイクルの確立（「別紙」を含む）	22
Ⅵ．今後の文化芸術政策を総合的に推進するための文化庁の機能強化等	22
その他	25

(別紙)

「文化芸術推進基本計画（第1期）の策定について（中間報告）」に関する主な意見の概要

※本概要は、寄せられた意見に基づいて、事務局の責任において作成したものである。

I. 我が国の文化芸術政策を取り巻く状況等

○ 東京一極集中や地域間格差について言及すべき。東京五輪を経て東京一極集中は更に進むのではないか。

○ P3「文化芸術の継承、発展及び創造には文化芸術団体や文化施設が積極的に役割を果たすべきであるとともに、文化芸術の推進のためには（中略）関係者相互の連携及び協働が重要である。」という記述に賛同。

○ 基本計画の目指す方向に基本的に異存はなくむしろいずれの項目もその積極的な取組を期待する。「基本方針」から「基本計画」に位置づけを明確化したこともあり、全体としてもう少し具体的な政策実現の方向性が示されることが望ましい。

II. 今後の文化芸術政策の目指すべき姿

○ 日本語教育の専門性を有する人材の確保は重要であり、政府が積極的に関わることが必要。

○ 劇場・音楽堂等は、文化振興の施設であるだけでなく、地域課題の解決に取り組むべき社会的機関である。教育・福祉・医療などの分野の関係機関との連携が重要。

○ 地域の文化芸術の継承、発展及び創造において、中間支援組織の果たす役割は重要。

III. 今後5年間の文化芸術政策の基本的な方向性等

○ 「文化芸術の創造・発展・継承と豊かな文化芸術教育の充実」が戦略1となったのはよい。

○ （戦略3）我が国が有する多様な文化芸術の例示に現代舞台芸術も盛り込むべき。

○ （戦略4）「文化芸術が一部の愛好者のためのものでなく」という視点は重要。他方で、愛好者はこれまでの文化芸術の発展に貢献しているので、

表現を変更すべき。
- （戦略5）専門学校・大学等で養成した人材が就職するための、雇用の受け皿がない。他方で、現場は人材不足で過酷な環境となっている。不安定な雇用形態・低賃金・過酷な労働環境のため、養成された人材が実演芸術の現場に魅力を感じず、他分野へ就職している。また、現場経験者の離職率や他業種への転職率も高い。雇用の基盤整備を図り、こうした悪循環を改善することが課題。
- （戦略5）事業の継続性、人材の安定的確保や中長期的な育成、雇用環境など様々な点において指定管理者制度には課題がある。
- （戦略5）文化施設の現場の実務者に対する研修機会の確保が必要。また、劇場、音楽堂等の施設において人材育成のための指導者の雇用を促進する支援策が必要。
- （戦略5）劇場間、劇場と各文化芸術団体、スタッフ団体等との間の人材交流が、技能向上や能力の地域格差の是正にとって重要。
- （戦略5）障害者の舞台芸術活動参加に係る支援者の育成は喫緊の課題である。その際、育成後の雇用の受け皿について議論が必要。
- （戦略5）東京だけでなく全国各地において高いレベルの芸術活動を展開できる人材・日本語教育専門人材が必要であるが、研修機会には地域間格差が大きい。
- （戦略6）地域の連携・協働を推進するプラットフォームの形成について記載されたことはよい。
- （戦略6）文化芸術への投資を促進するためには、寄附文化の醸成や税制の改善が重要。

IV．今後5年間に講ずべき文化芸術に関する基本的な施策
- （戦略1関連）芸術家等の活動環境等に関する諸条件の整備・周知について、より具体的に記載すべき。
- （戦略1関連）施設の大規模改修について、機能向上のための改修・耐震性向上も重要課題だが、現場においてはそれ以前に、機能維持・経年劣化対応のための機器更新・部品交換がままならないのが現状。
- （戦略1関連）「施設の大規模改修に関する情報提供等の充実を図る」に

ついて、改修・閉館・新設にあたっては、地方公共団体が周辺の地方公共団体と連携することが重要。
○ （戦略1関連）東日本大震災等の大規模災害の経験を踏まえ、天井等の非構造部材を含めた文化財や施設等の防災対策が必要。
○ （戦略1関連）舞台芸術等の鑑賞機会は東京に一極集中している。あらゆる地域の子供に舞台芸術等の鑑賞・体験活動が確保されるようにすべき。
○ (戦略1関連)京都に移転するための費用を、文化芸術の発展に充てるべきではないか。
○ （戦略4関連）文化施設がソフト面も含め様々な障害に対応できるようにするためには、専門的な知見を有する福祉行政、福祉施設・医療機関等との連携が必要。

Ⅴ．文化芸術推進基本計画（第1期）に係る評価・検証サイクルの確立（「別紙」を含む）

○ 文化芸術に対する効果的な投資の評価については、長期的な視点が必要であるとともに、産業的・経済的のみでない様々な視点が必要。
○ 評価指標が設定されることで、文化芸術振興を取り巻く様々な課題解決が、これまで以上に進むことを期待する。一方で、定量的な項目で、出来る限り成果を可視化する必要がある中、短期的には成果が見えづらい定性的な変化、提供される内容の質などが軽視されることのないよう、十分な検討・配慮を求める。
○ P54「指標の設定の際には、それらの達成が自己目的化し、政策全体、すなわち本来の基本的な方向性（戦略）等とかけ離されないように留意する。」は重要な指摘である。
○ 専門的人材の確保・育成を評価検証する際には、雇用や就労の実態を把握するための基礎的な調査が必要。
○ 文化庁の機能強化のためにも、政策形成に必要な基礎的調査研究機能を担う組織体制の整備が不可欠ではないか。

Ⅵ．今後の文化芸術政策を総合的に推進するための文化庁の機能強化等

○ 文化庁の機能強化について、「新・文化庁」ではなく文化大臣の下、文

化省として文化政策の中心を担うことが求められる。
- 最優先課題である文化庁の機能強化のためにも少なくとも当面は京都移転を行うべきではないのではないか。
- 博物館や学校における芸術教育についても新・文化庁において一元的に担っていくことが望まれるとしたことは、文化芸術と教育の連携を強化し文化芸術の推進を図る上で有意義である。

<u>その他</u>
- 地方公共団体においては、文化政策の位置づけが低く、体制もぜい弱であるのが現状。基礎自治体も含め、地方公共団体へ向けた基本計画の周知をきめ細かく行ってほしい。
- 我が国の文化芸術は、信仰や宗教と密接に関係しており、その保護の観点や推進のための連携にあたって、適正な理解と配慮を求める。

17 文化芸術推進会議の設置について（平成29年11月10日関係省庁申合せ）

文化芸術推進会議の設置について

平成29年11月10日
関係府省庁申合せ

1. 目的

「文化芸術基本法」第36条に基づき、関係府省庁が文化芸術に関する施策の総合的、一体的かつ効果的な推進を図るため、文化芸術推進会議（以下「推進会議」という。）を設置する。

2. 組織
　(1) 推進会議は、次に掲げる者をもって構成する。
　　　　内閣府知的財産戦略推進事務局長
　　　　総務省大臣官房審議官（情報流通行政局担当）
　　　　外務省大臣官房国際文化交流審議官
　　　　文部科学省大臣官房総括審議官
　　　　文化庁長官
　　　　文化庁次長
　　　　厚生労働省子ども家庭局長
　　　　厚生労働省社会・援護局障害保健福祉部長
　　　　農林水産省食料産業局長
　　　　経済産業省商務・サービス審議官
　　　　国土交通省総合政策局長
　　　　観光庁次長
　　　　環境省大臣官房審議官

　(2) 推進会議に議長を置く。議長は文化庁長官をもって充てる。
　(3) 推進会議は必要があると認めるときは、関係者に出席を要請し、意見を聴くことができる。

3. 幹事会

推進会議を補佐するため、関係課室の課室長等（別紙）を幹事とする幹事会を置く。

4. 庶務

推進会議の庶務は、文化庁において処理する。

5. 雑則

前各項に定めるもののほか、推進会議に関し必要な事項は、推進会議において定める。

（別紙）文化芸術推進会議　幹事会

　　内閣府知的財産戦略推進事務局企画官
　　総務省情報流通行政局情報通信作品振興課放送コンテンツ海外流通推進室長
　　外務省大臣官房文化交流・海外広報課長
　　文部科学省大臣官房政策課長
　　文化庁長官官房政策課長
　　文化庁長官官房企画調整官
　　厚生労働省子ども家庭局子育て支援課長
　　厚生労働省社会・援護局障害保健福祉部企画課自立支援振興室長
　　農林水産省食料産業局食文化・市場開拓課長
　　経済産業省商務・サービスグループクールジャパン政策課長
　　国土交通省総合政策局政策課長
　　観光庁観光地域振興部観光資源課長
　　環境省自然環境局国立公園課長

18 文化芸術立国の実現を加速する文化政策

—「新・文化庁」を目指す機能強化と2020年以降への遺産（レガシー）創出に向けた緊急提言—
（平成28年11月17日文化審議会答申）

文化芸術立国の実現を加速する文化政策（答申）概要
～「新・文化庁」を目指す機能強化と2020年以降への遺産（レガシー）創出に向けた緊急提言～

第1. 目指すべき姿

【文化庁のあるべき姿】
- 文化庁は、果たすべき新たな使命として、①文化財や文化芸術の一層の活用と②文化芸術の枠組みを広げ新しい文化芸術創造を促進する。このため、文化政策を関連分野と緊密に連携しながら総合的に推進する。
- 常に「現場第一」の原点に立ち、文化庁が国内外の様々な人々や組織・団体とつながり、社会の活性化、地方創生、国際交流にも貢献する。
- オールジャパンの視点に立って、文化芸術各分野の担い手・現場との円滑なコミュニケーションの確保、地域の文化を掘り起こして魅力を高めていくプログラムの開発、文化政策の総合的推進という観点に十分配慮し、様々な政策を適所で複眼的、相乗的に行う。

【文化政策の目指すべき姿】
- あらゆる人々や場面をつなぐ
  居住する地域、年齢、性別、国籍、言葉、障害の有無、経済状況等にかかわらず、あらゆる人々が文化芸術活動に参加できる社会を実現する。
- 新しい文化の創造
  食文化などの生活文化、ポップカルチャー、科学技術や産業と結び付き日々生み出される文化も含め、新しい文化を創造する社会を目指すとともに、地域の文化芸術の魅力を高める。
- 社会的・経済的価値等への波及による好循環の創出
  文化芸術資源が様々な分野とつながり、活用されることによって生まれた社会的・経済的価値等を、新たな文化芸術活動の振興へと還元するという好循環を創出する。
- 世界水準の文化芸術の創造と世界への発信・交流
  海外への戦略的な発信と様々な文化関係者による国境を越えた交流・協働を育む。世界に誇れるトップクラスの文化芸術を創造する。
- 文化芸術の担い手が継続的に活動できる環境整備
  芸術家や文化芸術団体、文化芸術に関係する技術者・技能者など、文化芸術の担い手の自立した活動に向けて、職業や産業として継続した活動を可能とする。

第2. 政策展開や2020年以降の遺産（レガシー）創出の方向性

1. 文化政策の対象を幅広く捉える
- メディア芸術、ポップカルチャーなどの新しい文化芸術の萌芽について、有望な人材の発掘、創造や発表の場の確保に向けた支援を行うため、萌芽期から開花期までを中長期的に支援するなど取組を進める。
- 情報通信技術を始め、AIやビッグデータ、IoT等、多様な科学技術の活用を進め、文化芸術の新たな可能性を拡大する。
- 芸術作品から日用品という製造物、芸術家から職人という製作者など、芸術から関連する産業まで裾野の広がりを視野に入れた切れ目のない振興を図るため、当該分野において文化振興の観点に加え産業の振興の観点を踏まえた総合的な施策の推進を図る。
- 我が国の文化を語る上で不可欠な、食文化など生活文化の一層の振興を図る。
- 近代以降の文化財も含めて、国内の文化財の保存・活用や近現代の美術の振興に取り組む。
- 地域に所在する文化財等を地域固有のストーリーも加味しつつ総合的な活用を図るとともに、日本文化の価値を国際的にも分かりやすく発信する。

2. 文化活動の基盤を整える
○学齢期や青少年期のみならず、あらゆる世代において、文化芸術教育や体験機会を充実する。
○芸術家、地域の伝統芸能の継承者や文化芸術に関する技術者・技能者、アートマネジメント従事者等、文化芸術活動に携わる人材の養成・確保を図る。また、文化ボランティア人材の育成及び確保に向けた取組を一層進めるとともに、専門人材の文化芸術活動への参加を促進する。
○バリアフリー化や作品解説の適切な多言語対応、夜間開館、ユニークベニュー、文化イベントや文化施設等の文化関連情報の発信等、文化芸術へのアクセスを拡大する。
○日本語教育の質の向上に向け、国内で日本語教育を実施している機関及びその教育内容の質の向上や、日本語教育人材の養成・研修、日本語教育を通じた国外への日本文化の発信について、関係省庁と連携しながら取組を強化する。
○著作物等の適切な保護と利用の促進に向け、技術の発達等を踏まえた制度整備、著作物の流通促進、著作権に関する普及啓発や海賊版など著作権侵害への対策、海外における著作権制度の整備に対する協力を推進する。
○必要な国・地方の予算の確保とあわせて、文化芸術に係る多様な財源を確保する。このため、寄附文化の醸成に向けた取組、文化芸術に係る税制の改善やその活用に向けた周知の推進など、幅広く文化芸術が支援される方策を検討し、民と官の多様な連携を深化するよう政策を立案し実施する。

3. 文化政策の形成機能や推進体制を強化する
○様々な関連分野との連携強化により、文化芸術資源の持つ潜在力を最大限に引き出すため、文化庁は、政策を総合的に調整し推進していくための体制の整備に努めるとともに、関係省庁会議を設置する。
○国、独立行政法人、地方公共団体、企業、芸術家等、文化芸術団体、文化ボランティア、文化施設等その他関係者の連携・協力を進め、創造から価値の創出に至るまでの切れ目ない支援に取り組む。文化芸術の担い手が、幅広い企業や商店街、人々や地域と、これまで以上に結び付くための取組を進める。
○文化芸術に関する国内外の情報や各種データの収集・分析、将来推計などの調査研究等を継続的に行う機能・ネットワークが必要であるとともに、これらの結果を活用し、エビデンスに基づいた政策立案機能を強化する。
○国、地方を通じて、文化芸術の政策立案に係る専門的人材を確保する。また、地域のアーツカウンシル機能を強化する観点から、地域の文化施策推進体制の整備を促進する。さらに、国は全国的なネットワークの中心的機能を果たす。
○文化芸術の分野ごとの特性や対象国・地域の人々の興味・関心を見据えながら、戦略的に国際文化交流・協力や日本文化発信を進める。その際、芸術家やその世界的ネットワーク、在外公館、文化施設、報道機関等と連携して進める。
○文化芸術の担い手の自主性にはしっかりと配慮しつつ、効果的な施策の立案、実施、検証、施策への反映に一層取り組む観点から、国は基本計画の策定とし、全国の地方公共団体に対しても、基本計画の策定を促すことが適当である。

文化芸術立国の実現を加速する文化政策（答申）

―「新・文化庁」を目指す機能強化と2020年以降への遺産（レガシー）創出に向けた緊急提言―

平成28年11月17日

文 化 審 議 会

目 次

はじめに

第1．目指すべき姿
【文化庁のあるべき姿】
【文化政策の目指すべき姿】
(1) あらゆる人々や場面をつなぐ
(2) 新しい文化の創造
(3) 社会的・経済的価値等への波及による好循環の創出
(4) 世界水準の文化芸術の創造と世界への発信・交流
(5) 文化芸術の担い手が継続的に活動できる環境の整備

第2．政策展開や2020年以降の遺産（レガシー）創出の方向性
1．文化政策の対象を幅広く捉える
(1) 若者たちの作り出す文化芸術の萌芽への対応
(2) 科学技術による文化芸術の新たな可能性の進展
(3) 関連する産業まで裾野の広がりも視野に入れた振興
(4) 食文化をはじめとした生活文化の振興

(5) 近現代の文化遺産や美術への対応
(6) 文化財をはじめ蓄積された文化芸術資源の保存と活用

2. 文化活動の基盤を整える
(1) あらゆる世代における文化芸術教育や体験の充実
(2) 芸術家等の人材の養成及び確保
(3) 文化芸術へのアクセスの拡大
(4) 日本語教育の質の向上
(5) 著作物の流通促進と侵害対策、海外における著作権制度整備への協力
(6) 公財政の確保及び民間との協働

3. 文化政策の形成機能や推進体制を強化する
(1) 文化関連施策との連携、そのための省庁間連携とその体制
(2) 国、地方、文化芸術の担い手・機関等の連携・協力
(3) 調査研究、政策立案の充実
(4) 文化行政における専門的人材の確保
(5) 国際文化交流・協力や日本文化発信の戦略的推進
(6) 基本計画の策定

はじめに

　文化審議会は、9月27日に審議要請を受け、文化庁の機能強化・移転や文化プログラムの枠組みの形成など、「文化芸術の振興に関する基本的な方針－文化芸術資源で未来をつくる－（第4次基本方針）」（平成27年5月22日閣議決定）策定後の状況の変化や進展を踏まえて、新しい文化政策を展開するに当たって充実すべき点について、集中的な審議を行ってきた。

　集中的な審議を行う過程では、文化審議会文化政策部会にワーキング・グループを設置し、3回の審議を行うとともに、関係団体からの書面での意見聴取、10月24日から10月30日まで文化庁ホームページ等において国民からの意見募集を行うなど、審議会委員の意見のみならず、可能な限り幅広い意見集約に努めてきた。

本答申は第4次基本方針の実現に当たり、近年生じている議論、すなわち、①文化庁の移転、②2020年東京オリンピック・パラリンピック競技大会（以下「2020年東京大会」という。）を契機とした文化プログラムの推進による遺産（レガシー）の創出、という二つの課題も踏まえつつ、「今後、文化政策をどのように機能強化すべきか」を軸に、短期間で審議したものであり、緊急的な政策対応を求めるものである。

　文化庁の移転に関しては、地方創生のフロントランナーとして地方公共団体の文化政策を牽引する役割や東京一極集中からの脱却、新しい文化行政の展開などに対する期待の意見がある一方、国の他の行政機能の大半が東京に所在する中、文化庁のみが東京から離れることによる文化行政の機能低下や東京を拠点とする文化芸術団体の心理的・金銭的負担増に対する不安に加え、移転先や東京という一部の地域の文化振興となってしまうのではないかなどを懸念する意見もあった。

　本答申を基に、国において、新たな文化政策のニーズを踏まえ、国民的議論が行われ、文化芸術振興基本法や文化庁の組織を定める法令をはじめとした関係法令の見直しや、文化庁の機能強化、組織改編を進めていただきたい。本答申を踏まえた着実な文化政策の改善が実現されなければ、文化庁の移転が国の文化行政の弱体化を招き、将来の禍根となることを危惧している。

　この文化庁の移転は、地方創生の観点から、政府として方針を決定しており、政府の関係部局が必要な人員や予算等の確保に対処すべきであると考える。

　2020年以降への遺産（レガシー）創出に向け、日本の伝統文化から現代芸術に至るまでや、芸術、芸能、文化財から生活文化、国民娯楽など、歴史と伝統に基づいて、多方面で質の高い日本文化の特長を総体的に捉えて国内外に発信するとともに、北海道から沖縄まで、離島や山間部もあるという、各地固有の風土に根ざした文化多様性を尊重しつつ、あらゆる人々が日本の文化芸術の魅力を享受できる「文化芸術立国」の実現を目指す新しい文化庁（以下、「新・文化庁」という。）が求められている。

　全国において、文化庁はもとより、関係府省庁、地方公共団体といった行政機関や、芸術家、文化芸術団体、ＮＰＯ、企業等様々な民間主体により、本答申の趣旨に沿った施策や活動が展開され、関係者を含め広く国民の方々の文化芸術に対する意識や行動が変わり、文化政策の大きな転換点となることを望む。

第1. 目指すべき姿

【文化庁のあるべき姿】

　文化庁は、これまで、我が国の有形・無形の文化芸術や文化財の保護、保存、継承とともに、独創性のある新たな文化芸術の創造・発展の推進を基本的な使命としてきた。この使命は、これからも変わらぬものである。しかし、今、正に求められているのは、今ある文化芸術や文化財を国民・社会の宝として、より活用していくことと、文化芸術の領域を広げ新しい文化の創造を促進していくことである。

　このため、文化庁は、その取り組む文化政策を関連分野と緊密に連携しながら総合的に推進する必要がある。

　さらに、「新・文化庁」は、特定分野を所管する役所としての立場に拘泥するのではなく、常に「現場第一」の原点に立って、国内外の様々な人々や組織・団体とつながり、文化芸術をより広く捉え、文化力による社会の活性化や地方創生、国際交流にも貢献する行政組織であらねばならない。

　本審議会委員や文化芸術団体からも文化省の創設の必要性を指摘する意見が出された。2020年に掛けて世界の注目が日本に集まり、日本の文化を発信するまたとない機会となることから、「新・文化庁」を構築することが喫緊の課題である。

　文化庁が今後新たな体制で文化政策を展開するに当たっては、新しい文化の創造や、地域の文化による日本全国の活性化に向け、京都と東京から、オールジャパンの視点に立って、文化芸術各分野の担い手・現場との円滑なコミュニケーションの確保、地域の文化を掘り起こして魅力を高めていくプログラムの開発、文化政策の総合的推進という観点に十分配慮しながら、様々な文化政策を適所で複眼的、相乗的に行うべきである。

【文化政策の目指すべき姿】

(1) あらゆる人々や場面をつなぐ

　文化芸術は、社会のあらゆるものを包含する多様性に富んだ人間の営みとして捉えることができる。それ自体が固有の意義と価値を有し、豊かな人間性・創造性を涵養(かん)し、感動や共感、心身の健康など多様な恩恵をもたらす。また、人と人を結び付け、相互に理解し、尊重できる社会の形成に寄与するとともに、

あらゆる人々への社会参加の機会を開く社会的包摂の機能を有している。

　また、東日本大震災や平成28年熊本地震等の被害からの復興に向けて、文化の力は、人々の心に夢や希望をもたらし、地域の力を取り戻す礎となっている。

　このため、一部の愛好者に限らず、<u>子供から高齢者まであらゆる人々が文化芸術活動に参加できる社会</u>を目指すべきである。

　文化芸術振興基本法においては、文化芸術を創造し、享受することが人々の生まれながらの権利であることについて規定されている。人々が、居住する地域だけでなく、年齢、性別、国籍、言語、障害の有無、経済的状況等にかかわらず、様々な優れた文化芸術活動の鑑賞や、創造活動への参加ができるようにするという理念が重要である。

　このため、<u>子供・若者、高齢者、障害者、子育て中の保護者、在留外国人等の文化芸術活動を一層振興</u>すべきである。

　なお、これに関連し、文化庁に期待される役割として、いわゆる文化権の考え方から、あらゆる人々が文化芸術を創造し享受できる環境の整備や、担い手の<u>表現の自由を保障する</u>ことの重要性を指摘する意見も出されたところである。

(2)　新しい文化の創造

　文化芸術は、新しいものを取り入れ、生み出していくことによって継承され、発展する。

　生活文化をはじめ文化を広く捉えつつ、ポップカルチャー、科学技術や産業等と結び付き<u>日々生み出される文化も含め</u>、<u>新しい文化</u>が日本の伝統文化とつながりながら創造される社会を目指すべきである。

　一方で、地域の豊富な文化芸術資源は少子高齢化や過疎化などの課題に直面し、存亡の危機にある。地域においては、住民の参画を得ながら、祭りや民俗芸能等を継承し更に発展させるなど、これまで埋もれてきた地域の文化芸術資源を再認識して掘り起し磨き上げることや、歴史や風土等から培われてきた文化を基に新たな発想や技術等を加えることで、<u>地域の文化芸術の魅力を高めていく</u>ことが求められている。

(3) 社会的・経済的価値等への波及による好循環の創出

　文化芸術は、公共財として、様々な関係分野とつながりながら、コミュニティー再生などの社会的課題の改善・解決や、付加価値の高い産業の創出など、様々な価値へ波及するものである。
　これからは、文化芸術資源の活用により生まれた社会的・経済的価値等を、新たな文化芸術活動の振興へと還元するという好循環を創り上げていくことが重要である。
　例えば、地域の多様な文化財を一体的に捉えてまちづくりに生かしたり、地域特有の美しい景観を取り戻し維持したり、地域で芸術祭を開催したりするなどの取組を進めることにより、地域への観光客や収入の増加がもたらされ、にぎわいや人と人とのつながりが新たに創出される。このようにして生み出された社会的・経済的価値等が、文化財の保存や文化芸術活動の更なる発展につながっていくことが期待される。
　2020年東京大会を契機として、多様な文化の振興はもとより、産業振興や海外展開、地方創生等への大いなる可能性を秘めた文化による国づくりをオールジャパンで推進し、遺産（レガシー）の創出につなげるべきである。
　ただし、文化芸術の価値は経済的合理性だけでは説明しきれない。文化芸術の活用の意義を強調する余り、文化芸術固有の意義や価値をおろそかにしてはならない。このため文化政策の推進に当たっては、文化芸術の本来的価値と社会的・経済的価値等との適切な調和を図るべきである。

(4) 世界水準の文化芸術の創造と世界への発信・交流

　文化芸術の国際的な発信や交流は、我が国の文化芸術水準の向上だけでなく、諸外国との相互理解や、我が国の国際的な地位の向上にもつながるとともに、世界の平和をはじめ普遍的な価値へ貢献する。
　その際、多彩な日本文化の価値を日本人自らが再発見・再認識することが必要であり、2020年東京大会はその好機である。歴史や伝統のあるものから新しく生まれつつあるものまで、我が国の魅力ある文化芸術を、海外へ戦略的に発信していくとともに、様々な国の文化関係者による国境を越えた交流・協働を育む取組を推進すべきである。
　また、優れた芸術活動の担い手に対する支援や、国内外で活躍する場の充実

などにより、世界に誇れるトップクラスの文化芸術を創造すべきである。

⑸ 　文化芸術の担い手が継続的に活動できる環境の整備

　文化芸術は、芸術家や芸術文化団体、文化芸術に関係する技術者・技能者など、様々な人や組織により成り立っている。こうした人々や組織が自立して継続的に活動できることは、我が国の文化芸術の持続的な発展において極めて重要である。

　本審議会の議論においても、夢を持って文化芸術に携る職業に就こうとしても将来が不安で諦める若者が多いことや、文化財の保存・継承の現場において後継者がいない、材料が手に入らないことなどの指摘があった。また、文化施設等においても適切な人件費を確保しつつ、文化芸術の専門的人材について常勤職を増やしていくことが人材育成の課題として重要であるといった意見が多々出されたところである。

　このため、多様な文化芸術活動やその担い手が産業や職業として継続した活動が可能となるように取組を行うとともに、文化芸術を学ぶ者がその知識や経験を生かしたキャリア形成を可能としていくべきである。

第2. 政策展開や2020年以降の遺産（レガシー）創出の方向性
1. 文化政策の対象を幅広く捉える
(1) 若者たちの作り出す文化芸術の萌芽（ほう）への対応

　次世代の文化芸術の創造のために、国内外で既に関心が高まっている映画、漫画、アニメ、ゲーム等のメディア芸術にとどまらず、ポップカルチャー、街角で若者たちの感性から生み出される流行など新しい文化芸術の萌芽について、必要な環境整備や支援の戸を開くことが重要である。

　このため、クールジャパンなど関係府省庁の施策と連携を図りながら、顕彰などを通じて有望な人材を発掘し、発掘した人材が創造や発表を行う場の確保に向けた支援を図る必要がある。その際、萌芽期からその後の開花期までを中長期的に支援するなど取組を進めるべきである。

　この分野は、とりわけ次の「（2）科学技術による文化芸術の新たな可能性の進展」や「（3）関連する産業まで裾野の広がりも視野に入れた振興」と関係が深く、これら新しく創造される文化の水平的なつながりを意識した総合的な展示・企画に対する支援などの施策を推進すべきである。

(2) 科学技術による文化芸術の新たな可能性の進展

　文化芸術の創造、継承、普及やマネジメント等全般において、情報通信技術を始め、人工知能（AI）やビッグデータ、IoT（Internet of Things）(※)、ロボット技術、バイオテクノロジーなど多様な科学技術の活用を進めることは、文化芸術の新たな可能性の拡大に有意義であるとともに、科学技術の新たな可能性を顕在化させる。

　とりわけ、メディア芸術は、我が国の強力なソフトパワーであり、コンテンツ産業や観光の振興等にもつながるなど、その波及効果は更なる可能性を秘めている。このため、関係府省庁や大学等と緊密な連携を図りながら、メディア芸術の積極的な海外発信や、デジタルアーカイブ化、創造活動への支援、人材育成等を強力に推進すべきである。

(※) 自動車、家電、ロボット、施設などあらゆるモノがインターネットにつながり、情報のやり取りをすることで、モノのデータ化やそれに基づく自動化等が進展し、新たな付加価値を生み出すというコンセプトを表した語。

⑶　関連する産業まで裾野の広がりも視野に入れた振興

　デザインや工芸等の分野においては、芸術的価値を有する作品から、大量に生産される日用品まで広がりがあり、芸術家から職人や製作者を含めた多様な人々が関わっている。このような裾野の広がりを視野に入れた切れ目のない振興が重要である。

　例えば、文化庁が、伝統的工芸品を振興する経済産業省と連携するなど、当該分野において文化の振興の観点に加えて産業の振興の観点を踏まえた総合的な施策の推進を図るべきである。

⑷　食文化をはじめとした生活文化の振興

　茶道、華道、書道などの衣食住に係る生活文化は、歴史や風土の中で受け継がれ、国民に広く日常的に親しまれてきたものであり、我が国の文化を語る上で不可欠なものとして、一層の振興を図ることが重要である。

　その中でも、「和食」は平成25年12月にユネスコ無形文化遺産に登録されている。我が国の食文化は、日本の伝統である和食や地域に根付く郷土料理などの食文化から、フランス料理、中華料理など日本に定着した諸外国の食文化に至るまで幅広い。食文化は、諸外国の人が日本の文化に親しみを持つきっかけの一つとなっており、また、食材、食器等の様々な分野への波及が見込まれるなど、多様な文化とつながりが深いことから、とりわけその振興が求められる。

⑸　近現代の文化遺産や美術への対応

　文化政策の対象を幅広く捉えて、比較的新しい文化についての施策を強力に進めていく必要がある。

　文化財保護においては、文化財を「遺産」として保護し、将来の世代へ伝えるという世界遺産条約や無形文化遺産保護条約等の精神を踏まえつつ、文化遺産の概念の変化など文化遺産の保護に関する世界的な動きを、国内外の専門家と連携しながらしっかりと把握していくことが肝要である。その上で、近代以降の文化財については、保存手法の確立や保存の必要性に関するの国民の意識醸成などを含め、その保存・活用に取り組んでいくことが重要である。

　また、近現代の美術品等については、世界的にも市場規模が拡大するととも

に、当該分野における日本の芸術家等の活躍も目覚ましく、今後日本の文化芸術の強みとなる貴重な資産である。このため、このような美術品等の魅力を国内外に多言語で評価・発信できる人材を養成し、国外への発信及び出展等に対して支援するとともに、国内に蓄積されてきた全国各地の美術館の収蔵品の一層の活用を図るべきである。

(6) 文化財をはじめ蓄積された文化芸術資源の保存と活用

日本人自らが日本文化の価値を再発見・再認識し、後世へ継承・発展させることが重要である。

我が国の文化芸術資源は、保存技術や材料の確保、伝承者の育成など、先達の地道な努力により今に受け継がれてきたものであり、長い歴史を通じて大切に伝承されてきた有形・無形の文化財について、地域住民の理解を深めるとともに、確実に保存・継承することが必要である。また、文化財を生かしてまちづくりや地域づくりにつなげるとともに、観光振興にも資するよう、文化財単体ではなく、地域に所在する文化財等を地域固有のストーリーも加味しつつ総合的に活用すべきである。このため、地方公共団体が計画等に基づいて一元的に文化財の保存や整備、活用等を図ることのできる取組を進めるべきである。

さらに、2020年東京大会を契機として、国際的視点から日本文化の特徴を再考し解説する取組を進めるとともに、歴史、風土や衣食住の文脈の中で、日本文化の価値を国際的にも分かりやすく発信する取組などを進めるべきである。

また、日本においては、映画、舞台芸術、アニメ、漫画、ゲーム、デザイン、写真、建築、文化財等の文化芸術資源及びこれらの関連資料等の膨大な蓄積がある。この蓄積の散逸を防ぎ、貴重な作品や資料等へ国際的なレベルでアクセスを高めるよう、官民の協働の枠組みも活用しつつ、デジタル技術、インターネット等を活用したネットワーク化、アーカイブ化を推進すべきである。

２．文化活動の基盤を整える

(1) あらゆる世代における文化芸術教育や体験の充実

あらゆる世代において、人々は、本物の文化芸術の鑑賞機会や歴史・風土に根ざしたふるさとの文化芸術に触れる体験を通じて、豊かな創造性や感性等を育み、生きる喜びを見いだす。

このため、学齢期や青少年期のみならず、あらゆる世代において、<u>文化芸術教育や体験機会を充実</u>することが重要である。とりわけ、学校教育と生涯を通じた学習の連続性を重視し、保育所、幼稚園等の学校、美術館、博物館、劇場、音楽堂等など学校外活動の場となる関係機関相互の連携も図りながら、文化芸術教育や体験機会を充実する取組を進めるべきである。

(2) **芸術家等の人材の養成及び確保**

芸術家はもちろんのこと、地域の伝統芸能の継承者や、文化芸術に関する技術者・技能者、アートマネジメント従事者、美術館、博物館、劇場、音楽堂等における学芸員や各種専門職員等<u>文化芸術活動に係る人材</u>の養成及び確保を図ることが重要である。

また、<u>文化ボランティアは文化芸術活動を支える重要な人材</u>である。文化芸術活動に多くの人々が参画することで、新しい交流や人々の活躍の場が生まれ、より幅広い人々が一体感を持って、文化による地域や社会の活性化を支えることにつながる。このため、文化ボランティア人材の育成及び確保に向けた取組を一層進めるべきである。

特に文化芸術活動を進めるに当たって、法務、税務、会計広報、外国語分野等の専門的な知見も必要となる。このため、2020年東京大会を契機として、このような専門人材が、社会貢献活動の一環として、その専門性を生かして、文化芸術活動に参加することを促進する必要がある。

(3) **文化芸術へのアクセスの拡大**

あらゆる人々が文化芸術に身近に触れられるよう、アクセスを拡大することが重要である。訪日外国人観光客を2020年までに4000万人に増やすと政府の目標が定められている中、観光客に日本の文化芸術の魅力を伝える必要がある。例えば、観光客と日本の人々が触れ合う時間を共有できる体験を提供することも有効である。

美術館、博物館、劇場、音楽堂等の文化施設においては、無料Wi-Fiの整備や施設のバリアフリー化等の環境を充実させるとともに、<u>作品解説が外国人の目線で見て分かりやすいものとなる</u>よう、適切な多言語対応を図るなど、<u>国内外の訪問者が障害の有無・年齢・言語等に関係なく鑑賞できる環境づくり</u>が

必要である。

　美術館・博物館においては、資料収集や調査研究等の機能を高めつつ、観光客やビジネスパーソン等に夜の魅力ある過ごし方を提供する観点から、<u>夜間開館</u>を推進するとともに、併せて美術館・博物館にふさわしい質の高い催しや新たな来館者層を開拓するような催しを行い、にぎわいのある美術館・博物館作りを総合的に進めるべきである。加えて、神社・仏閣、歴史的建造物等においては、その場所を活用して、伝統芸能、民俗芸能をはじめ実演芸術、文化芸術作品の展覧会等、<u>ユニークベニュー(※)としての活用</u>を進めることが重要である。

　2020年東京大会を契機として、国民が誇りに思える本物の日本文化に接する機会を拡大するとともに、訪日外国人が日本文化の粋に触れる機会の増加が期待される。国立文化施設の収蔵品を十分に活用する観点から、国立美術館・博物館が収蔵する国宝・重要文化財等を活用した地方での展覧会の開催や、全国の美術館・博物館への収蔵品貸出しによる展覧会の充実などを一層推進するとともに、そのための環境の整備に努めるべきである。

　また、全国津々浦々での文化プログラムの推進に当たり、全国各地の文化イベントや文化施設等の文化関連情報を集約し、国内外で幅広い利用が可能なデータとして多言語で情報提供するシステムを通じ、日本の魅力ある文化芸術に国内外から容易にアクセスできるようにする取組を進めるべきである。

(※) 歴史的建造物や公的空間等、会議・レセプション・イベント等を開催する際に特別感や地域特性を演出できる会場。

(4)　日本語教育の質の向上

　言語は文化の基盤であり、他者との意思疎通を行うために不可欠な手段であることから、言語施策の充実を図っていくことが必要である。

　特に、外国人に対する日本語教育については、国内では、外国人の生活や社会参加を支えるだけでなく、我が国の将来の経済活動、国際交流、文化交流においても、大きな役割を担うものである。在留外国人の増加傾向が続く中、我が国の社会の多様性が高まれば高まるほど、<u>互いのコミュニケーションの力を高めるための日本語教育施策</u>が、今後ますます重要になってくる。

　同様に、国外においても、諸外国の人々に、日本語を学ぶことを通じて、文化芸術をはじめとした日本への理解を深めてもらうことは大きな意義がある。

これらを踏まえ、国内で日本語教育を実施している機関及びその教育内容の質の向上や、日本語教育人材の養成・研修、日本語教育を通じた国外への日本文化の発信について、関係省庁と連携しながら取組を強化すべきである。

(5) 著作物の流通促進と侵害対策、海外における著作権制度整備への協力

著作権は文化の法的インフラであり、文化の花を咲かせるための土台を提供するものである。文化芸術の振興を図るためには、技術の発達等による新たなニーズを踏まえつつ制度整備を行い、著作物等の適切な保護と利用の促進に取り組むことが重要である。

とりわけ、全ての国民が著作物の創作者や利用者になり得るという現在の状況を踏まえて、著作物の利用に係る権利処理を円滑に行うことができるよう、ライセンシング環境の改善促進等を通じて、著作物の流通を促進すべきである。

また、著作権に関する普及啓発や海賊版など著作権侵害への対策に取り組み、著作権の適切な保護を図る必要がある。

諸外国においては、著作権制度が十分に整備されていなかったり、その運用が十分に厳格に行われていなかったりする国もある。それらの国における法・制度の整備や著作権集中管理団体の育成を支援することは、当該国における我が国の著作物の流通促進はもとより、当該国における創造産業の育成促進ともなり、文化による国際協力の手段の一つとなる。そのような観点から、海外における著作権制度の整備に対して協力する必要がある。

(6) 公財政の確保及び民間との協働

文化芸術を一層振興するためには、必要な国・地方の予算の確保が極めて重要である。

あわせて、本答申で提言している内容の実施に当たっては、国や地方の財政が厳しい中、公的財政による支援のみではなく、文化芸術に係る多様な財源を確保しつつ、文化芸術活動が進められるようにしていくことが必要である。

このため、寄附文化の醸成に向けた取組、文化芸術に係る税制の改善やその活用に向けた周知の推進など、幅広く文化芸術が支援される方策を検討し、民と官の多様な連携が深化するよう政策を立案し実施すべきである。

また、文化芸術資源を活用したまちづくりや地方創生などにおいて、民間投

資を促す環境づくりのため、関係府省庁と連携・協力した取組が重要である。

3．文化政策の形成機能や推進体制を強化する
(1) 文化関連施策との連携、そのための省庁間連携とその体制

　人口減少、経済停滞などへの不安が高まる中、国民の財産でもあり、我が国の国力の源泉とも言える「文化芸術」を国の政策の根幹に据えることの重要性は、第4次基本方針でも述べられたとおりである。「文化芸術立国」という目標の実現に向け更に政策を強力に進めていくためには、先に述べた文化政策の対象を幅広く捉えるとともに、教育、スポーツ、観光、産業、まちづくり、科学技術、福祉、外交等様々な関連分野との連携強化によって、文化芸術資源の持つ潜在力を最大限に引き出すことが不可欠である。

　例えば、経済産業省等と連携し、芸術文化の力を活用した新産業の創出や、総務省・国土交通省・観光庁等と連携した国内外の観光客を地域の文化で魅了するまちづくり・観光振興、厚生労働省等と連携した障害者による文化芸術活動の推進など、関係省庁が連携・協力した文化政策により相乗的な効果が期待できる。

　文化行政を担う文化庁は、関係省庁をはじめ様々な関係者をつなぎながら、文化政策の基盤となる計画を策定し、施策を着実に実施していくことで、文化芸術資源の活用による社会的・経済的な価値への波及を更なる文化芸術の振興に還元する好循環の創出を先導していかなければならない。

　このため文化庁は、政策を総合的に調整し推進していくため、必要な人員配置や人的交流を通じた体制の整備に努めるとともに、関係省庁会議を設置すべきである。また、地方公共団体において文化の関係部局が連携調整を行うための体制構築を促すことも必要である。

(2) 国、地方、文化芸術の担い手などの連携・協力

　国、独立行政法人、地方公共団体、企業、芸術家等、文化芸術団体、NPO・NGO、文化ボランティア、文化施設、教育研究機関、社会福祉施設、報道機関などが相互に連携・協力を図り、文化芸術のあらゆる分野において創造・活動の場を広げ、人材の育成や必要な資源の確保を進めていくことが重要である。

　とりわけ、国と地方においては適切な役割分担が必要であり、国は、地方と

緊密に連携しつつ、我が国全体の文化力向上に向けた基盤づくりや先進的取組への支援等に取り組み、あらゆる人々が文化芸術に慣れ親しめるよう、その担い手の育成や創造・活動の場への支援等に努めるべきである。同時に、地方公共団体は、地域の歴史や風土に根付いた文化的特色を踏まえ、その特色を生かした活動を推進すべきであり、地方の文化行政を担う人材の育成や体制の充実が期待される。

また、文化芸術の創造のみならず、文化芸術資源を活用して持続的に社会的・経済的価値等を創出していくため、活動の早期の段階から、官民をはじめとする関係機関等の連携・協力を進め、創造から価値の創出に至るまでの切れ目ない支援に取り組むべきである。

2020年東京大会を契機とした、全国津々浦々での文化プログラムの推進を通じて、文化芸術の担い手が、中小企業も含めた幅広い企業や商店街、農山漁村などの人々や地域と、これまで以上に結び付くための取組を進めるべきである。

また、次世代を担う子供や学生たちの参画を促すとともに、全国の芸術系大学によるネットワークの形成や、「創造都市ネットワーク日本」の拡大、劇場・音楽堂等と文化芸術団体との連携など、大学や地域の枠組みを超えた連携・協力により、文化芸術活動や人材育成プログラム等を幅広く展開することが期待される。

(3) 調査研究、政策立案の充実

望ましい文化政策を企画立案・評価するためには、文化芸術に関する国内外の情報や各種データの収集・分析、将来推計等の調査研究が重要である。

現在、国において文化芸術の調査研究を担う研究所はない。

大学や文化芸術団体等と連携し、国内外の文化政策の動向や文化芸術の活動実態等に係る情報の収集・分析、文化GDP（文化産業の規模）及び経済波及効果などの経済分析、文化芸術の関係者や施設に関するデータ等の収集・調査分析等を継続的に行う機能・ネットワークが必要である。このような調査研究機能を確保し、そこで得られた結果を活用してエビデンスに基づいた政策立案の機能を強化していくべきである。

また、文化庁の三つの独立行政法人については、文化政策の執行機関として

期待される役割をこれまで以上に果たすよう、専門的人材の確保など必要な措置を行った上で、文化庁と適切な役割分担を行うことが重要である。特に、独立行政法人日本芸術文化振興会については、文化芸術への助成をより有効に行うため、専門的な助言・審査・評価等の機能をより強化していくべきである。

(4) 文化行政における専門的人材の確保

国の文化行政においては、文化芸術を広く捉え、各地の現場や国の施策の実施状況、調査研究の成果を踏まえながら、政策立案を行うことができる<u>専門的人材を、組織の中核に確保していく</u>ことが重要である。さらに、文化庁においては、これらの人材に加えて、文化芸術を核にしたマネジメントができるような専門的資質や能力を持った人材も確保すべきである。

また、地方公共団体においても、地域の文化芸術に熟知しつつ、自立した文化芸術活動に求められる<u>マネジメント力等を備えた専門的人材を確保する</u>ことが必要である。あわせて、<u>地域のアーツカウンシル機能（主として文化芸術政策の立案や調査研究などを実施する機能）</u>を強化する観点から、<u>独立行政法人日本芸術文化振興会との連携を図りつつ、地域の文化芸術施策推進体制の整備を促進していく</u>必要がある。加えて、特に小規模の地方公共団体において、文化財を適切に保存・管理しつつ活用を図ることのできる専門的人材確保や研修機会の充実が期待される。

その際、国は、それら地域の体制やそこに所属する専門的人材をつなげて、<u>全国的なネットワークの中心的機能</u>を発揮すべきである。同時に、そうした専門的人材を育成・確保するためには、国・地方の行政や文化施設等を巡りながら専門性や経験等の蓄積が図れるようにしていくことも重要である。

このため、2020年東京大会を契機として、地域における専門的人材が、自らの地域の課題や強みを踏まえながら、文化施策や事業を企画立案、推進し、2020年以降の地域の文化施策を推進する核となっていくべきである。

(5) 国際文化交流・協力や日本文化発信の戦略的推進

国際文化交流・協力や日本文化発信については、文化芸術水準の向上を図るとともに、我が国の国際的な地位の向上や諸外国との相互理解の促進に貢献するよう、文化芸術の分野ごとの特性や対象国・地域の人々の興味・関心を見据

えながら、戦略的に進めることが重要である。

　国際文化交流として日本の文化芸術を国際発信する際には、周年行事やクールジャパン戦略、ビジット・ジャパン・キャンペーン等の関係府省庁の施策はもとより、芸術家やその世界的ネットワーク、在外公館、文化施設、報道機関等と連携して進めることが必要である。発信する分野の選択に当たっては、対象国・地域において求められる内容と我が国として発信したい内容を一致させながら、効果的な発信とするよう十分な検討が必要であり、重複を避けながら相乗効果を生み出すような取組を行うべきである。

　国際文化協力においては、例えば、日本の高い文化財修復の知見と技術力は、アジア諸国をはじめとして国際的に幅広いニーズがあり、国家戦略への貢献といった視点を持ちながら、戦略的に活用していくべきである。一方、テロの資金源ともなり得る文化財の不法輸出入の防止については、今後も引き続き国際的な情勢を踏まえて対応する必要がある。

(6)　基本計画の策定

　文化芸術振興基本法に基づき、これまで4次にわたり政府において基本方針を定めている。文化審議会においては、基本方針に基づいた施策の実施状況を審議している。また、第4次基本方針においては、初めて成果指標を盛り込むなど、計画的な内容となっている。一方、地方においては、文化芸術の振興のための基本的な方針や計画を策定しているが、基本計画として策定しているところが多いという現状がある。

　このような現状に基づき、文化芸術の担い手の自主性にはしっかりと配慮しつつ、効果的な施策の立案、実施、検証、施策への反映に一層取り組む観点から、国は基本計画の策定とし、全国の地方公共団体に対し、基本計画の策定を促すことが適当である。

(参考:文化芸術の理念、意義、方向性(第4次基本方針抜粋))

2 文化芸術振興の基本理念等

基本法第2条に掲げられた下記(1)の八つの基本理念にのっとり、また、下記(2)の意義を十分に踏まえ、文化芸術振興施策を総合的に策定し、実施する。その際、上記1に示す時代認識等の下、特に、下記(3)の基本的視点に立つこととする。

文化芸術振興の基本理念

[文化芸術活動を行う者の自主性の尊重]

　文化芸術は人間の自由な発想による精神活動及びその現れであることを踏まえ、文化芸術活動を行う者の自主性を十分に尊重する。

[文化芸術活動を行う者の創造性の尊重及び地位の向上]

　文化芸術は、活発で意欲的な創造活動により生み出されるものであることを踏まえ、文化芸術活動を行う者の創造性が十分に尊重されるとともに、その地位の向上が図られ、その能力を十分に発揮されるよう考慮する。

[文化芸術を鑑賞、参加、創造することができる環境の整備]

　文化芸術を創造し、享受することが人々の生まれながらの権利であることに鑑み、全国各地で様々な優れた文化芸術活動が行われるよう、国民がその居住する地域にかかわらず等しく、文化芸術を鑑賞し、これに参加し、又はこれを創造することができるような環境の整備を図る。

[我が国及び世界の文化芸術の発展]

　優れた文化芸術は、国民に深い感動や喜びをもたらすとともに、世界各国の人々を触発するものであることを踏まえ、我が国において文化芸術活動が活発に行われるような環境を醸成して文化芸術の発展を図り、ひいては世界の文化芸術の発展に資するよう考慮する。

[多様な文化芸術の保護及び発展]

　人間の精神活動及びその現れである文化芸術は多様であり、こうした多様な文化芸術の共存が文化芸術の幅を広げ、その厚みを加えるものとなることを踏まえ、多様な文化芸術を保護し、その継承・発展を図る。

[各地域の特色ある文化芸術の発展]

　各地域において人々の日常生活の中ではぐくまれてきた多様で特色ある文化

芸術が我が国の文化芸術の基盤を形成していることに鑑み、地域の人々により主体的な活動が行われるよう配慮するとともに、各地域の歴史、風土等を反映した特色ある発展を図る。

[世界への発信]

　我が国と諸外国の文化芸術の交流や海外の文化芸術への貢献が、我が国の文化芸術のみならず、世界の文化芸術の発展につながることに鑑み、広く世界へ発信されるよう、国際的な交流及び貢献の推進を図る。

[国民の意見の反映]

　文化芸術の振興のためには、文化芸術活動を行う者その他広く国民の理解と参画を得ることが必要であることを踏まえ、文化政策の企画立案、実施、評価等に際しては、可能な限り広く国民の意見を把握し、それらが反映されるように十分配慮する。

(2) 文化芸術振興の意義

　文化芸術は、最も広義の「文化」と捉えれば、人間の自然との関わりや風土の中で生まれ、育ち、身に付けていく立ち居振る舞いや、衣食住をはじめとする暮らし、生活様式、価値観等、およそ人間と人間の生活に関わる総体を意味する。他方で、「人間が理想を実現していくための精神活動及びその成果」という視点で捉えると、その意義については、次のように整理できる。

　第一として、豊かな人間性を涵養し、創造力と感性を育む等、人間が人間らしく生きるための糧となるものである。第二として、他者と共感し合う心を通じて意思疎通を密なものとし、人間相互の理解を促進する等、共に生きる社会の基盤を形成するものであると言える。第三として、新たな需要や高い付加価値を生み出し、質の高い経済活動を実現するものであると言える。第四として、科学技術の発展と情報化の進展が目覚ましい現代社会において、人間尊重の価値観に基づく人類の真の発展に貢献するものであると言える。第五として、文化の多様性を維持し、世界平和の礎となるものであると言える。

　このような文化芸術は、国民全体の社会的財産であり、創造的な経済活動の源泉でもあり、持続的な経済発展や国際協力の円滑化の基盤ともなることから、我が国の国力を高めるものとして位置付けておかなければならない。

　我が国は、このような認識の下、心豊かな国民生活を実現するとともに、活

力ある社会を構築して国力の増進を図るため、文化芸術の振興を国の政策の根幹に据え、今こそ新たな「文化芸術立国」を目指すべきである。

(3) 基本的視点

[人的資源の源泉]

もとより資源の少ない我が国においては人材が重要な資源であり、ハードの整備からソフトへの支援に重点を移すとともに、国民生活の質的向上を追求するためにも、人々の活力や創造力の源泉である文化芸術の振興が求められる。

[公共財・社会包摂の機能・公的支援の必要性]

文化芸術は、成熟社会における成長の源泉、国家への威信付与、地域への愛着の深化、周辺ビジネスへの波及効果、将来世代のために継承すべき価値といった社会的便益(外部性)を有する公共財である。

また、文化芸術は、子供・若者や、高齢者、障害者、在留外国人等にも社会参加の機会をひらく社会包摂の機能を有している。

このような認識の下、従来、社会的費用として捉える向きもあった文化芸術への公的支援に関する考え方を転換し、社会的必要性に基づく戦略的な投資と捉え直す。

文化芸術は、その性質上、市場のみでは資金調達が困難な分野も多く存在し、多様な文化芸術の発展を促すためには公的支援を必要とする。

このため、厳しい財政事情にも照らして支援の重点化等により文化芸術活動を支える環境づくりを進める必要がある。

[国際的な文化交流の必要性]

伝統文化から現代の文化芸術活動に至る我が国の多彩な文化芸術の積極的な海外発信や、文化芸術各分野における国際的な交流の推進は、我が国の文化芸術水準の向上を図るとともに、我が国に対するイメージの向上や諸外国との相互理解の促進に貢献するものであり、中国、韓国、ASEANといった東アジア地域等の日本と緊密な関係を有する国との間では、友好関係の深化にもつながるものである。このことを踏まえ、引き続き戦略的な施策の展開を図る必要がある。また、グローバル化が急速に進展する中、国際文化交流を推進するに当たっては、我が国の存立基盤たる文化的アイデンティティを保持するとともに、国内外の文化的多様性を促進する観点も重要である。

［社会への波及効果］

　文化芸術は、もとより広く社会への波及力を有しており、教育、福祉、まちづくり、観光・産業等幅広い分野との関連性を念頭において、それら周辺領域への波及効果を視野に入れた施策の展開が必要である。また、新たな成長分野としての観点や世界における我が国の文化的存在感を高める観点も踏まえ、官民連携によるオールジャパン体制で進められているクールジャパンの取組等については、これまでに実施してきた施策の成果を基礎として、文化芸術等の「日本の魅力」をより戦略的・効果的に発信する必要がある。

［多様な主体による活動］

　文化芸術は、人間の精神活動及びその現れであることから、まずもって活動主体の自発性と自主性が尊重されなければならず、その上で、活動主体や地域の特性に応じたきめ細かい施策が大切である。

　また、文化芸術振興の意義に対する国民の理解の上に、個人、NPO・NGOを含む民間団体、企業、地方公共団体、国など各主体が各々の役割を明確化しつつ、相互の連携強化を図り、社会を挙げて文化芸術振興を図る必要がある。

［地方公共団体における文化施策の展開］

　地方公共団体においては、それぞれの地域の実情を踏まえた、特色ある文化芸術振興の主たる役割を担うことが期待される。特に基本法の制定後、地方公共団体においても文化芸術振興のための条例の制定や指針等の策定が進んでいるが、そうした条例・指針等に基づく施策の展開や、広域連携による取組の推進も望まれる。

［政策評価の必要性］

　文化芸術各分野及び各施策の特性を十分に踏まえ、定量的な評価のみならず定性的な評価も活用し、質的側面を含む適切な評価を行うとともに、年度によって選択的に軽重を付した評価を行うことも検討する。

19 「新・文化庁の組織体制の整備と本格移転に向けて」のポイント（文化庁移転協議会　平成29年7月25日）

「新・文化庁の組織体制の整備と本格移転に向けて」のポイント
（文化庁移転協議会（H29.7.25））

1．新たな文化芸術基本法の施行（平成29年6月23日）

○　改正基本法の趣旨：
・　文化芸術の振興にとどまらず、観光、まちづくり、国際交流、福祉、教育、産業その他の分野における施策を同法の範囲に取り込む
・　文化芸術により生み出される様々な価値を文化芸術の継承・発展・創造に活用
○　附則第2条：政府は、<u>文化芸術に関する施策を総合的に推進するため、文化庁の機能の拡充等</u>について、その行政組織の在り方を含め検討を加え、その結果に基づいて必要な措置を講ずるものとする。

2．新・文化庁の組織体制

【文化庁の課題】
○　規制や助成などの執行業務が多くを占め、機動的な政策立案が困難
○　文化芸術概念の拡張への対応と、資源としての活用策が不十分
○　政策の基盤となる調査研究や効果分析が不十分

【新・文化庁構築に向けた機能強化と組織改革の方向性】
○　昨年11月の文化審議会答申を受けた機能強化・改正基本法に立脚した文化庁による文化行政の総合推進のため、
・　時代区分を超えた組織編制、分野別の縦割型から目的に対応した組織編制とし、政策課題への柔軟かつ機動的な取組みへ対応、文化財をはじめ文化芸術資源の活用を促進
・　関係府省庁、地方公共団体、民間、大学、文化芸術団体などに広く開かれた総参画体制により、新たな領域への積極的な対応を強化

○ 文部科学省設置法の改正（平成30年通常国会を目途に改正法案を提出）を経て、<u>平成30年度内に、新・文化庁 ～「縦割」を超えた開放的・機動的な文化政策集団～へ組織改革</u>

3．文化庁地域文化創生本部（先行移転）の取組状況と課題
【取組状況】
○ 新たな文化政策の企画立案に向け、地元の知見・ノウハウ等を生かした連携・協力を円滑に推進
○ 様々な背景を持つ職員構成の中、地域・産業界の目線に立って文化政策を考える環境醸成

【課題】
○ ICTの積極的活用など、全国を対象とした事務・事業を効率的に運営していく工夫が必要
○ 国民・移転先以外の地域からの理解・共感を得るため、移転に対する更なる周知・理解促進が必要

4．本格移転に向けて
【組織体制の大枠】
○ 本格移転後は、本庁・京都と東京とで、おおむね以下のように業務を分離
・文化庁・本庁を京都に置く。
・本庁に文化庁長官及び次長を置く。
・本庁においては、国会対応、外交関係、関係府省庁との連携調整等に係る政策の企画立案業務及び東京で行うことが必要な団体対応等の執行業務を除くすべての業務を行う。
　　具体的には、文化政策の新たな展開を目指し、
(a) 長官直属の企画・発信
(b) 国内外への日本文化の戦略的発信
(c) 大学との連携を生かした文化政策調査研究
(d) 科学技術と融合した文化創造や若者文化の萌芽支援など新文化創造

(e) 食文化等の生活文化振興
(f) 文化による地方創生
(g) 文化財
(h) 宗務　等に関する政策の企画立案及び執行に係る業務を本庁で行うこととし、その職員数（定員及び定員外職員の数）は、<u>全体の7割を前提に、京都府、京都市をはじめとする地元の協力も得ながら、250人程度以上と見込むものとする</u>。

○　文化関係独立行政法人（（独）国立文化財機構、（独）国立美術館、（独）日本芸術文化振興会）について、広報発信・相談に係る機能を置くことにつき、具体的に検討

【移転場所等】
○　移転先は、「新・文化庁」にふさわしく、諸外国からの来訪者をはじめ、京都以外の地方公共団体や全国の文化芸術団体等の関係者から見ても共感を得られる場所を選定する必要
○　今回の移転は、地元の協力・受入体制が整っていること、地方創生を目的として国が決定したものであるものの地元からも土地の提供や庁舎建設費用について応分の負担の意向が示されたことのほか、移転による過度な費用の増大や組織の肥大化を回避することに留意が必要
⇒　これらの必要性、これまでの文化庁移転協議会で示した5条件（文化的な環境、交通の便、適正な規模、ICT環境、耐震性）に併せ、4カ所の候補についての工期・費用等を含めて総合的に検討した結果、<u>「現京都府警察本部本館」</u>を文化庁の移転先とする。本庁舎に加え、地元に既にある豊富で多様な施設やスペースを活用し、文化庁からの発信の拠点とする。
○　京都府警察本部本館の建物は、京都で行われた昭和天皇の「即位の礼」に合わせて建設された京都の近代化遺産であり、その保存・継承は文化的価値も高い。こうした公益性を踏まえ、歴史的建造物を保存・活用するという考え、京都側が応分の負担を表明しながら文化庁の移転を要望してきた経緯に基づき、<u>京都府が京都市などの協力を得て、同本館の耐震化も含めた改修・増築を行う</u>。整備後、<u>文化庁は、京都府の条例等に基づいた適切な貸付価額で、長期的に貸付を受ける</u>。

○　今後、設計に向けた準備を行い、速やかに庁舎整備の設計に着手。工事、庁舎開設準備を着実に進め、<u>遅くとも平成33年度中</u>の<u>本格移転</u>を目指す。なお、文化庁が本庁舎として使用する場合、政府機関庁舎にふさわしい独立性・シンボル性の確保に配慮する必要がある。

【円滑な移転のための環境整備】
○　職員の住環境の確保、家族に関する教育・保育などを含めた福利厚生における適切な配慮について、地元の協力も得つつ、引き続き検討。地域手当や本府省業務調整手当における適切な配慮等に関して、具体的な検討を着実に進める。

新・文化庁の組織体制の整備と本格移転に向けて

平成29年7月25日
文化庁移転協議会

　文化庁の移転については、昨年3月の「政府関係機関移転基本方針」等の文書[1]（以下「基本方針等」という。）において、外交関係や国会対応の業務、政策の企画立案業務（関係府省庁との調整等）の事務についても現在と同等以上の機能が発揮できることを前提とした上で、文化庁に期待される新たな政策ニーズ等への対応を含め、文化庁の機能強化を図りつつ、全面的に移転するものとされている。

　既に本年4月には、文化庁の組織として地域文化創生本部（以下「本部」という。）を京都に設置し、地元の協力等も得ながら先行的に事務・事業を進めているところである。

　文化庁の機能強化を図る抜本的な組織見直し、東京での事務体制の構築や移転時期等については、基本方針等において示された視点や、本部での先行的取組及びICTの活用等を通じた遠隔地の部局との連携の方法や課題についての検証を踏まえつつ検討することとされ、移転場所等を、平成29年8月末を目途に、決定するものとされている。

　文化庁移転協議会は、これまでの検討を踏まえ、新・文化庁の組織体制の整備と本格移転に向け、以下のとおり取りまとめた。

1．新たな文化芸術基本法の施行

　この度、文化芸術振興基本法が改正され、新たな文化芸術基本法（以下「改正基本法」という。）として6月23日に公布・施行された。

1　「政府関係機関移転基本方針」（平成28年3月22日 まち・ひと・しごと創生本部決定）、「まち・ひと・しごと創生基本方針2016」（平成28年6月2日 閣議決定）、「文化庁の移転の概要について」（平成28年8月25日 文化庁移転協議会決定）、「政府関係機関の地方移転にかかる今後の取組について」（平成28年9月1日まち・ひと・しごと創生本部決定）、「文化庁の移転について」（平成28年12月19日 文化庁移転協議会決定）、「まち・ひと・しごと創生基本方針2017」（平成29年6月9日閣議決定）

改正基本法の趣旨は、文化芸術の振興にとどまらず、観光、まちづくり、国際交流、福祉、教育、産業その他の分野における施策を同法の範囲に取り込むとともに、文化芸術により生み出される様々な価値を文化芸術の継承、発展及び創造に活用しようとするものである。法律の題名や文化芸術教育の重要性等の基本理念の改正のほか、文化芸術推進基本計画[2]の策定及び関係行政機関相互の連絡調整を行う文化芸術推進会議の設置や、食文化等の振興、地域の振興につながる芸術祭への支援、国際交流の推進や人材支援の充実、高齢者及び障害者の文化芸術活動の充実、文化芸術施策推進のための調査研究、民間事業者等との連携などの新たな政策ニーズについて、規定を追加している。

　さらに、改正基本法はその附則において、「政府は、文化芸術に関する施策を総合的に推進するため、文化庁の機能の拡充等について、その行政組織の在り方を含め検討を加え、その結果に基づいて必要な措置を講ずる」ものとしている。

2．新・文化庁の組織体制

　改正基本法を受け、文化芸術に関する施策を強力に推進するため、平成30年通常国会を目途に文部科学省設置法の改正法案を提出するとともに、平成30年度内に組織改革を行い、文化庁の機能の拡充を図る。

　新・文化庁においては、文化芸術によって公共的・社会的又は経済的な様々な価値が創出され、それが更なる文化芸術の継承、発展及び創造に活用されるような施策の展開が求められている。このため、新・文化庁は、文化芸術立国を目指し、文化芸術の固有の意義と価値を尊重しつつ、今日の政策ニーズに対応し、関連分野における施策との有機的な連携が取れる組織体制を構築する必要がある。

(1) 国家行政組織としての文化庁の課題

　長い歴史とともに積み重ねられてきた我が国の多様な文化は、我が国や全国各地域のアイデンティティー形成の礎である。また、世界に向けて日本をアピールする源でもある。文化庁における行政はこれまで、文化財の保護や芸術の

---

2 改正基本法第7条の基本計画については、平成29年6月、文部科学大臣からその策定について文化審議会に諮問したところである。

振興、国語や著作権制度等の文化の基盤整備に寄与してきたが、今日においては、対象分野の広がりや政策手法の多様化などの時代の変革に対応できていないという課題に直面している。

現下の課題を集約すれば、次のとおりである。
① 規制や助成などの執行業務が多くを占め、機動的な政策立案が困難である。
② 文化芸術概念の拡張への対応と、資源としての活用策が不十分である。
③ 政策の基盤となる調査研究や効果分析が不十分である。

⑵ 新・文化庁構築に向けた機能強化と組織改革の方向性

改正基本法の規定や昨年11月の文化審議会答申[3]を受けて、文化庁が強化すべき機能として、次の事項が挙げられる。

【文化政策の対象拡大】
・科学技術と融合した文化創造や若者文化の萌芽支援など新文化創造
・食文化をはじめとする生活文化など複合領域の文化芸術振興
・近現代の文化遺産や美術への対応
・文化芸術資源を活用した地方創生、地方公共団体文化政策との連携

【文化芸術活動の基盤充実】
・文化芸術教育・体験の充実を通じた世界トップレベルからボランティアまで多様な文化芸術人材の育成
・障害者、高齢者、外国人はじめ個のニーズに応じた文化芸術アクセスの拡大
・日本語教育の質の向上
・技術の発達など今日的ニーズを踏まえた著作権制度の整備
・文化芸術に係る多様な財源の確保と民間協働の促進

【文化政策形成機能の強化】
・様々な関連分野と有機的に連携した文化政策の総合的な推進
・国内外への日本文化の戦略的発信
・国内外の情報、各種データの収集・分析など文化政策調査研究

---

3 「文化芸術立国の実現を加速する文化政策－「新・文化庁」を目指す機能強化と2020年以降への遺産（レガシー）創出に向けた緊急提言－」（平成28年11月17日　文化審議会答申）

改正基本法に立脚し、文化庁が文化行政を総合的に推進するため、新・文化庁への組織改革は、「縦割」を超えた開放的・機動的な文化政策集団の形成に向けて以下のような抜本的見直しを行う。
① 時代区分を超えた組織編制、分野別の縦割型から目的に対応した組織編制とすることによって、政策課題への柔軟かつ機動的な取組に対応するとともに、文化財をはじめ文化芸術資源の活用を促進する
② 関係府省庁、地方公共団体、民間、大学、文化芸術団体などに広く開かれた総参画体制により、新たな領域への積極的な対応を強化する

3. 文化庁地域文化創生本部（先行移転）の取組状況と課題
(1) 取組状況
文化庁移転の意義としては、以下のことが考えられる。
① 東京一極集中の是正につながる。
② 地元（京都・関西）の先進的な知見・ノウハウ等を生かした新たな文化政策の企画立案や取組成果の全国波及を通じて、全国各地において文化の力による地方創生が図られる。
③ 文化庁が、オールジャパンの視点から、相乗的に、地域の多様な文化の掘り起しや磨き上げを行い、文化政策を総合的に推進することで、我が国の文化芸術全体の振興が図られる。
④ ICTの積極的な活用等により、公務員の働き方改革につながる。

既に本部において先行移転の取組が進められているが、移転を成功させようとの機運が地元で高まっており、新たな文化政策の企画立案等に向けた地元の視点や知見・ノウハウ等を生かした連携・協力が進めやすくなっている。また、本部事務局は、地方公共団体、大学や産業界など様々な背景を持つ職員で構成されており、日常の業務を通じて、本部全体として地域や産業界の目線に立って文化政策を考えていく環境も整いつつある。

一方、昨年のICT実証実験も踏まえたテレビ会議システムを本部と文化庁本庁の間に設置したところであり、地域文化創生本部会議をはじめ、庁内全体で当該システムが日常的に使用される状況になりつつある。

(2) **課題**

本部の取組を通じて、次のような課題も挙がってきている。

① 全国を対象とした国の機関としての機能の維持・向上を図るという観点からは、テレビ会議等のICT活用を積極的に図っていくなど、全国対象の事務・事業をいかに効率的に運営していくか工夫が必要である。

② 国民及び移転先以外の地域から移転に対する理解と共感を得るという観点からは、報道発表やホームページ、リーフレット、通知文書等によるこれまでの取組に加えて、今後も様々な機会を捉えて周知及び理解促進に努める必要がある。また、地元以外のメディアも含め、国内外に効果的に情報発信していくことや、コミュニケーション機能を強化することも重要である。

また、国会や予算関連業務等への対応については、本部が設置されて間もないこともあり、具体的な検証には至っていないが、今後更に年間を通じた検証を進め、課題を明らかにしていく必要がある。

本格移転に際しては、これらの課題への対応等も含めて所要の措置を講じていくとともに、ICTを活用した業務効率化など業務そのものの在り方や業務プロセス全体の見直し、内部での意思決定過程の整理を進め、京都と東京で業務を行うに当たり重複のない効率的な体制を構築する必要があり、今後とも先行移転に関する検証を続けていくこととする。

4．本格移転に向けて

(1) 本格移転における組織体制の大枠

今後、平成30年通常国会を目途に提出される文部科学省設置法の改正法案等の法令整備を経て、平成30年度中に新・文化庁の組織体制を整備する。業務に一時の停滞も来さないよう、当面は東京においては文化庁庁舎、京都においては本部事務局庁舎において業務を行うとともに、引き続き、3．に述べた課題について検証を進めた上、京都における移転先の整備が完了し次第、本格移転を実施することとする。

本格移転後は、本庁・京都と東京とで、おおむね以下のように業務を分離するものとする。

・文化庁・本庁を京都に置く。

・本庁に文化庁長官及び次長を置く。
・本庁においては、国会対応、外交関係、関係府省庁との連携調整等に係る政策の企画立案業務及び東京で行うことが必要な団体対応等の執行業務を除くすべての業務を行う。

　具体的には、文化政策の新たな展開を目指し、(a) 長官直属の企画・発信、(b) 国内外への日本文化の戦略的発信、(c) 大学との連携を生かした文化政策調査研究、(d) 科学技術と融合した文化創造や若者文化の萌芽支援など新文化創造、(e) 食文化等の生活文化振興、(f) 文化による地方創生、(g) 文化財、(h) 宗務等に関する政策の企画立案及び執行に係る業務を本庁で行うこととし、その職員数（定員及び定員外職員の数）は、全体の7割を前提に、京都府、京都市をはじめとする地元の協力も得ながら、250人程度以上と見込むものとする。

(2) 文化関係独立行政法人の業務

　文化関係独立行政法人（（独）国立文化財機構、（独）国立美術館、（独）日本芸術文化振興会）に関しては、政府関係機関移転基本方針の中央省庁の地方移転に係る検討の基本的視点（①地方創生の視点、②国の機関としての機能確保の視点、③移転費用等の視点）に基づき、各法人の業務内容や実態を踏まえた移転のメリットや課題、費用負担の問題等について検討を行った。

　その結果、一定の独立性を有し、東京に所在する施設と一体となって効率的な運営を行っている独立行政法人の移転には、機能確保の問題だけでなく、費用の増大等の点など課題が多い。一方、例えば、広報発信や相談に係る機能を京都に設けることは、一定の意義・効果が期待できる。このため、文化庁が本格移転を実施する時期にこうした機能を置くことについて、効果を含め具体的に検討を進める。

(3) 移転場所等

　京都における移転先は、「新・文化庁」にふさわしいものであることが必要であり、諸外国からの来訪者をはじめ、京都以外の地方公共団体や全国の文化芸術団体等の関係者から見ても共感を得られる場所を選定すべきである。

　また、今回の移転は地元の協力・受入体制が整っていること、地方創生を目

的として国が決定したものであるものの地元からも土地の提供や庁舎建設費用について応分の負担の意向が示されたことのほか、移転による過度な費用の増大や組織の肥大化を回避することに留意する必要がある。

　これらを踏まえ、「文化庁の移転について」で提示した本格移転先候補の4か所について、移転先に必要な五つの条件（文化的な環境、交通の便、適正な規模、ICT環境、耐震性）に併せて各候補についての工期や費用等を含めて総合的に検討した結果、現京都府警察本部本館を文化庁の移転先とする。

　また、本庁舎に加え、地元に既にある豊富で多様な施設やスペースを活用し、文化庁からの発信の拠点とする。

　京都府警察本部本館の建物は、京都で行われた昭和天皇の「即位の礼」に合わせて建設された京都の近代化遺産であり、その保存・継承は文化的価値も高い。こうした公益性を踏まえ、歴史的建造物を保存・活用するという考えや京都側が応分の負担を表明しながら文化庁の移転を要望してきた経緯に基づき、京都府が京都市などの協力を得て、文化庁の受入環境整備の一環として移転の規模に応じ、同本館の耐震化も含めた改修・増築を行うこととし、整備後、文化庁は、本庁の庁舎として、京都府の条例等に基づいた適切な貸付価額で、長期的に貸付を受ける。

　今後、設計に向けた準備を行い、速やかに庁舎整備の設計に着手し、工事、庁舎開設準備を着実に進めて、遅くとも平成33年度中の本格移転を目指す。

　なお、文化庁が本庁舎として使用する場合には、政府機関庁舎にふさわしい独立性・シンボル性の確保に配慮する必要がある。

(4) 円滑な移転のための環境整備

　今後、本格移転に向けて、質の高い文化行政を担う職員を引き続き確保する観点から、職員の住環境の確保や、家族に関する教育・保育などを含めた福利厚生における適切な配慮について、地元の協力も得つつ、引き続き検討を進めるとともに、地域手当や本府省業務調整手当における適切な配慮等に関して、具体的な検討を着実に進める。

20 最近の政府の重要方針における文化関係の主な記述について （平成29年度）

文化関係抜枠

最近の政府の重要方針における文化関係の
主な記述について

経済財政運営と改革の基本方針2017（平成29年6月9日閣議決定）

第2章 成長と分配の好循環の拡大と中長期の発展に向けた重点課題

1．働き方改革と人材投資を通じた生涯現役社会の実現

（1） 働き方改革

⑤ 外国人材の受入れ

　高度外国人材を更に積極的に受け入れるため、企業における職務等の明確化と公正な評価・処遇の推進、英語等でも活躍できる環境など就労環境の整備、日本語教育の充実など生活面の環境整備、マッチング支援、日本版高度外国人材グリーンカードの活用等を進める。

2．成長戦略の加速等

（5） 新たな有望成長市場の創出・拡大

① 文化芸術立国

　「文化経済戦略（仮称）」を策定し稼ぐ文化への展開を推進するとともに、政策の総合的推進など新たな政策ニーズ対応のための文化庁の機能強化等を図る。2020年までを文化政策推進重点期間として位置づけ、文化による国家ブランド戦略の構築と文化産業の経済規模（文化GDP）の拡大に向け取組を推進する。文化芸術活動に対する効果的な支援や子供の体験・学習機会の確保、人材の育成、障害者の文化芸術活動の推進、文化プログラムやジャポニスム2018[1]等の機会を捉えた魅力ある日本文化の発信を進めるとともに、国立文化施設の機能強化、文化財公開・活用に係るセンター機能の整備等による文化財の保存・活

---

[1] 日仏友好160周年に当たる2018年、パリを中心に、歌舞伎、能・狂言、雅楽等伝統文化から、現代演劇・美術やマンガ・アニメ展、日本映画等の上映等、官民連携で大規模な日本文化紹介行事を実施。

用・継承、デジタルアーカイブの構築を図る。

また、我が国の誇るマンガ、アニメ及びゲーム等のメディア芸術の情報拠点等の整備を進める。

明治150年関連施策[2]を推進するとともに、国立公文書館について、展示等の機能の充実に向けて、既存施設との役割分担を図りつつ新たな施設の建設に向けた取組を推進する。

(6) 海外の成長市場との連携強化
② 戦略的な輸出・観光促進

「安全」・「安心」・「高品質」などの日本に対する評価を「日本ブランド化」するとともに、国内外の拠点も活用し、食、映画、コンテンツ、文化等の日本固有の魅力の創造・発信・展開などクールジャパン戦略を推進し、輸出・観光を促進する。

観光を我が国の基幹産業へと成長させるため、ナイトエンターテインメント、伝統芸能等の外国人向けコンテンツの開発や受入体制の整備などによる新しい観光資源の開拓、国別戦略に基づくプロモーションの高度化、重要な国際学術会議などのMICE[3]誘致、ビザの戦略的緩和と審査体制の整備等を推進する。また、羽田空港の飛行経路見直しやコンセッション等による空港の機能強化、官民連携による国際クルーズ拠点の形成、革新的な出入国審査などのCIQ[4]の計画的な物的・人的体制整備、上質な宿泊施設の拡充の促進、多様な民泊サービスの健全な普及を図る。さらに、通訳ガイドの質・量の充実、旅行商品の企画・手配を行うランドオペレーターの登録制度の導入、外国人患者受入れ体制やキャッシュレス環境の整備、観光地周辺の公共交通の充実や多言語対応等を推進する。

---

2 平成30（2018）年が明治元（1868）年から起算して満150年に当たり、明治以降の歩みを次世代に遺す等を目的とした各種施策を推進することとしている。
3 企業会議（Meeting）、企業の報奨・研修旅行（Incentive）、国際会議（Convention）、展示会・イベント（Exhibition/Event）の総称。
4 税関（Customs）、出入国管理（Immigration）、検疫（Quarantine）を包括した略称。

3．消費の活性化
(2) 新しい需要の喚起
② 観光・旅行消費の活性化

　2020年（平成32年）に訪日外国人旅行者数を4000万人、消費額を8兆円とし、日本人国内旅行消費額を21兆円とする目標[5]の達成等により観光先進国を目指すこととし、政府一丸、官民を挙げて、推進体制を強化し、その早期実現に向けて取り組む[6]。

　このため、公的施設の魅力向上と更なる開放を進めるとともに、古民家等を活用したまちづくりを進める。また、国立公園、日本遺産をはじめとする文化財等の景観の優れた観光資源を保全・活用し、着地型旅行商品の造成促進、広域観光周遊ルートの形成促進、地方空港へのLCC[7]等の就航促進、高速交通網の活用による「地方創生回廊」の完備、自転車利用環境の創出等により地方への誘客につなげる。また、観光地域づくりの舵取り役を担う法人（DMO[8]）の形成、官民ファンドの活用による観光地の再生・活性化、宿泊業の生産性向上、観光経営人材育成等により観光産業の革新を図る。

③ 2020年東京オリンピック・パラリンピック競技大会等の開催に向けた取組

　2020年東京オリンピック・パラリンピック競技大会やラグビーワールドカップ2019は、日本全体の祭典であり、日本を再興し、レガシーの創出と、日本が持つ力を世界に発信する最高の機会である。その開催に向け、先端技術の利活用を含めた関連情報の収集・分析の強化などセキュリティ・安全安心の確保、円滑な輸送、暑さ・環境への配慮等大会の円滑な準備を進める。また、「復興五輪」の実現、ホストタウンによる地域活性化や国際交流の推進とともに、ボランティア人材の育成・普及、beyond2020プログラム[9]等を通じた日本

---

5 「観光立国推進基本計画」（平成29年3月28日閣議決定）及び「明日の日本を支える観光ビジョン」（平成28年3月30日明日の日本を支える観光ビジョン構想会議決定）による。
6 「観光ビジョン実現プログラム2017」（平成29年5月30日観光立国推進閣僚会議決定）に基づく。
7 Low Cost Carrier：低コストかつ高頻度の運航を行うことで低運賃の航空サービスを提供する航空会社。
8 Destination Management/Marketing Organization の略。
9 「2020年オリンピック・パラリンピック競技大会に向けた文化を通じた機運醸成策に関する関係府省連絡・調整会議」により決定（平成28年3月）し実施。2020年以降を見据え、多様な団体が実施する共生社会・国際化につながるレガシーを創出する活動等について認証し、そうした取り組みを

文化の魅力発信、深層学習による自動翻訳システムの開発・普及、共生社会の実現など大会を通じた新しい日本の創造に関する取組を政府一丸となって、地方自治体・民間企業等と連携しながら進める。関連する施設整備については、必要性、手法等を精査し、計画的な対応を推進する。

アイヌ文化の復興等を促進しつつ、国際親善等に寄与するため、2020年（平成32年）4月までに国立アイヌ民族博物館、国立民族共生公園及び慰霊施設を開設するなど、100万人の来場者実現に向けた民族共生象徴空間の整備・開業準備等を進める。

また、大阪府における2025年国際博覧会の誘致に積極的に取り組む。

第3章　経済・財政一体改革の進捗・推進

3．主要分野ごとの改革の取組
(2)　社会資本整備等
⑤　PPP／PFIの推進

上下水道等の経営の持続可能性を確保するため、2022年度（平成34年度）までの広域化を推進するための目標を掲げるとともに、「未来投資戦略2017」及び「PPP／PFI推進アクションプラン（平成29年改定版）」に基づき、コンセッション事業等をはじめ、多様なPPP／PFIの活用を重点的に推進する。また、PPP／PFIを活用した文教施設等の集約化・複合化に向けて、優良事例の横展開等を推進する。

未来投資戦略2017（平成29年6月9日閣議決定）

第1　ポイント

Ⅱ．Society 5.0に向けた横割課題

Ⅱ―A.価値の源泉の創出
Ⅱ―（A）―1．データ利活用基盤の構築、徹底したデータ利活用に向けた制

広く支援する。

度整備実現のために必要となる主要項目

|データ利活用を促す知財・標準化戦略|

（主な取組）

・ビッグデータを活用した新規ビジネスを視野に入れた著作権法の柔軟な権利制限規定等の整備、データの不正な取得・使用・提供の禁止、知財の利害関係を調整する裁判外紛争解決手続（ADR）制度の創設、知財訴訟の証拠収集手続の強化等に関し、早期の関連法の改正を含め、必要な措置を講ずる。また、AIの生成過程・生成物に関する知財制度上の整理等を進める。

Ⅲ．地域経済好循環システムの構築
（中堅・中小企業、サービス産業、農林水産業、観光・スポーツ・文化芸術）

実現のために必要となる主要項目

|地域の面的活性化、圏域全体への波及|

（主な取組）

〈観光・スポーツ・文化芸術〉

・赤坂・京都迎賓館や桂離宮を含め、魅力ある公的施設・インフラの大胆な公開・開放、2020年までに全国200地域での古民家等の再生・活用、8つの国立公園を中心とした国立公園のブランド化、伝統芸能やスポーツイベント等の多言語化や夜間開催など、観光資源の魅力を高める取組を推進する。

・文化財の更なる公開・活用を促進するため、文化財所有者・管理者からの相談への一元的な対応等を行うセンター機能の整備に取り組むとともに、文化財保護制度について持続的活用の観点から見直しを進める。

第2　具体的施策

|Ⅱ　Society 5.0に向けた横割課題|

A．価値の源泉の創出

1. データ利活用基盤の構築

(2) 新たに講ずべき具体的施策

ⅱ）事業者間のデータ流通

・イノベーションへの投資を促進するため、著作権法の柔軟な権利制限規定の整備、データの不正取得・使用・提供の禁止等に関し、必要な法制度・対応

するガイドラインや契約環境の整備を進める。

2. 知財・標準化戦略の推進、公正な競争環境の確保
(2) 新たに講ずべき具体的施策
ⅰ) 第4次産業革命に対応した知財・標準化戦略
・データ・AIの利活用やイノベーションへの投資が促進されるよう、ビッグデータを活用した新規ビジネスの進展を視野に入れた著作権法の柔軟な権利制限規定を整備し、対応するガイドラインや契約環境の整備を進める。

3. 人材の育成・活用力の強化
(2) 新たに講ずべき具体的施策
ⅳ) 外国人材の活用
② 生活環境の改善
　必要とする全ての外国人子弟（小・中学生）に日本語と教科の統合指導（JSL（Japanese as a Second Language)カリキュラム）を可能な限り早期に提供するとともに、生活者としての外国人のための日本語教育の充実を加速させる。

B．価値の最大化を後押しする仕組み
4. 公的サービス・資産の民間開放（PPP/PFIの活用拡大等）
(2) 新たに講ずべき具体的施策
ⅲ) 推進体制の整備・運用のための施策
・これらのほか、「アクションプラン」に掲げられた公共施設等運営権方式に係る各取組について、関係省庁が連携しながら実行する。

Ⅲ　地域経済好循環システムの構築
3. 観光・スポーツ・文化芸術
(1) KPIの主な進捗状況

《KPI》2025年までに、文化GDPを18兆円（GDP比3％程度）に拡大することを目指す。
　　⇒8.8兆円（2015年）

(2) 新たに講ずべき具体的施策

　産学官連携による文化芸術資源の活用を通じた地域活性化・ブランド力向上やコンテンツを軸とした文化の社会的・経済的価値等の創出に向け、文化庁の機能強化を図りつつ、文化芸術産業の経済規模（文化GDP）及び文化芸術資源の活用による経済波及効果を拡大し、文化芸術・観光・産業が一体となり新たな価値を創出する「稼ぐ文化」への展開を推進する。

　地方公共団体や地元企業を巻き込んだ地域ぐるみの取組を法律、予算、税制措置、金融機能等の政策手段を総動員して地域経済牽引事業を後押しし、観光・スポーツ・文化芸術等の地域資源の魅力や関連するサービス産業の付加価値・生産性を向上させることにより、世代を超えた交流人口を拡大し、国内外からより多くの人が何度も長期間にわたり訪れる地域を実現する。

ⅰ）観光
① 観光資源の魅力を高め、地方創生の礎に
イ）文化財の観光資源としての開花
・文化財単体ではなく地域の文化財を一体とした面的整備やネイティブの専門人材を活用した多言語解説などの取組を1,000事業程度実施し、日本遺産をはじめ文化財を中核とする観光拠点を200拠点程度整備する。優良な取組を実施する観光拠点形成のモデルとして、4か所の地域を重点支援する。さらに、VR技術の活用、地方における国宝等の展覧促進によるその保存・活用ノウハウの地方への蓄積、文化財修理の入札等手続の改善を行う。

カ）古民家等の歴史的資源を活用した観光まちづくりの推進
・地域の古民家等の歴史的資源を上質な宿泊施設等に改修し、観光まちづくりの核として面的に再生・活用する取組を、重要伝統的建造物群保存地区や農山村地域を中心に2020年までに全国200地域で展開する。

キ）新たな観光資源の開拓
・「楽しい国　日本」という新たなブランドの確立に向け、ナイトエンタテイメント、伝統芸能等の新しい外国人向けコンテンツの開発、演劇、スポーツイベント等の多言語化、外国人枠の設定、夜間開催等の受入体制整備を進めるとともに、これらのコンテンツのSNSも活用した情報発信強化のための官民検討会を立ち上げる。また、国立の美術館・博物館について、参加・体

験型教育プログラムの充実、多言語化、開館時間の延長等を促進する。

iii）文化芸術資源を活用した経済制・制度の整備
① 文化芸術資源の活用の更なる促進に向けた体制・制度の整備
・我が国の誇る文化ストックの継承・発展と創造による社会的・経済的価値等の創出に向け、民間部門の創意工夫により新たな需要の創出を図りつつ、文化芸術産業の経済規模（文化GDP）及び文化芸術資源の活用による経済波及効果を拡大するため、関係省庁の連携により「文化経済戦略（仮称）」を本年中に策定する。
・文化芸術資源を活用した新たな需要やイノベーションの創出のため、学芸員の質的向上や高度プロデューサー人材等の育成をはじめ、多様な人材の戦略的な育成・確保を図る。
・文化財の更なる公開・活用を促進するため、地方公共団体、博物館・美術館等の文化財所有者・管理者の相談への一元的な対応や情報発信を行う文化財公開・活用に係るセンター機能の整備に取り組むとともに、文化財保護制度について持続的活用の観点から見直しを進める。文化財の適切な周期での修理・整備・美装化及び防災・防犯に取り組むとともに、ユニークベニューや多言語解説等の優良事例の普及や、VRや「クローン文化財」（高精度な文化財の複製）の技術等を活用した公開を促進するための検討を行う。

② 文化芸術資源を核とした地域活性化・ブランド力向上
・「上野文化の杜」等をモデルとして、文化クラスター（文化集積地区）創出に向けた地域文化資源の面的・一体的整備を関係省庁が連携して集中的に支援する。文化芸術に対する国・地方の支援策への専門家による助言・審査・評価等（アーツカウンシル機能）の連携・強化、日本遺産のブランド力向上に取り組むとともに、文化施設の多言語対応や夜間開館等の推進に向けたマネジメント改革等を促すガイドラインを本年度中に策定する。
・「beyond2020プログラム」の認証組織を拡大すること等により、日本文化の魅力を国内外に発信する「文化プログラム」を全国展開し、地域活性化や共生社会の構築につなげる。また、海外の第一線で活躍する文化人の参画、在外公館やジャパン・ハウスの活用等により、日本文化の国内外への戦略的な

発信を強化し、文化による日本ブランドの構築を図る。
- 国際文化交流の祭典の実施を推進する体制の整備等を促進するとともに、2020年までに、海外派遣される「文化交流使」による発信強化、外国人アーティスト及び著名外国人の招へい等の双方向型の文化交流を強力に推進する。
- 障害者の文化芸術活動の機会の拡大に向け、文化芸術の作品等に関する説明の提供・創造活動の充実や施設の利用環境の整備、優れた芸術作品を商品化し、その利益を創作者や施設等にする取組等を促進する。

③ コンテンツを軸とした文化芸術産業の強化
- 地域コンテンツの新たな市場開拓のため、急拡大するアジアのコンテンツ市場開拓に向けた各国との官民対話を拡充するとともに、国内外におけるビジネスマッチングイベントの開催や、業界団体等とともにVR/AR等の先進的なコンテンツ技術を活用するためのガイドラインを整備する。
- コンテンツ産業や観光の振興、地方創生等につながる映画やマンガ・アニメ・ゲーム等のメディア芸術分野の国内外への発信機能の強化等を図る。
- 我が国の知的資源・文化芸術資源を一元化し新規ビジネス・サービスを創出するため、各分野でのデジタルアーカイブ化や、国立国会図書館を中心とした分野横断の統合ポータル構築を推進する。

Ⅳ 海外の成長市場の取り込み

(2) 新たに講ずべき具体的施策
ⅱ) 日本の魅力をいかす施策
② クールジャパンの推進
- 映画の海外展開促進のため、「映画の振興施策に関する検討会議報告書」(平成29年3月28日映画の振興施策に関する検討会議決定)に基づき、国際共同製作の基盤整備、内外作品のロケの促進、フィルムセンターの機能強化、映画祭を通じた日本映画等への関心の掘り起こし等を推進する。

> まち・ひと・しごと創生基本方針
> 2017（平成29年6月9日閣議決定）

Ⅲ．各分野の施策の推進
1．地方にしごとをつくり、安心して働けるようにする
① 一次産品や観光資源、文化・スポーツ資源など地域資源・地域特性を活用した「しごと」づくり

【具体的取組】
◎多様な地域の文化資源等を活用した観光の振興
・<u>核となる文化財の適切な周期での修理・整備・美装化、美術館や博物館における参加・体験型教育プログラム等への支援、ユニークベニュー等の優良事例普及等について引き続き取り組むとともに、日本遺産のブランド力向上や日本遺産認定地域の質の向上等を促進し、平成32年までに文化財を中核とする観光拠点を200箇所程度整備する</u>（平成29年4月末日時点で日本遺産と歴史文化基本構想を合わせて111箇所）。

②空き店舗、遊休農地、古民家等遊休資産の活用

〈概要〉
<u>地域に残る古民家等の歴史的資源を上質な宿泊施設やレストランに改修し、観光まちづくりの核として再生・活用する取組を、重要伝統的建造物群保存地区や農山村地域を中心に2020年までに全国200地域で展開する。</u>

【具体的取組】
◎古民家等の歴史的資源を活用した観光まちづくりの推進
・官民一体の「歴史的資源を活用した観光まちづくり官民連携推進チーム」によるコンサルティングを継続的に実施するほか、料理人等の人材の育成や地方への流動促進に取り組むとともに、<u>重要伝統的建造物群保存地区に選定されている地方公共団体</u>、日本版DMO候補法人等に対する本取組の周知徹底や意欲ある地域への支援を進めるほか、SNS等オンライン・メディアも活用して海外へ強力に情報発信する。あわせて、地域の相談・要望を踏まえ、

関連する規制・制度の改善を進める。

2. 地方への新しいひとの流れをつくる
⑤ 政府関係機関の地方移転
【具体的取組】
　◎政府関係機関移転の着実な推進
・中央省庁の地方移転について、文化庁については、地域の文化資源を活用した観光振興や地方創生の拡充に向けた対応の強化、我が国の文化の国際発信力の向上、食文化など生活文化の振興、科学技術を活用した新文化創造や文化政策調査研究など、文化庁に期待される新たな政策ニーズ等に対応できるよう機能強化を図りつつ、京都に全面的に移転する。まず、平成29年4月に京都に設置した文化庁地域文化創生本部において、新たな政策ニーズに対応した事業について、地元の知見等を活かしながら移転の先行的取組を実施する。こうした先行的取組と並行して、文化庁移転協議会における検討を経て、平成29年8月末を目途に本格移転の庁舎の場所を決定する。また、文化庁の機能強化及び抜本的な組織改編を検討し、これに係る文部科学省設置法（平成11年法律第96号）の改正案等を平成30年1月からの通常国会を目途に提出するなど、全面的な移転を計画的・段階的に進めていく。

21 文化行政の機能強化のための組織体制と文化予算の拡充に関する提言 （平成29年11月　文化芸術振興議員連盟文化行政の機能強化に関する勉強会）

文化行政の機能強化のための組織体制と文化予算の拡充に関する提言

文化芸術振興議員連盟
文化行政の機能強化に関する勉強会
平成29年11月

1．本提言の趣旨

○文化芸術振興基本法制定から15年が経過し、我が国社会の少子高齢化・グローバル化等の変容がますます進行する中で、文化の祭典でもある2020年のオリンピック・パラリンピック東京大会の開催は、長い歴史的蓄積のある日本の多様・多彩な文化芸術資源を再認識し、文化芸術の価値を社会の中心に据え、文化芸術による新たな価値の創出を広く国際社会に示す重要な契機である。

○この契機をとらえ、文化芸術振興議員連盟では、基本法に関し、①「文化芸術創造立国」の実現、②観光やまちづくり、国際交流等を通じた「文化芸術による新たな価値の創出」から文化芸術の継承・発展・創造への循環、③文化芸術施策を総合的に推進するための「文化庁の機能拡充」を柱に、昨年から約1年間にわたり改正に向けた議論を進め、衆議院及び参議院において全会一致で可決され、平成29年6月16日、新たな文化芸術基本法が成立した。

○新たな文化芸術基本法の附則第2条においては、文化行政の中核である文化庁に関し「政府は、文化芸術に関する施策を総合的に推進するため、文化庁の機能の拡充等について、その行政組織の在り方を含め検討を加え、その結果に基づいて必要な措置を講ずるものとする。」と規定しており、これまで基本法勉強会7回にわたる議論の中でも、文化庁の機能強化についてたびたび言及されてきた。

○基本法は文化政策の根本法ともいうべき法律であり、今後の文化政策や文化行政の機能強化についても新・文化芸術基本法に基づき考えられるものである。このため、今後の文化行政の機能強化等について政府に提言を行うため、文化芸術振興議員連盟として一定のとりまとめを行いたい。

2．新たな文化芸術基本法を踏まえた今後の文化政策

○文化芸術は表現の自由の下で人々の創造性を育み、表現力を高め、心のつな

がりや相互に理解・尊重し合う土壌を提供するとともに、国民共通のよりどころでもあり、我が国が心豊かな活力ある社会を形成する上で極めて重要な意義を持つものである。

○新・文化芸術基本法では、文化財の保護や芸術文化の振興などこれまでの文化政策をさらに充実しつつ、文化芸術が持つ重要な意義を改めて踏まえ観光・まちづくり・国際交流・福祉・教育・産業など関連分野における施策を法律の範囲に取り込んだ。これは文化芸術により生み出される社会的・公共的・経済的な価値を文化芸術の継承、発展及び創造に活用していくことが重要であることを踏まえたものである。

○「文化芸術推進基本計画」「地方文化芸術推進基本計画」の策定、関係省庁で構成する「文化芸術推進会議」の開催をはじめ、文化芸術教育の重要性、学校等と文化芸術団体・地域・家庭との連携、年齢、障害の有無、経済的な状況に左右されない環境整備なども規定されることとなった。

○また、基本的な施策としては、芸術・メディア芸術・伝統芸能・芸能の振興に関する「物品の保存」、「展示」、「知識及び技能の継承」、「芸術祭の開催」などへの支援を追加するとともに、例示として伝統芸能の「組踊」、生活文化の「食文化」を加えている。

　さらには、各地域の文化芸術の振興を通じた地域振興、芸術祭への支援、外国語対応や国際機関人材の養成・派遣、国内外における教育訓練等の人材育成への支援、国内外の動向を踏まえた著作権制度に関する総合的な展開、文化芸術施策振興のための調査研究や情報収集などに関しても新たに規定されることとなった。

○今後、これら新・基本法に沿った文化政策が企画立案され、推進されていくことを期待する。

　文化庁予算の推移は2001（平成13）年の文化芸術振興基本法制定後に増額されたが、その後は微増または横ばいの状態が続く。また芸術団体に対する直接助成や映画製作に対する助成は、基本法制定後に増加したが、その後は減少を続け、今では基本法成立前の状態まで戻っている。また、諸外国に比べて、政府予算に占める文化予算の割合が不十分である。（表1参照）

　このたびの基本法改正の趣旨を踏まえて、文化芸術立国を実現するためには、文化プログラムの大胆な推進をはじめ文化政策を格段に充実し、それを実現す

る文化予算の拡充が必要不可欠である。

表1　諸外国の国家予算に占める文化政策の予算額の割合（2016年度、単位：％）

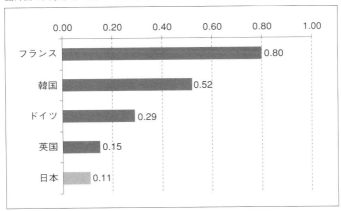

出典：各国の公開資料をもとにニッセイ基礎研究所が作成
注：イタリアの文化政策の予算額は国際アーツカウンシル・文化機関連盟の「World CP」をもとに作成したが、そのデータと整合性のある国家予算の数値を見つけられなかったため、この図表には掲載していない。

3．文化行政の機能強化等

〇東京オリンピック・パラリンピックを3年後に控え、基本法改正の趣旨を踏まえた新たな文化政策の推進はもちろんのこと、文化プログラムの推進、文化GDPの拡大など、観光やまちづくり、国際交流などの文化関連施策も含め、省庁の枠を超えた文化行政の機能強化は従来に増してその必要性が高まっている。

〇新たな文化芸術基本法附則第2条による文化庁の機能拡充の検討に当たっては、文化関連施策を含めた文化政策全体を総合的に推進し、関係省庁が実施する文化関連施策の総合調整をするための機能を、文化庁の所掌事務として明確に付与する必要がある。

〇文化庁が実施した海外事例調査によれば、諸外国においても、イギリス、フランス、イタリア、韓国などで文化を担当することが明確に表れた国の機関と主務大臣が置かれているところであり（表2参照）、「五輪の年には文化省」という方向性も見据え、関係省庁や全国の地方自治体・産業界・文化芸術団体等と文化庁との積極的な人事交流や連携を進めるとともに、文化庁への事務の移

管やこれらに伴う定員の配置等を検討するなど、文化政策を総合的に推進するための効果的な体制を整備する必要がある。

○新・文化芸術基本法に基づく政策を牽引するため、これまでの文化政策をはじめ関係省庁が実施する文化関連施策を充実することはもちろんのこと、文化庁の機能強化を通じて、2018年度中には「新・文化庁」を実現するとともに、「新・文化庁」が中心となって関係省庁連携による文化政策を強力に牽引することが必要である。

○全国での実演芸術活動を充実するとともに、文化財の保存活用、美術の展示、劇場等における公演、映画祭等の活動などに対する助成や文化芸術団体に対する活動助成を継続性・実効性あるものとするためには、(独)日本芸術文化振興会基金部を各分野・各地域の実情に精通した助成専門機関（日本版「アーツ・カウンシル」）として独立させるなど、機能と人員の強化が重要である。また、国立劇場とフィルムセンターについても独立した専門機関としていくことを視野に入れつつ、継続的な専門性のある機能と人員の強化が重要である。

4

21 文化行政の機能強化のための組織体制と文化予算の拡充に関する提言

表2　文化庁と諸外国の文化担当省の比較・分析

国名		日本	英国	フランス
文化担当省名称		文化庁	文化・メディア・スポーツ省	文化・通信省
文化担当省の位置づけ		中央省庁1府13省の一つである文部科学省の外局	英国の内閣を構成する大臣（閣内相）が所管する25の大臣省の一つ	フランスの内閣を構成する大臣が所管する17の省の一つ
所掌分野		文化の振興及び国際文化交流の振興を図るとともに、宗教に関する行政事務を適切に行うことを任務とする。（文部科学省設置法第十八条）	文化、メディア、スポーツのほか、観光や遺産、公営競技、賭博、アルコールやエンターテイメントのライセンスなど、幅広い政策分野の事務を所管する。	文化遺産保護、文化芸術創作、文化芸術教育、地方での文化振興、文化産業、新技術による文化普及・発信、外国でのフランス文化活動の振興・普及を所掌する。
主な政策分野	①文化担当省が所管する文化政策	●芸術文化 ●文化財 ●著作権 ●国際文化交流・国際貢献 ●国語施策・日本語教育 ●宗教法人と宗教行政 ●美術館・歴史博物館	●芸術と文化 ●博物館と美術館 ●図書館サービス ●歴史的建造物や記念碑の保存	●文化遺産保護・文化芸術創作・文化芸術教育 ●地方での文化振興 ●文化産業 ●新技術による文化普及・発信 ●外国でのフランス文化活動の振興・普及を所掌
	②文化政策以外の政策分野	―	●メディア政策（創造産業を含む） ●スポーツ政策 ●その他（観光、賭博の規制、国家的行事やセレモニー、国営宝くじ基金、2012オリンピック・パラリンピック・レガシー等）	●通信政策（新聞・ラジオ・テレビ等のメディア、インターネットを介する視聴覚通信技術等を対象）
文化担当省の予算額		1,040億円 （2016年度一般会計予算）	1兆289億円[*1] （2015年度、総管理歳出から算出）	9,376億円[*3] （2016年度）
	①文化担当省が所管する文化政策の予算額	1,040億円	1,737億円[*2] （省庁別歳出限度額から算出）	4,448億円
	②文化政策以外の予算額	―	8,552億円 （総管理歳出から算出）	4,928億円
	文化政策の予算の割合	100.0%	16.9% （総管理歳出から算出）	47.4%
	①文化政策の予算額の国家予算に占める割合	0.11% （2016年度一般会計予算：約96.7兆円）	0.15% （総管理歳出から算出）	0.8%
職員数		233名 （2016年度）	556名 （2015年度）	29,675名[*4] （2016年度）
文化担当省と文化芸術団体や文化施設との関係		文化芸術団体や文化施設に対する支援は、芸術文化振興基金の助成金もあるが、文化庁が直接支給する補助金が中心となっている。	文化・メディア・スポーツ省が所管する博物館や美術館への財政的支援は同省から直接行われているが、それ以外の文化芸術団体や文化施設への支援はアーツカウンシル・イングランド等の政府外公共機関を通じて行われており、それが大半を占めている。	文化・通信省が所管する文化芸術団体や文化施設への財政的支援は同省から直接行われているが、それ以外の文化芸術団体や文化施設への支援は文化・通信省の地方文化事業局や外郭団体等を通じて行われており、それが大半を占めている。
	外郭団体等の数	3団体（独）国立美術館、（独）国立文化財機構、（独）日本芸術文化振興会	43団体（エグゼクティブ・エージェンシー、政府外公共機関、公的企業等）	76団体（行政的公施設法人：56団体、商工業的公施設法人：19団体、科学・文化・専門公施設法人：1団体）
	国立文化施設の数	17施設	15施設（政府外公共機関の博物館・美術館数）	52施設[*8]
文化政策の評価			業績評価指標に対応する公式統計の整備や、文化政策の評価に関わる調査研究を行っている。	首相府の中にある「公共活動近代化省庁間総局（DIATP）」が総合的な政策評価を行い、文化・通信省内の「文化事業総監部（IGAC）」が事業別の評価を行っている。
文化担当省以外の主な省庁の文化関連政策		●文部科学省：芸術教育、博物館の振興、公民館の振興 ●外務省：広報文化外交等 ●経済産業省：クールジャパン／クリエイティブ産業、コンテンツ産業等 ●農林水産省：和食の保護・継承の推進等	●外務省：国際文化交流の促進、ブリティッシュ・カウンシルを所管 ●教育省：芸術教育の普及 ●ビジネス・エネルギー・産業戦略省：創造産業の振興	●国家教育省：芸術教育の普及 ●外務省：国際文化交流の促進、アンスティチュ・フランセを所管 ●その他に10以上の省庁が文化施設を所管している
文化担当省以外の主な省庁が所管する文化関連機関等		●（独）国際交流基金	●ブリティッシュ・カウンシル	●アンスティチュ・フランセ

*1：文化担当省の予算額には英国放送協会（BBC）の運営予算が含まれている。*2：英国では、文化・メディア・スポーツ省以外に国営宝くじ基金の財源が文化振興の重要な役割を担っている。*3：文化担当省の予算額には公共放送の運営予算が含まれている。*4：地域圏文化事業局や関係機関の職員を含む。*5：文化観光体育部の「長官」は日本の大臣に相当する。*6：文化観光体育部と文化財庁の予算を合算して算出した。*7：文化観光体育部と文化財庁の職員数を合算して算出した。*8：教育機関や研究機関は除く「コンペタンス・ナショナル」と「公施設法人」の団体数を合算して算出した。*9：文化観光体育部に関する記述で、文化財庁に関する記述は含まれていない。*10：文化観光体育部と文化財庁に関わる団体や施設の数を合算して算出した。

ドイツ	イタリア	韓国
連邦文化・メディア庁	文化財・文化活動・観光省	文化観光体育部及び文化財庁
ドイツの最高連邦機関の首相府に置かれている庁の一つ	イタリアの内閣を構成する大臣が所管する13省の一つ	韓国の行政機関、部省庁17部5処16庁の部と庁[*5]
文化の振興、文化及びメディアのプレゼンスの強化、文化及びメディア分野の法的条件の整備と改善、ナチスの恐怖政治を記憶するための記念施設の維持・振興、東ドイツ時代の不法を記憶するための記念施設や研究施設の振興を所管する。	文化保護、文化芸術の振興と保護、文化芸術遺産及び景観の保存、観光を所掌する。	文化観光体育部は文化、芸術、映像、広告、出版、刊行物、観光、伝統文化の保存・継承、国政広報や政府発表に関する事務を所掌し、また、文化財庁においては、文化遺産や文化財に関する事務を所掌する。
●文化芸術の振興 ●文化普及教育 ●文化財保護 ●文化創造経済 ●国家的文化事業 ●「検証と記憶」に関わる事業 ●欧州諸国との文化交流事業	●文化保護 ●文化芸術の振興と保護 ●文化芸術遺産及び景観の保存	文化観光体育部 ●文化芸術 ●文化コンテンツ産業 ●宗教 文化財庁 ●文化財
●メディア政策（映画への助成を含む）	●観光政策	文化観光体育部 ●体育政策 ●観光政策 ●国政広報や政府発表 ●冬季オリンピック
1,644億円 （2016年度）	—	3,515億円[*6] （2016年度）
1,190億円	約2,153億円 （2014年度）	2,551億円[*6]
454億円	—	964億円[*6]
72.4%	—	72.6%[*6]
0.29%	—	0.52%[*6]
255名	—	1,549名[*7]
連邦文化・メディア省が所管する国立文化施設への財政的支援は同省から直接行われているが、それ以外の文化芸術団体や文化施設への支援は連邦文化財団を通じて行われている。	—	文化体育観光部が所管する国立芸術団体や文化施設への財政的支援は同部から直接行われているが、それ以外の文化芸術団体や文化施設への支援は文化体育観光部が所管する韓国アーツカウンシル等を通じて行われている。[*9]
5団体 連邦文化財団、プロイセン文化財団、ワイマール古典財団等	16団体	56団体[*10]（体育や観光等の外郭団体を含む）
6施設	—	20施設[*10]（国立芸術団体を含む）
「ドイツにおける文化」調査委員会が政策評価を目的とする統計整備を提言したが、その統計整備に関しては、現在、検討段階である。	—	（財）芸術経営支援センターが助成対象事業の評価や各分野の実態調査等を行い、韓国文化観光研究院が文化政策のための調査研究を行っている。[*9]
●外務省：ゲーテ・インスティトゥートや対外関係協会を所管 ●連邦経済・エネルギー省：文化経済の推進、観光振興、ドイツ観光局を所管	●外務・国際協力省：国際文化交流、イタリア文化会館を所管	●未来創造科学部：次世代融合型コンテンツ産業育成やスマートコンテンツ産業育成等 ●文化隆盛委員会：「文化のある日」を推進
●ゲーテ・インスティトゥート ●対外関係協会 ●ドイツ観光局	●イタリア文化会館	●韓国文化院（文化体育観光部が所管しているが、海外では大使館内に設置されている）

出典：平成28年度文化庁委託調査「文化庁の機能強化に向けた海外事例調査」（2017年3月、ニッセイ基礎研究所）より抜粋
注：英国の「文化・メディア・スポーツ省」は、英国全体の文化担当省であるが、一部の外郭団体や文化施設はイングランド地方のみを対象としているため、文化予算や組織体制については、必ずしも英国全体を示しているわけではない。

22 文化芸術振興議員連盟　会員名簿

文化芸術振興議員連盟　会員名簿

衆議院第1議員会館

no	議員名	会派	室番号
1	松本　純	自民	302
2	高木　練太郎	立民	304
3	薗浦　健太郎	自民	321
4	井上　貴博	自民	323
5	笠　浩史	希望	408
6	和田　義明	自民	410
7	斉藤　鉄夫	公明	412
8	逢沢　一郎	自民	505
9	中谷　一馬	立民	509
10	中川　正春	無	519
11	秋元　司	自民	524
12	関　芳弘	自民	603
13	西村　康稔	自民	611
14	藤井　比早之	自民	615
15	大岡　敏孝	自民	619
16	細野　豪志	希望	620
17	伊東　良孝	自民	623
18	遠藤　利明	自民	703
19	後藤　茂之	自民	704
20	玉木　雄一郎	希望	706
21	松本　剛明	自民	707
22	松島　みどり	自民	709
23	大塚　拓	自民	710
24	中野　洋昌	公明	722
25	枝野　幸男	立民	804
26	城井　崇	希望	807
27	小熊　慎司	希望	808
28	馳　浩	自民	812
29	大西　宏幸	自民	815
30	泉　健太	希望	817
31	三原　朝彦	自民	912
32	太田　昌孝	公明	922
33	伊佐　進一	公明	1004
34	長坂　康正	自民	1007
35	宮本　岳志	共産	1019
36	平井　たくや	自民	1024
37	塩崎　恭久	自民	1102
38	谷川　とむ	自民	1104
39	鈴木　淳司	自民	1110
40	初鹿　明博	立民	1112
41	平沢　勝栄	自民	1115
42	平野　博文	無	1201
43	岸　信夫	自民	1203
44	小林　史明	自民	1205
45	安倍　晋三	自民	1212
46	村上　誠一郎	自民	1224

衆議院第2議員会館

no	議員名	会派	室番号
1	伊藤　信太郎	自民	205
2	伊藤　忠彦	自民	222
3	河村　建夫	自民	302
4	八木　哲也	自民	319
5	西村　明宏	自民	324
6	稲津　久	公明	413
7	高井　崇志	立民	416
8	冨岡　勉	自民	421
9	山本　和嘉子	立民	424
10	高木　美智代	公明	503
11	横光　克彦	立民	509
12	甘利　明	自民	514
13	逢坂　誠二	立民	517
14	船田　元	自民	605
15	柿沢　未途	希望	611
16	下村　博文	自民	622
17	城内　実	自民	623
18	松原　仁	希望	709
19	畑野　君枝	共産	711
20	北村　誠吾	自民	714
21	佐藤　英道	公明	717
22	平口　洋	自民	804
23	浮島　智子	公明	820
24	左藤　章	自民	924
25	奥野　信亮	自民	1001
26	古川　元久	希望	1006
27	菅原　一秀	自民	1020
28	赤澤　亮正	自民	1022
29	三谷　英弘	自民	1120
30	西岡　秀子	希望	1124
31	今村　雅弘	自民	1210
32	塩谷　立	自民	1211
33	鈴木　隼人	自民	1215
34	竹本　直一	自民	1221

参議院議員会館

no	議員名	会派	室番号
1	森　ゆうこ	自由	304
2	太田　房江	自民	308
3	山東　昭子	自民	310
4	今井　絵理子	自民	315
5	野田　国義	民進	323
6	吉良　よし子	共産	509
7	市田　忠義	共産	513
8	宮島　喜史	自民	601
9	長浜　博行	民進	606
10	辰巳　孝太郎	共産	608
11	愛知　治郎	自民	623
12	福山　哲郎	立民	808
13	牧野　たかお	自民	812
14	井上　義行	自民	816
15	山添　拓	共産	817
16	羽田　雄一郎	民進	818
17	松下　新平	自民	824
18	田村　智子	共産	908
19	二之湯　武史	自民	923
20	堂故　茂	自民	1003
21	猪口　邦子	自民	1105
22	山谷　えり子	自民	1107
23	新妻　秀規	公明	1112
24	神本　美恵子	民進	1119
25	山下　芳生	共産	1123
26	若松　謙維	公明	1207
27	小池　晃	共産	1208
28	中山　恭子	希望	1211
29	矢田　わか子	民進	1212
30	和田　政宗	無	1220

4

22　文化芸術振興議員連盟　会員名簿

23 文化芸術振興議員連盟　会の目的と活動方針（役員名簿を含む）

文化芸術振興議員連盟　役員名簿

会　　　長	河村　建夫
副 会 長	塩谷　立
副 会 長	横光　克彦
副 会 長	斉藤　鉄夫
副 会 長	古川　元久
副 会 長	市田　忠義
副 会 長	羽田　雄一郎
常任幹事	二之湯　武史
常任幹事	中山　恭子
事務局長	伊藤　信太郎
事務局次長	浮島　智子

党名	衆議院	参議院	合計	
自民	50	12	62	自由民主党
公明	8	2	10	公明党
共産	2	7	9	日本共産党
立民	8	1	9	立憲民主党
希望	10	1	11	希望の党
民進	0	5	5	民進党
自由	0	1	1	自由党
維新	0	0	0	日本維新の会
日本	0	0	0	日本のこころ
無所属	2	1	3	
合計	80	30	110	

党派別会員数

2016 年 11 月 12 日
文化芸術推進フォーラム議長
野村 萬

文化芸術振興議員連盟　会の目的

この会は、音楽、演劇、舞踊、演芸、伝統芸能など実演芸術、映画及び美術等の文化芸術を通じて、国民のなかに豊かな情操を養い、またあらゆる機会をとらえて行政府、立法府の文化政策の方向について、抜本的な意識改革をめざす一方、わが国の実演芸術、映画、美術界等が直面する諸問題に対し超党派で寄与し、文化芸術の振興を図ることを目的とする。

文化芸術振興議員連盟　活動方針

　2012 年、音楽議員連盟は文化芸術推進フォーラムと連携し、第 180 回国会において衆参両院で国会史上初となる『文化芸術政策を充実し、国の基本政策に据えることに関する請願』を全会一致で採択した。

　音楽議員連盟は 1977 年の創設に当たって"行政、立法府の文化政策についての意識改革"を標榜し、舞台入場税の撤廃、著作権・著作隣接権制度と文化芸術政策の充実をめざし活動を進めてきた。

　そしてその活動を一段と高めたのは 2001 年の「文化芸術振興基本法」の制定であり、それ以降、文化芸術に係わる予算の増額、税制の改善を着実に進め、デジタル時代に対応する著作権課題等への対応を進めてきた。

　2012 年には実演芸術振興の要となる「劇場、音楽堂等の活性化に関する法律」を制定し、基本法を受けた個別法への取り組みを行った。このほか日本の伝統文化の振興を図る「古典の日に関する法律」、インターネット時代に対応した違法ダウンロードに対処する「著作権改正」など文化芸術面における施策進展の年であった。

　2013 年、音楽議員連盟 36 年の活動成果を踏まえ、文化芸術振興基本法のさらなる具現化、文化芸術立国をめざし音楽議員連盟の名称変更、活動内容の充実とその実現のための組織体制の強化に取り組んできた。さらに 2017 年には文化芸術振興基本法が 16 年振りに改正され、新たな文化芸術基本法となった。

2017年新たな文化芸術基本法制定に対応し、文化行政の機能強化による組織体制と文化予算の拡充に取り組み、文化省創設を見据える。
　当面の具体的な目標は以下の通りである。

1．国家予算に占める文化予算の割合を中長期的に0.5％に高めることをめざす
2．文化省の創設をめざす
3．デジタル時代、グローバル化社会に対応して懸案となっている著作権課題の解決をめざす

会長	河村建夫（自由民主党）
副会長	塩谷 立（自由民主党）、古川元久（希望の党）、斉藤鉄夫（公明党）、横光克彦（立憲民主党）、市田忠義（日本共産党）、羽田雄一郎（民進党）
常任幹事	二之湯武史（自由民主党）、中山恭子（希望の党）
事務局長	伊藤信太郎（自由民主党）
事務局次長	浮島智子（公明党）

2017年11月14日総会

24 文化芸術推進フォーラムとは
文化芸術推進フォーラムとは

2002年1月29日、前年の文化芸術振興基本法成立を支援した舞台芸術、音楽、映画等、文化芸術に関わる芸術関係団体が集い、文化芸術振興基本法推進フォーラムが発足。2003年4月1日より、同フォーラムは「文化芸術推進フォーラム」と名称を変更し、現在は17の団体で構成。文化芸術が社会において果たしうる役割を十二分に発揮していくことを目指し、同法の理念の浸透、啓発、政策提言などの活動を行っている。議長は野村萬(能楽師/公益社団法人日本芸能実演家団体協議会会長)。

[構成17団体]
公益社団法人日本芸能実演家団体協議会	会長 野村 萬
一般社団法人日本音楽著作権協会	理事長 浅石道夫
一般社団法人日本レコード協会	会長 重村博文
一般社団法人日本音楽出版社協会	会長 桑波田景信
一般社団法人日本楽譜出版協会	会長 佐々木隆一
一般社団法人日本音楽作家団体協議会	会長 志賀大介
芸術家会議	会長 伊藤京子
公益社団法人日本オーケストラ連盟	理事長 児玉幸治
一般社団法人日本クラシック音楽事業協会	会長 西村友伸
公益財団法人音楽文化創造	理事長 中田卓也
劇場等演出空間運用基準協議会	会長 堀内真人
芸術文化振興連絡会〈PAN〉	代表運営委員 岡村喬生
協同組合日本映画監督協会	理事長 崔 洋一
協同組合日本シナリオ作家協会	理事長 加藤正人
一般社団法人日本美術家連盟	理事長 山本 貞
一般社団法人全国美術商連合会	会長 淺木正勝
一般社団法人日本美術著作権協会	理事長 吉澤昭博

25 「五輪の年には文化省」の宣言文・ステーツメンツ（文化芸術 vol.8　2017）
〈宣言〉

宣言文

我が国は今少子高齢化・人口減少・グローバル化など
急速な社会変化に直面し　また頻発する自然災害への対応など
確りとした未来を築き上げるべき　大きな時代の変換点に立っております

また一方　長い歴史の中　世界との交流を通じ
様々な文化を受容する事により　我が国固有の文化を創造継承し
世界に誇れる　多種多様な芸術芸能　文化財を育んで参りました

古より　芸術芸能は　常に人々の生活と共にあり
人々の心に　活力や誇りをもたらし　潤いを与え　愛され支持されて参りました

文化芸術の持つ多面的な力は　国や地域を発展させ
社会を豊かなものとする役割をも　担い続けております
人々が集う所に文化が生まれ　芸術の花が開き　そしてその花が
豊かに咲き誇り続けてこそ　真の文化芸術立国と成り得るのであります

私共文化芸術推進フォーラムに集う実演芸術・映画・美術の16団体は
超党派文化芸術振興議員連盟と連携し
広く社会に　私共のこの考えを伝え　人々の生きる力の基礎として
文化芸術が豊かに存続し続け　世界平和に貢献する国づくりの要となる
文化省の創設を求めるものであります

能「高砂」は　夫婦和合と和歌文芸の徳を説いてはおりますが
日々を穏やかに過ごせる事への感謝と祈り　永遠の平和を希求する精神
生き続ける事の大切さ　言い換えれば　愛と芸術への讃歌でもあります

長きにわたり創造継承され　そして人々に愛されてきた能楽の持つ力は
多くの文化芸術が持つ力でもあります

この文化芸術が持つ力への共感と　私共の活動理念への御理解御支援を
お願い申し上げ　爰に　文化省創設実現に向けての運動開始を宣言致します

2016年11月12日
文化芸術推進フォーラム議長
野村　萬

26 文化芸術振興基本法の見直しに関する勉強会　各回の概要（文化芸術 vol.8　2017）

文化芸術振興基本法の見直しに関する勉強会

　文化芸術振興議員連盟の総会（2016/5/25）において、2016年度活動計画に、文化芸術振興基本法の見直しについて研究会を継続し、議論を深めるとの計画が盛り込まれたことを受けて、文化芸術振興基本法の見直しに関する勉強会を開催した。

第2回（10/19）　第1回（1/27）において、和食文化関係者より、文化芸術振興基本法においても食文化の普及・促進を謳うべきとの提言を受けたことを踏まえ、日本食文化普及推進議連の二之湯武史参議院議員より、和食文化の追記を目指す動きについて説明があった。また、文化のプラットフォームとしての日本議連において検討が進められている「我が国における国際文化交流の祭典の実施の推進に関する法律案」について、松島みどり衆議院議員から説明があった。そして、文化芸術推進フォーラムより、文化芸術振興基本法見直しの提言があった。

第3回（11/9）　衆議院法制局から文化芸術振興基本法の一部を改正する法律案骨子案の説明を受け、出席議員の間で活発な議論が交わされた。

第4回（11/30）　衆議院法制局から、前回の議論を踏まえた骨子案の修正案について説明を受けた後、議論となった。また、文化芸術推進フォーラムより、前回の骨子案を踏まえた2回目の提言を行った。

第5回（2/1）　これまでの議論や文化芸術推進フォーラムからの提言を踏まえて加筆変更された骨子案について、衆議院法制局からの説明の後、伊藤信太郎事務局長より、法律の題名から「振興」を削り、「文化芸術基本法」に改めたいとの提案があった。すなわち、文化芸術の固有の意義と価値を尊重しつつ、観光、産業、教育、福祉、まちづくり等の文化芸術の関連分野と連携する旨の規定を新たに追加するなど法律の射程が広がるため、今般の改正項目に鑑みると、「基本法」として性格をさらに明確にする必要があるというものである。

また、野村萬文化芸術推進フォーラム議長からは、文化芸術推進フォーラムからの提言が骨子案に盛り込まれたことに対して謝辞があり、骨子案の基本的方向性や題名を改めることに賛同するとともに、今後、改正が成立する際には、より「魂」の入る方向に進むことを願う旨発言があった。出席議員からも、今回の骨子案を基に、要綱案の作成や条文化など次のステップに進むべきとの発言があり、同日に総会が開催され、文化芸術振興議員連盟として、法律の題名を改めることとあわせて「文化芸術振興基本法の一部を改正する法律案骨子案」は了承された。

　第6回（2/8）　今般の改正の背景・趣旨、改正の基本的な方向性について説明の後、衆議院法制局から、「文化芸術振興基本法の一部を改正する法律案要綱案」について説明があった。出席議員からは、法律の題名から「振興」を削ることについて慎重に議論を進めるべきではないかなどの発言があり、伊藤信太郎事務局長からは、拙速となることのないよう議論を進めたい旨の発言があった。同日に総会が開催され、要綱素案は了承された。

　第7回（2/22）　文化芸術振興基本法の一部を改正する法律案要綱及び法律案新旧対照表のほか、議連役員会より指示のあった前文及び16条の修文案について、衆議院法制局より説明の後、議論となった。出席議員からは、「表現の自由」の謳い方について再検討を求める意見もあったが、同日に総会を開催し、大筋で了承された。

　その後、役員会での検討を経て、衆議院法制局の審査で最終案が確定し、各党での手続きに入った。4月6日、議連の第5回定例総会にて、文化芸術振興基本法の改正案について、各党内での手続き状況について報告があり、今国会での採択を目指すことが承認された。

27 文化芸術振興議員連盟×文化芸術推進フォーラムのあゆみ

文化芸術振興議員連盟×文化芸術推進フォーラム
あゆみ

○入場税撤廃に向けて

1974	・舞台入場税対策連絡会議設立。
1977	・文化政策等について、立法府、行政府の抜本的な意識改革を目指し、超党派の衆参国会議員36名を会員に音楽議員連盟(音議連)結成。初代会長に前尾繁三郎、事務局長に青木正久就任。
1982	・音議連二代目会長に櫻内義雄就任。
1984	・舞台入場税対策連絡会議が入場税撤廃を求め156万筆の請願署名提出。
1985	・「入場税免税点を5000円に引上げ」実現。
1986	・音議連第8回総会開催。音楽・俳優・舞踊・演芸などの団体の他著作権・著作隣接権団体の賛同を得て、55団体で「音楽議員連盟振興会議」発足。
1987	・音議連創設10周年。会員数61名。

○文化政策の充実に向けて

1983	・「商業用レコードの公衆への貸与に関する著作者等の権利に関する暫定措置法(貸レコード暫定措置法)」が議員立法で成立。
1985	・著作権法の一部が改正され、貸与権創設(貸レコード暫定措置法廃止)。
1988	・「芸術振興基金」(仮称)設立に向けてのプロジェクト報告書を受け検討開始。
1990	・国立劇場法を改正し日本芸術文化振興会法が成立。芸術活動への助成を行う「芸術文化振興基金」設立。
1991	・音議連に「芸術家の地位に関するユネスコ小委員会」を設置し、検討開始。
1992	・著作権法の一部が改正され、私的録音録画補償金制度創設。
1993	・音議連に「こどもの芸術文化振興に関する小委員会」設置。
1994	・音議連第15回総会。「音楽教育振興」のシンポジウム開催。 ・「音楽文化の振興のための学習環境の整備等に関する法律」が議員立法で成立。
1995	・音楽CD再販問題を音議連総会で特別決議。
1997	・音議連事務局長に斉藤斗志二就任。
1998	・CD等再販維持決定。 ・音議連役員会で「著作権に係る小委員会」発足。 ・著作権法附則14条撤廃等の方針確認。
1999	著作権法の一部が改正され、著作権法附則第14条廃止。

○文化行政に基礎的基盤を

2000	・音議連第25回総会。「芸術文化基本法」(仮称)創設特別委員会を設置。 ・音議連三代目会長に橋本龍太郎就任。
2001	・芸術文化基本法創設を目指す「芸術文化の夕べ」開催。 ・「文化芸術振興基本法」が議員立法で成立。
2002	・文化芸術11団体が「文化芸術振興基本法推進フォーラム」発足。 ・「文化芸術振興基本法成立を祝うつどい」開催。 ・著作権法の一部が改正され、実演家人格権付与。実演及びレコードに関する世界知的所有権機関条約加入。
2003	・文化芸術振興基本法推進フォーラムが文化芸術推進フォーラムに改称。 ・法人に関わる芸能報酬等の源泉徴収制度廃止。
2002〜2006	・文化庁と協力し、基本法の理念の浸透と文化政策拡充の活動を全国展開。

○基本法の理念の浸透と文化政策拡充の活動を全国展開

2006	・音議連四代目会長に柳澤伯夫就任。会員数 81 名。 ・音議連振興会議が解散し、同会議の役割を文化芸術推進フォーラム（構成 14 団体）が引き継ぐ。
2007	・音議連が新たな公益法人税制実現等をテーマに連続セミナー開催。 ・文化芸術立国の実現に向けて、フォーラム「伝統文化の継承と新たな創造」と音議連 30 周年を祝う会開催。会員数 75 名。 ・法人税非課税、寄附金優遇制度等の拡充した新公益法人税制が実現。
2008	・劇場をめぐる特別シンポジウム開催。
2009	・音議連五代目会長に中野寛成、事務局長に簗瀬進就任。会員数 70 名。 ・シンポジウム「文化芸術による人づくり、社会づくり、国づくり」開催。
2010	・「文化芸術立国に向けて文化関連予算の大幅な増額等を求める請願」署名約 60 万筆を文化芸術推進フォーラムより預かり、国会へ提出。 ・音議連幹事長に横光克彦就任。 ・フォーラム「文化芸術を国の政策の基本に」開催。

○文化省創設に向けて

2011	・文化芸術振興基本法制定 10 周年記念フォーラム・シンポジウム開催。 ・文化芸術推進フォーラムが文化省創設を掲げる。 ・音議連幹事長に鈴木寛就任。
2012	・「劇場、音楽堂等の活性化に関する法律」が議員立法で成立。 ・「文化芸術政策を充実し、国の基本政策に据えることに関する請願」が第一八〇回国会衆参両院において採択。
2013	・音議連六代目会長に河村建夫、事務局長に伊藤信太郎就任。規約を改正し、文化省創設と文化予算増額を目標に掲げ、文化芸術振興議員連盟に名称変更。 ・シンポジウム「文化省の創設を考える」開催。
2014	・議連で映像問題研究会発足。 ・シンポジウム「映画の振興を国家文化戦略に」「五輪の年には文化省」及び著作権をテーマにしたフォーラム開催。 ・視聴覚的実演に関する北京条約加入。
2015	・シンポジウム「実演芸術、劇場、映画の創造基盤をつくる」、「文化省創設への道筋」開催。
2016	・文化芸術振興基本法見直しに着手。勉強会を開催。 ・「五輪の年には文化省」を掲げ、「宣言と公演～文化芸術の力をすべての人々に～」、「東京・札幌オリンピック映画上映会」、「アーティストによる新作オークション」実施。

（編著者）
河村 建夫　　衆議院議員、文化芸術振興議員連盟会長
伊藤 信太郎　衆議院議員、文化芸術振興議員連盟事務局長

（分担執筆者）
文化芸術基本法制研究会（井上卓己）
文化芸術推進フォーラム研究会（井上嵩、穎川一仁、大井優子、榧野睦子、君塚陽介、黒田智昭、布目藍人、大和滋）

文化芸術基本法の成立と文化政策
――真の文化芸術立国に向けて――

発行日	2018 年 3 月 26 日	初版第一刷
	2019 年 4 月 3 日	初版第二刷

編著者　　河村 建夫　伊藤 信太郎
発行者　　仙道 弘生
発行所　　株式会社 水曜社
　　　　　〒160-0022
　　　　　東京都新宿区新宿 1-14-12
　　　　　TEL 03-3351-8768　FAX03-5362-7279
　　　　　URL suiyosha.hondana.jp/
装幀　　　小田 純子
印刷　　　モリモト印刷株式会社

本書の無断複製（コピー）は、著作権法上の例外を除き、著作権侵害となります。
定価はカバーに表示してあります。落丁・乱丁本はお取り替えいたします。

Ⓒ KAWAMURA Takeo, ITO Shintaro, 2018, Printed in Japan
ISBN 978-4-88065-440-9 C0036

文化とまちづくり叢書　地域社会の明日を描く——

アーツカウンシル
アームズ・レングスの現実を超えて
太下義之 著
2,500 円

クラシックコンサートをつくる。つづける。
地域主催者はかく語りき
平井滿・渡辺和 著
2,500 円

アートの力と地域イノベーション
芸術系大学と市民の創造的協働
本田洋一 著
2,500 円

町屋・古民家再生の経済学
なぜこの土地に多くの人々が訪ねてくるのか
山崎茂雄 編著
野村康則・安嶋是晴・浅沼美忠 著
1,800 円

日本の文化施設を歩く
官民協働のまちづくり
松本茂章 著
3,200 円

文化財の価値を評価する
景観・観光・まちづくり
垣内恵美子 編著
岩本博幸・氏家清和・奥山忠裕・児玉剛史 著
2,800 円

創造の場から創造のまちへ
クリエイティブシティのクオリア
萩原雅也 著
2,700 円

文化資本としてのデザイン活動
ラテンアメリカ諸国の新潮流
鈴木美和子 著
2,500 円

文化政策学入門
根木昭 著
2,500 円

愛される音楽ホールのつくりかた
沖縄シュガーホールとコミュニティ
中村透 著
2,700 円

公共文化施設の公共性
運営・連携・哲学
藤野一夫 編
3,200 円

トリエンナーレはなにをめざすのか
都市型芸術祭の意義と展望
吉田隆之 著
2,800 円

障害者の芸術表現
共生的なまちづくりにむけて
川井田祥子 著
2,500 円

全国の書店でお買い求めください。価格はすべて税別です。

地域社会の明日を描く——

芸術文化の投資効果
メセナと創造経済
加藤種男 著
3,200 円

ローカルコンテンツと地域再生
観光創出から産業振興へ
増淵敏之 著
2,500 円

ソーシャルアートラボ
地域と社会をひらく
九州大学ソーシャルアートラボ 編
2,500 円

想起の音楽
表現・記憶・コミュニティ
アサダワタル 著
2,200 円

ワインスケープ
味覚を超える価値の創造
鳥海基樹 著
3,800 円

まちを楽しくする仕事
まちづくりに奔走する自治体職員の挑戦
竹山和弘 著
2,000 円

和菓子　伝統と創造
何に価値の真正性を見出すのか
森崎美穂子 著
2,500 円

学びあいの場が育てる地域創生
産官学民の協働実践
遠野みらい創りカレッジ 編著
樋口邦史・保井美樹 著
2,500 円

コミュニティ3.0
地域バージョンアップの論理
中庭光彦 著
2,500 円

無形学へ　かたちになる前の思考
まちづくりを俯瞰する5つの視座
後藤春彦 編著
3,000 円

包摂都市のレジリエンス
理念モデルと実践モデルの構築
大阪市立大学都市研究プラザ 編
3,000 円

都市と堤防
水辺の暮らしを守るまちづくり
難波匡甫 著
2,500 円

防災福祉のまちづくり
公助・自助・互助・共助
川村匡由 著
2,500 円

全国の書店でお買い求めください。価格はすべて税別です。

1950年代〜80年代をアートプロジェクト「前史」、90年以降の様々な試みを「アートプロジェクト」と位置づけ、美術史的文脈と社会的背景を切り口として、その変遷とアートと社会のあるべき姿を提示する。

アートプロジェクト
芸術と共創する社会

熊倉純子 監修　菊地拓児・長津結一郎 編

978-4-88065-333-4　B5変判 368頁　本体3,200円

全国の書店でお買い求めください。価格はすべて税別です。